公法系列教

法理学导论
〈第三版〉

舒国滢 | 主编

撰稿人（以姓氏笔画为序）

马 茵　王宏哲　王称心　王夏昊　王新宇　白 晟
张 莉　宋在友　侯淑雯　柯华庆　蒋立山　舒国滢

图书在版编目(CIP)数据

法理学导论/舒国滢主编. —3 版. —北京:北京大学出版社,2019.9
公法系列教材
ISBN 978 – 7 – 301 – 30667 – 3

Ⅰ.①法… Ⅱ.①舒… Ⅲ.①法理学—高等学校—教材
Ⅳ.①D90

中国版本图书馆 CIP 数据核字(2019)第 181267 号

书　　　名	法理学导论(第三版) FALIXUE DAOLUN(DI-SAN BAN)
著作责任者	舒国滢　主编
责 任 编 辑	郭薇薇
标 准 书 号	ISBN 978 – 7 – 301 – 30667 – 3
出 版 发 行	北京大学出版社
地　　　址	北京市海淀区成府路 205 号　100871
网　　　址	http://www.pup.cn
新 浪 微 博	@北京大学出版社　@北大出版社法律图书
电 子 邮 箱	编辑部 law@pup.cn　总编室 zpup@pup.cn
电　　　话	邮购部 010 – 62752015　发行部 010 – 62750672 编辑部 010 – 62752027
印 刷 者	河北博文科技印务有限公司
经 销 者	新华书店
	890 毫米×1240 毫米　A5　10.375 印张　298 千字 2006 年 6 月第 1 版　2012 年 1 月第 2 版 2019 年 9 月第 3 版　2024 年 12 月第 12 次印刷
定　　　价	35.00 元

未经许可,不得以任何方式复制或抄袭本书之部分或全部内容。
版权所有,侵权必究
举报电话: 010 – 62752024　电子邮箱: fd@pup.cn
图书如有印装质量问题,请与出版部联系,电话: 010 – 62756370

第三版说明

本教材第二版自2012年1月出版以来,中国特色社会主义法治实践与理论已有重大的发展;中国的基本法律,有一些是进行了重大修改,例如《宪法》《立法法》等,也有一些是新制定的,例如《民法总则》《监察法》等。因此,本次修订的重点是适当删减第二版中明显过时的部分,增加上述宪法、法律的相关内容。不当之处,恳望各位同道及读者指正,以利于本教材的进一步完善。

2019年5月1日

第二版说明

本教材自 2006 年 6 月出版以来,至今已在本科生教学上使用五年多,任课教师和学生对本教材总体上予以了肯定。但其中也有需要完善之处,故组织教材全体编写者对教材进行了审察,对教材中的错漏或涉嫌重大理论纷争之处做了必要的修订或注解,以使教材的内容更为妥帖。不当之处,尚望同道及学生指正,以再行改善。

舒国滢

2011 年 10 月 10 日于北京

第一版序言

《法理学导论》乃为大学法科一年级学生所编写的教材。自2006年起,吾校法理学课程分两段教学:其一,为大学法科一年级学生开设"法理学导论",其二,为大学法科三年级学生开设"法理学原理",其间也穿插向所有本科生开放的"法理学研讨班"课程。为适应这一教学安排,法理学的本科教材就分为两本:一本是《法理学导论》,另一本是《法理学原理》。本人勉为其难,承担第一本教材的主编,负责组稿、撰稿和全书统稿之任。

近年我国一些高校法律院系开始尝试法理学的分段教学,且已有相应的教科书刊行。总体看来,这些教材的编写尚处在探索阶段,未形成一定之规,本教材亦属尝试之作。我们在安排结构体例时曾考虑如下因素:其一,作为法学的入门教材,其重在为法科学生提供入门的法学知识,为学生进一步学习法学专业课程打下基础,重在培养学生的基本法学意识,训练学生的法律思维方式和能力;其二,参照执行教育部《法理学教学指导纲要》的要求,吸纳融合其知识点;其三,参考历年国家司法考试大纲有关法理学部分的内容;其四,以法理学界达成的基本共识为基础,适当体现吾校教学与研究的特色;其五,本教材与《法理学原理》在内容结构和理论深度上有适当分工,有关法本体论、法价值论和法学方法论中更深层次的理论问题,交由后者来处理。

基于上述考量,本教材各章作者力求删繁就简,侧重基本概念、问题和知识的辨析、梳理和阐释。此外,我们对一些颇有争议的概念和问题组织多次内部的讨论,形成多数人认同的意见,而在存疑之处,则通过脚注反映学界的争论和我们内部的不同看法。这样处理,主要是为了教学的需要,我们不能把教科书写成"观点争议"的汇编,同时也不能在教材中强行将一己之见确定为普遍的知识范式。我们在每一章后面附加"本章要点",将各章之重点知识、概念或问题予以归纳,意在帮助学生阅读时加深理解或进一步思考。

本人一直认为,法理学乃法律思想精华之凝结,殊难以教材形式编写之。从根本上讲,法理学思想散见于历代思想家的论著之中,而一切所谓法理学教材只不过是对这些论著之思想的复述和整理。自然,本教材也是这样一种复述和整理的产物。尽管如此,我们这些编写者仍然不敢对法理学之题材有丝毫的怠慢,而尽力以专业的标准对待法理学所涉及的论题。如果本书尚有缺憾,实非编写者态度不诚,乃力有不逮尔。

全书编写的分工为(以章节先后为序):

舒国滢(中国政法大学教授、博士生导师):引论,第一章,第七章,第八章;

白　晟(中国政法大学副教授):第二章,第三章;

侯淑雯(中国政法大学教授):第四章,第十章;

王夏昊(中国政法大学副教授):第五章;

王称心(中国政法大学副教授):第六章;

宋在友(中国政法大学副教授):第九章,第十七章;

马　茵(中国政法大学讲师):第十一章;

柯华庆(中国政法大学副教授):第十二章;

王宏哲(中国政法大学讲师):第十三章;

张　莉(中国政法大学讲师):第十四章;

蒋立山(中国政法大学副教授):第十五章,第十八章;

王新宇(中国政法大学讲师):第十六章。

本教材顺利完稿,端赖吾校法理学研究所全体同仁齐心协力、精诚合作。对大家的相携相助,深表谢意。同时,对北京大学出版社邹记东副主任和白丽丽编辑为本教材所给予的支持和努力,亦一并致谢。

舒国滢

2006年4月于北京

目　录

引论 ·· (1)
　第一节　法学 ·· (1)
　第二节　法学思维与法学方法 ·················· (7)
　第三节　法理学 ····································· (11)

第一编　法学的基本概念

第一章　法 ·· (23)
　第一节　法的名称 ·································· (23)
　第二节　法概念的争议 ··························· (25)
　第三节　法的特征 ·································· (28)
　第四节　法的作用 ·································· (37)

第二章　法的内容与形式 ···························· (45)
　第一节　法的内容与形式的概念 ··············· (45)
　第二节　法律权利与法律义务 ·················· (48)
　第三节　法的成文形式与不成文形式 ········· (56)
　第四节　法系 ·· (61)

第三章　法的渊源与法的分类 ····················· (66)
　第一节　法的渊源的概念 ························ (66)
　第二节　正式法源 ·································· (70)
　第三节　非正式法源 ······························· (79)
　第四节　法的分类 ·································· (85)

第四章　法的效力 ····································· (89)
　第一节　法的效力概述 ··························· (89)
　第二节　法的时间效力 ··························· (91)

第三节　法的空间效力 …………………………………（95）
　　第四节　法的对人效力 …………………………………（97）

第五章　法律规范 …………………………………………（100）
　　第一节　法律规则 ………………………………………（100）
　　第二节　法律原则 ………………………………………（108）

第六章　法律体系 …………………………………………（119）
　　第一节　法律体系与法律部门的概念 …………………（119）
　　第二节　当代中国的法律体系 …………………………（125）

第七章　法律行为与法律意识 ……………………………（133）
　　第一节　法律行为 ………………………………………（133）
　　第二节　法律意识 ………………………………………（141）

第八章　法律关系 …………………………………………（146）
　　第一节　法律关系的概念 ………………………………（146）
　　第二节　法律关系主体 …………………………………（150）
　　第三节　法律关系内容 …………………………………（154）
　　第四节　法律关系客体 …………………………………（155）
　　第五节　法律事实 ………………………………………（158）

第九章　法律责任与法律制裁 ……………………………（161）
　　第一节　法律责任的概念 ………………………………（161）
　　第二节　法律责任的分类与竞合 ………………………（162）
　　第三节　法律责任的归结和免除 ………………………（167）
　　第四节　法律制裁 ………………………………………（172）

第二编　法的运行

第十章　立法 ………………………………………………（179）
　　第一节　立法与立法体制 ………………………………（179）
　　第二节　立法程序 ………………………………………（184）
　　第三节　规范性文件的系统化 …………………………（188）

第十一章 法的实施 (192)
第一节 执法 (192)
第二节 司法 (197)
第三节 守法 (201)
第四节 法律监督 (205)

第十二章 法律推理 (213)
第一节 法律推理概述 (213)
第二节 演绎法律推理 (215)
第三节 类比法律推理 (218)
第四节 法律推理的价值 (223)

第十三章 法律解释 (228)
第一节 法律解释的概念 (228)
第二节 法律解释的目标与方法 (232)
第三节 当代中国的法律解释体制 (236)

第十四章 法的实现与法律秩序 (246)
第一节 法的实现 (246)
第二节 影响法的实现的因素 (248)
第三节 法律秩序 (253)

第三编 社会中的法

第十五章 法的产生与演进 (259)
第一节 法的产生 (259)
第二节 法的演进 (266)
第三节 法的继承和法的移植 (272)

第十六章 法与其他社会现象 (278)
第一节 法与经济 (278)
第二节 法与政治 (283)
第三节 法与科学技术 (285)
第四节 法与文化 (287)

第十七章　法与其他社会规范 ……………………………（291）
　　第一节　法与道德 ……………………………………（291）
　　第二节　法与宗教 ……………………………………（295）
　　第三节　法与习惯 ……………………………………（297）
　　第四节　法与政策 ……………………………………（300）
第十八章　法制与法治 ……………………………………（304）
　　第一节　法制 …………………………………………（304）
　　第二节　法治的概念 …………………………………（306）
　　第三节　法治国家的构成要素 ………………………（308）
　　第四节　中国特色社会主义法治国家的目标、价值与
　　　　　　推进方式 ……………………………………（312）

引　论

第一节　法　学

一、法学的概念

所谓法学,就是研究法律现象的知识体系,是以特定的概念、原理来探求法律问题之答案的学问。也可以说,法学是一门实践学问,实践知识,即通过"实践之思"获取的知识。按照古老的知识分类,人类的知识可以分为"理论知识"(纯粹知识)和"实践知识"(拉丁文 prudentia,英文 practical knowledge),后者包括宗教知识、伦理知识、政治知识、法律知识,等等。而近代以来,学问又大体上分为自然科学、社会科学和人文科学;一般认为,法学属于社会科学。①

从历史上看,作为实践知识的法学只是在特定的历史条件下才得以产生的。在中国,先秦时期就有所谓"刑名法术之学",其后有专事注释法律的"律学"兴盛。总体上看,中国传统的律学是与成文法同时产生并同步发展的,它作为成文法的附属物,与立法解释和司法解释分不开,它研究具体的法律原则,阐述法律的宗旨、名词术语,解决法条对具体案件的适用等问题。具体而言,律学探讨律(法典)与例(判例)之间的关系,条文与法意的内在联系,以及立法与用法、定罪与量刑、司法与社会、法律与道德、释法与尊经、执法与吏治、法源与流变等各个方面问题。在注释和研究方法上,律学具有如下特点:(1)重视逻辑归纳,而较为轻视逻辑演绎。中国传统的思维偏于形象思维,强调直观感悟,所以在注释法律时也注重归纳,即从个别

---

① 关于法学是否属于社会科学,其实颇有争议。参见舒国滢:《寻访法学的问题立场——兼谈"论题学法学"的思考方式》,载《法学研究》2005年第3期;另见郑戈:《法学是一门社会科学吗?——试论"法律科学"的属性及其研究方法》,载《北大法律评论》第1卷第1辑,法律出版社1998年版,第19页及以下。

对象具有某种属性的知识而推导出一般的结论。而演绎则强调从一般性的知识推导出个别对象的属性。(2)重视考据,轻视理性论证。律学偏向引经据典、罗列材料,而较缺乏分析性的、论辩性的结论。(3)重视实用技巧,较为轻视学理阐释。律学的知识大多是古代的官吏或私家注律者对法律实践经验的总结,所以一直体现着"务实的"性质,更多地表现为司法官的办案技巧,所以理论色彩比较淡。(4)重视刑事,轻视民事。中国传统法律文化较为注重刑事法律,民事法律不甚发达。所以,律学的主要任务是对刑事法典条文内容的注释。

西方"法学"一词,来源于拉丁文 jurisprudentia,由词根 jus(法)的形容词形式 juris 和另一词根 providere(实践知识,实践智慧)构成。据考证,这个概念在公元前 3 世纪就已经出现。① 古罗马五大法学家之一的乌尔比安(Ulpianus,约 170—228 年)曾解释说:"jurisprudentia 是神事和人事的知识,正义和非正义的科学。"此后,经过 11 世纪开始的罗马法复兴运动和近代民族国家、法律的建立,jurisprudentia 在西方衍生出一组均表示"法学"或"法律科学"的概念群,如德文 Jurisprudenz、Rechtswissenschaft,法文 science du droit、science juridique,英文 legal science、science of law,等等。

西方"法学"的兴起离不开立法和司法的发展,且与"职业法律家阶层"的出现不无关联。至少在古罗马,从公元前 3 世纪起,就开始逐渐形成了一个专业性的法律家群体,传授职业性的法律实践知识,并且产生了不同的法学派别。与中国律学相比,西方法学的发展离不开哲学、认识论和方法论的发展。西方法学除了实用知识、技巧这方面的内容外,也有大量的内容涉及法律哲理、法律原理的思考。所以,西方法学理论的形成,除了有法学家们的思考外,西方的哲学家、伦理学家、政治学家、逻辑学家均对此作出过贡献。在这个意义上,现代法学的知识范式是由西方的学者确立的,它构成了一种知识的标准,被引介至其他国家和地区。19 世纪末,西方法学的概念经由日本引入中国,对中国的法律文化和法律学问的发展产生了重要

---

① 何勤华:《西方法学史》(第 2 版),中国政法大学出版社 1996 年版,第 5 页。

影响。应该说,当下的中国法学在理论框架、基本概念和方法等方面也大体上来自西方。

二、法学的性质

实践性构成了法学的学问性质,我们可以从以下几点来看:

(1) 法学的研究总是指向法律现象或法律问题的。故此,法学的兴衰注定是与一个国家法律制度的发展相关联:法制兴则法学繁荣;法制衰则法学不振。其他学问的发展,并不一定以法制和秩序的存在为条件。例如,在一个没有法制和秩序的国度里,却可能会生成有创造力的文学或哲学。在中国古代,哲学思想的发展并不是在国家法律制度和法律秩序稳定的时期,而是在政治动荡甚或战乱时期(如先秦时期),而律学的鼎盛则一定是在法律制度和法律秩序稳定的时期(如唐代和清代)。

(2) 法学具有务实性。法学并非"纯思",它的理论兴趣不在于寻求"纯粹的知识"或"纯粹的真理"。法学必须关注和面向世俗生活,为人们社会生活中的困惑、矛盾和冲突(例如人们之间的经济纠纷、人们行为所造成的损失之承担)寻找到切实的法律解决方案,确立基本的原则,或为法律的决定作出合理而有说服力的论证。法学实践活动的所有方面(法律认识、法律判断、法律理解、法律解释等)都是围绕着这个领域而展开的。

(3) 法学是反映人的经验理性的学问,是人的法律经验、知识、智慧和理性的综合体现。在法学中,逻辑分析是必要的,但经验的审慎判断更为重要。法学的论证除了概念和原理的推导外,现实的事例证明和针对案件所进行的利益衡量也非常必要。因为在法律实践领域,法学家们所面对的是大量千差万别、有待处理的案件、情事和问题,这些案件、情事和问题没有所谓的"一般规律"可循。所以从总体上说,对待这些事物,法学的判断和分析有时更需要经验的积累。

(4) 法学是职业性知识体系,它所使用的语言是冷静的、刚硬的、简洁的、合逻辑的,是经过法学家们提炼、加工和创造出来的行业语言,与人们"日常语言"存在一定的差别。在许多场合,法学的语言对外行人来讲是非常陌生的,如"无因管理""情势变更""不可抗力",等等。

(5)法学不同于自然科学,在于它研究的是一种"价值性事实",即反映的是人类的价值观、价值倾向和价值意义的社会事实。无论在立法、司法,还是在守法中,人们的行为和行为关系都是具有价值意义的。通俗地说,人们在现实生活中所做的行为,无论是合法的还是违法的,都应当根据法律来加以评判,这种评判实际上就是一种价值评判。所以,法学必须从价值的观点加以考察。它是反映研究者一定的价值立场或价值取向的学问,在法学中很难做到"价值无涉"(value-free)或进行无立场的研究。

三、法学的研究对象

笼统地说,法学研究法律现象。然而,法律现象是纷繁复杂、多种多样的。我们从下列三个问题领域来对此加以考察:

1. 法律制度问题

一个国家法治建构的首要任务是确立一套相对统一而完整的法律制度体系。法律制度则构成了法学研究的对象。无论是应用法学(如民法学、刑法学、诉讼法学)还是理论法学、法律史学、比较法学,都必须以法律制度作为考察的出发点。应用法学以一国现行有效的法律制度作为考察的重点,法律史学则将研究的重点放在历史上的法律制度,比较法学将各国同时期的法律制度的异同作为探讨的主题,而法学理论更多地思考国家法律制度之所以有效的理论根据。其他法学的分支学科也大体上首先将法律制度作为研究或思考的对象。譬如,立法学直接研究法律制度的制定原则和技术,宪法学研究一国宪政制度(国家权力的配置),行政法学研究行政管理的法律制度。即使那些以法律思想为直接研究对象的学科(如中国法律思想史、外国法律思想史),也并非完全能够脱离对法律制度的考察,因为历史上的许多法律思想就是针对法律制度而形成的。离开了法律制度这个研究对象,法学将无以存在。

2. 社会现实或社会生活关系问题

国家制定法律,建立法律制度的目的在于用它们来调整人们的社会生活关系。所以,法学也必须研究社会现实或社会生活关系。更确切地说,法学要研究那些与法律制度有关联的社会现实或社会生活关系问题。比如,某人杀人,至少在杀人者与被害人及其亲属之间、杀人者与国家之间形成了一种关系,需要通过法律对这种关系进行判断和评价。如果我们能够从法律的角度对此社会生活关系进行判断和评价,那就可以断定这种社会现实或社会生活关系具有"法律制度的关联性",否则就不具有"法律制度的关联性"。社会现实或社会生活关系本身也是复杂多样的,并非所有的社会现实或社会生活关系都具有法律意义或"法律制度的关联性"。试举一例:张某与李某是某大学同班同学且为好友。一日李某主动请张某星期天到电影院看电影。到了星期天,张某首先乘车至电影院门口等候李某。但李某突然改变主意,直到电影散场也没有来电影院。张某为此愤愤不平,提出与李某"断交"。在这个生活事例中,尽管李某存在"背信弃义"的行为,但该社会生活关系本身显然不具有"法律制度的关联性",没有法律意义。也就是说我们不能从法律的角度来评价李某的行为是合法还是非法,而只能从道德的角度来衡量其行为的好坏。法学必须研究社会现实或社会生活关系,才能够区分哪些社会现实或社会生活关系是有"法律制度的关联性"的,哪些是无"法律制度的关联性"的,以便为立法、执法、司法和守法的活动提供科学、合理、正当的评价标准。在这个意义上,不研究社会现实或社会生活关系,就无法区分它们的意义,无法判断法与道德的界限,也无从建立起一套立法、执法、司法和法律监督的制度。

3. 法律制度与社会现实之间如何对应的问题

法学并不单纯去研究法律制度或社会现实,也就是说,法学既不完全脱离社会现实或社会生活关系来思考、观察或建构法律制度,也不完全离开法律制度来考察纯粹的社会现实或社会生活关系。因为自从法律产生之后,世界上没有完全与社会现实或社会生活关系相隔离的法律制度,也没有完全与法律制度无关的社会现实或社会生活关系。实际上,我们在有法律的社会中所遇到的大量问题是法律制度与社会现实之间如何对应的问题,这些问题需要由法学来加以研究并予以解决。应当这样说,法律制度和社会现实之间恰好并不是一一对应的,不是说有了一定的法律制度,一个国家就一定具有完全体现这种制度的社会现实。这很容易理解,比如说,我们国家有了《合同法》,并不是说社会现实生活中的所有关系就变成了合同法律关系了,即使在买卖关系方面,不是所有的人都会按照《合同法》的要求来签订买卖合同。从中我们看到法律制度和社会现实之间的不一致、不对应现象。这就是法学可能经常面对的问题。我们假设立法者在制定法律制度时根本不考虑社会现实,那么很显然:在这种情况下,法律制度的内容就不符合实际,法律制度的设定就根本不会达到调整社会生活关系的目标。在现实生活中,我们不难发现有不切实际的法律制度(例如那些在社会生活中根本不起作用的"书面上的法律")。另外,即使法律制度在立法层面上看是完全切合实际的,但它们在执法、司法和守法上未必能够完全被应用于社会现实或社会生活关系之中。例如,在执法者违法的场合,即便有良好的法律也不一定能够产生立法者所期望的社会现实或社会生活关系。这反映出"应然"与"实然"、"规范"与"事实"、"制度"与"现实"之间存在着差别性、不一致性。有时,执法者尽管极尽努力,也难以消除它们之间的这种差别性、不一致性。请看下例:我国《消费者权益保护法》第55条规定:"经营者提供商品或者服务有欺诈行为的,应当按照消费者的要求增加赔偿其受到的损失,增加赔偿的金额为消费者购买商品的价款或者接受服务的费用的三倍……"王某得知某市百货商场正在销售假冒"三星"品牌的电视机,遂购买了一台价值2300元的假冒电视机。第二天,王某以商场欺诈销售为由,要求该商场赔偿损失13800元。后诉讼至法院,主审法官以王某"知假买假"认定其不属于消费者,对王某的诉讼请求未予支持。在这个案件中,法官按照自己的解释对王某的购买行为进行了否定的判断。在此处,什么是"消费者"的定义,什么是"知假买假"的构成条件及其后果,都不是很清楚。故此,不同的裁判者对这个案件事实的认识会有所不同,裁决结果也可能有别。这表明:法律规定本身若不清晰,要使规范与事实达到相互对应、相互一致是十分困难的。而法学的任务恰好是要在这些不相对应、不相一致的问题上找到解答的方案或办法。它们构成了法学的研究对象之一。

第二节　法学思维与法学方法

一、法学思维

每一门学问都有其独特的思维方式和思维特性。法学是一门独特的学问,其思维方式也是独特的。法学思维不是经济学思维、不是政治学思维、不是伦理学思维,当然更不是自然科学的思维(这并不表明它们之间毫无影响)。法学思维是法学者在研究法律现象时所持的思考立场、态度、观点、价值和方法。凡欲进入法学门径的人,其首先要学会法学的思考方式,或从"常人"(普通人)思维转向法律职业人(法官、律师、法学研究者等)的思维。换言之,一个学习法律的人必须像法律职业人那样去思考问题。概括地说,法学思维具有以下特点:

(1) 法学思维是实践思维。

法学区别于自然科学,原因在于它不是"纯思",它不追求"纯粹的知识",而是"实践的知识"。亚里士多德把人类的思考方式(也是获取知识的方式)分为思辨(哲学)之思、理论(科学)之思和实践之思。在他看来,思考自身不能使任何事物运动,而只有"有所为的思考"才是实践性的。实践之思是针对行为选择或欲望的思考,"这样的思考是一种实践的真理,而思辨的、理论的思考则不是实践的,它只是真与假而不造成善与恶……实践思考的真理要和正确的欲望相一致"①。法学是"有所为的思考",是针对特定的法律现象的思考,也是针对人们的行为选择或欲望的思考。

(2) 法学思维是以实在法(法律)为起点的思维。

法学家的思考始终不能完全游离于各个时代发生效力的实在法。他们不能像哲学家或伦理学家一样首先站在超实在法或实在法之外的立场(譬如自然法立场)来批判法律,不能完全用道德的评价代替法律的评价,不能简单地预先假设一切实在法都是"非正义的

---

① 〔古希腊〕亚里士多德:《尼各马科伦理学》,苗力田译,中国人民大学出版社2003年版,第120页。

法",是非法之法。法学家对法律的批评首先应当是"体系内的"批评,实在法为法学家提供了思考的起点和工作的平台,但同时也限制了法学家提问的立场和思考问题的范围。法学家完全可以表达自己在法律上的个人价值判断,甚至像抒情诗人那样展现自己渴望无限接近天空的浪漫想象,但法学家不能像诗人那样用过度修辞的语言张扬自己的情感。他们如果不想让自己的判断和想象完全流于无效,那么他们就必须用所谓理性、冷静、刚性的"法言法语"包裹起这种判断和想象,按照"法律共同体"之专业技术的要求,来逻辑地表达为法律共同体甚或整个社会均予认可的意见和问题解决的办法,也就是说,法学家必须依托实在法、按照"法学范式"(即法学研究者、律师、法官等经过多年的法律实践积淀而成并通过职业教育传授的基本法律理论、法律信念、法律方法以及规范标准)来进行作业。故此,"假使法学不想转变成一种或者以自然法,或者以历史哲学,或者以社会哲学为根据的社会理论,而想维持其法学的角色,它就必须假定现行法秩序大体看来是合理的。……它所关心的不仅是明确性及法的安定性,同时也致意于:在具体的细节上,以逐步进行的工作来实现'更多的正义'。谁如果认为可以忽略这部分的工作,事实上他就不该与法学打交道"①。

(3)法学思维是问题思维。

法学思维是针对法律问题而进行的思维。那么,什么是"法律问题"?当人们对法律制度或社会现实以及两者之间如何对应等方面的理解提供出一个以上的答案或者根本就没有答案时,在此处就存在着某个"法律问题"。这样的法律问题是无处不在的,它既可能是立法问题,也可能是执法问题、司法问题、守法问题;既可能是法律解释问题,也可能是法律推理问题。有时,这样的法律问题甚至表现为一种"无路可走的"僵局性问题。譬如,假设有一项立法议案涉及大多数人的利益,而普通公民,或是立法机构内部成员之间形成完全对立的两派意见,谁也说服不了谁,表决的结果也是半数对半数,那么这就形成一种僵局性问题。在司法上也可能出现同样的情况。因

---

① 〔德〕卡尔·拉伦茨:《法学方法论》,陈爱娥译,商务印书馆2003年版,第77页。

此,法学的思考不是简单地运用演绎法将法律作为毋庸置疑的前提条件通过推理得出结论的过程,更多的情况是从问题出发,确定得出结论的前提条件是否可靠、是否被人们所接受。如果大家对推理的前提本身产生疑问,那么法学思考的工作就根本无法进行下去。所以,法学的首要任务就是解决法律问题,为法律问题提供答案。

(4)法学思维是论证的思维、说理的思维。

既然法学可能面临许许多多的法律问题,那么法学在为法律问题提出解答方案时必须为结论提出必要而充分的理由。在这里,法学思考遵循着"理由优先于结论"的规则。也就是说,法学的结论必须是有论证理由的结论,是对法学思考者本人以及其他人均有说服力的结论。显然,这种结论的形成需要通过由众多的个人和集团参与交谈、论辩,寻求讨论和理解的前提和方法。只有在法学思维中坚持论证和说理,才能确保个人和集团在法律问题上做到自我理解以及其他个人和集团对此问题的相互理解,直至达成共同的法学意见或法学结论。以上述"知假买假"的案件为例,主审法官认为王某不属于"消费者"而判决其败诉,他就必须为这样的判决给出理由,否则判决本身就站不住脚,因而就不能说服当事人,也不能使公众信服。

(5)法学思维是评价性思维。

上文谈到,法学所研究的是一种"价值性事实",即反映人类的价值观、价值倾向和价值意义的社会事实。这就意味着:法学思维离不开评价。其实,自古以来,正统的法学就是"评价法学"(Wertungsjurisprudenz)。法学家们总是根据法律来评价人们的行为是合法的还是违法的。正如法学家施蒂希·约根森(Stig Joergensen)指出,法学及司法裁判的特色正在于:它们"几乎完全是在处理评价的事"[①]。德国法学家卡尔·拉伦茨(Karl Larenz)也认为,要"理解"法律规范就必须发掘其中所包含的评价及该评价的作用范围。法学主要关切的不是"逻辑上必然"的推论,而是一些可以理解而且有信服力的思想步骤。不管是在实践(法律适用)的领域,还是在理论("教义

[①] 〔德〕卡尔·拉伦茨:《法学方法论》,陈爱娥译,商务印书馆2003年版,第94页。

学")的范围,法学涉及的主要是"价值导向的"(wertorientiert)思考方式。① 在法学"价值导向的"思考中,寻求法律中的"正确性"要求是至关重要的。这种"正确性"要求所反映的主要价值是公正和正义。所以,法学思维所追求的价值目标与其他学问是有所不同的。比较而言,如果说经济学思维追求"效益最大化",伦理学思维追寻"道德之善",政治学思维寻求"合目的性""权宜之计",那么法学思维则以"正义""公正"的价值为主要取向。这正是为什么在立法和司法过程中必须设定严格甚至有些"繁琐"的程序,不惜牺牲"效率",以保证法律"正义""公正"的价值得到实现。

二、法学方法

任何学问,均有自己的方法,法学也不例外。从广义上讲,法学方法,包括法学建构的方法(从某种目的出发建构法学概念和理论体系的方法)、法学研究的方法(正确地进行法学研究所应遵循的一套原则、手段、程序和技巧,如哲学的方法、历史考察的方法、分析的方法、比较的方法、社会学方法等)和法律适用的方法。从狭义上讲,法学方法,主要是指法律适用的方法。因为诚如上述,法学是实践知识或实践学问,它总是通过实践来获取知识,并把法学知识应用于解决法律实践问题,为此提供答案。在此意义上,无论是法学建构,还是法学研究,均具有实践的指向。在法律实践中,法律适用总是居于核心的地位。从法律运行的角度看,司法(尤其是法官的法律裁判)居于中心的环节。

法学方法的主要任务是指导法官和其他法律从业者如何"发现法律",即从有效的法律中去获得法,为其所面临的法律问题或纠纷找到裁判的根据。在这个过程中,法官和其他法律从业者首先必须在案件事实与法律规范之间不断地进行"目光的往返流转",根据法律问题或纠纷中的具体事实来找到"合适的"法律规范(法律规则或者法律原则),并对这些规范进行合理解释,论证自己寻找的法律规

---

① 〔德〕卡尔·拉伦茨:《法学方法论》,陈爱娥译,商务印书馆2003年版,第94—95页。

范即为当下案件裁判的根据。有时候,法官在现行有效的成文法中找不到合适的法条(法律规范)作为判决的理由(在出现"法律漏洞"的情况下往往如此),他可能寻找成文法以外的根据("非正式法源",如习惯、判例或法理)来判案(这经常发生在民事案件的审判中)。此时,法律适用主要表现为法律解释、法律推理、法律论证的工作。法律所适用的也并非只是单个的法条,而可能是若干相关的法条,甚至是整部法律。由此,法律裁判的结果才是可靠的、合法的,也才可能是正当的。

以事实的认定和法律规范的寻找为中心,法学方法论所研究的主要问题包括:(1) 法条的理论;(2) 案件事实的形成及其法律判断;(3) 法律的解释;(4) 法官从事法的续造之方法;(5) 法学概念及其体系的形成。① 这其中又包括法律解释的方法、法律推理的方法、法律论证的方法、体系建构的方法,等等。

法学方法论是法学(特别是法理学)中极其重要的构成部分。它无论在法学理论还是在法律实践中均具有重要的意义。我们很难想象有一门没有方法论的法学。同样,如果没有法学方法论,法律适用就很难实现合法性、合理性和统一性要求,若是如此,法治原则也就难以实现。

第三节 法 理 学

一、"法理学"一词的演变及含义

汉译"法理学"一词来自日语。据考证,1881 年(明治十四年)日本法学家穗积陈重在东京帝国大学法学部(原开成学校)讲授"法论"时,认为当时流行日本的"法哲学"(德文 Rechtsphilosophie)名称之"主观性"的形而上学气味太重,而提出"法理学"这个译名,并在日本历史上第一次开设法理学课程。穗积陈重以"法理学"代替"法哲学",显然受当时经验主义、实证主义法学(legal positivism)思想的

---

① 〔德〕卡尔·拉伦茨:《法学方法论》,陈爱娥译,商务印书馆 2003 年版,第 3—7 章。

影响,其用法更接近英语 Jurisprudence 一词。同样源于拉丁文 jurisprudentia 的 Jurisprudence,原指广义的法学,兼有其他含义。1832年,英国法学家约翰·奥斯丁(John Austin)出版《法理学范围之限定》,使用"一般法理学"(General Jurisprudence)一语,指称"实在法哲学"(philosophy of positive law),以区别当时的政治哲学、道德哲学。这种用作"分析法学"意义的"法理学"后来为英美法学界接受,成为通行的概念。但在学者们的著作中,此概念有时与法哲学互用,有时并不完全等于法哲学。

在我国,"法理学"作为学科的名称也几经变更。1949年新中国建立以前,当时在高等法律院系中,曾开设"法理学"或相似的课程,也有若干法理学教科书刊行。1952年院系调整后,我国高等法律院系的基础理论课程依照苏联的模式,采用苏联20世纪40年代至50年代的法学教科书,译作"国家和法权理论",直至70年代末改为"国家与法的理论"。此名称沿用至80年代初。1981年北京大学编著的《法学基础理论》教科书出版,从此,"法学基础理论"遂成为学科通用名称。进入20世纪90年代后,大多数政法院系在各自编写的教材中已开始采用"法理学"称谓,该名称同时也为法学界普遍接受。

法理学研究的对象主要是法和法学的一般原理(哲理)、基本的法律原则、基本概念和制度以及这些法律制度运行的机制。因而,就制度层面而言,法理学是一门研究所有法律制度中的一般问题、原理、原则和制度的学问。它是对每一法学学科中带有共同性、根本性的问题和原理作横断面的考察。具体而言,法理学研究的主要问题包括:

(1) 什么是"法"?"法"以什么形式存在?我们在哪里能够找到"法"?

(2) 法为什么有效?它为什么具有强制性?

(3) 我们如何看待法的本质和价值?

(4) 法有什么作用?它要达到什么目的?法是可有可无的吗?

(5) 法是为谁服务的?法与道德、正义、政治、社会实践或者与赤裸裸的暴力之间有什么联系?法在多大程度上体现公正或者能够体现公正?

(6)谁(有权)创制法?法是怎样适用和发展的?我们为什么应当遵守法律?

二、法理学体系

法理学是一个开放的理论体系,即向自然科学、社会科学、人文科学(精神科学)的一切学问和知识开放的学科。它随着整个自然科学、社会科学、人文科学的发展而不断限定或拓展自己的研究方向和范围。在历史上,由于社会背景、知识兴趣、研究的重点、理论出发点、运用的方法以及对上述法理学问题的回答不同,曾经形成过各种不同的法理学的理论体系,例如自然法学派的法理学、实证主义法学派的法理学、社会法学派的法理学、利益法学派的法理学、批判法学派的法理学,等等。可以说,这些法学派的法理学理论体系是各不相同的。从内容、基本观点和理论主张上说,迄今尚未形成统一的法理学体系。

故此,我们应当从研究范围及功能两个角度来认识法理学体系。换言之,不管内容、基本观点和理论有何不同,只要是对法和法学的一般原理(哲理)、基本的法律原则、基本概念和制度以及这些法律制度运行机制的研究,而且本身体现了法理学的功能,那么这样的法学研究就是法理学的研究,属于法理学范畴。从研究范围上看,法理学的理论大体上包括法本体论(尤其是法概念论)、法价值论、法认识论和法学方法论等构成部分。从功能上看,法理学包括经验功能、分析功能和规范功能三方面。法理学的经验功能体现为对法律现象或法律制度问题、社会现实或社会生活关系问题以及法律制度与社会现实之间如何相互对应问题的系统观察。法理学的分析功能体现为对法律概念、法律语言、法律规范(尤其是法律规则的结构)和法律制度构建进行研究,以保证法律制度的统一。法理学的规范功能体现为对法的效力原因、法的价值、法的适用和作用方式、法的形成以及实施的解释,论证它们的正当性根据,以寻求法在形式和内容上的正确性及其基础。在此意义上,法理学不仅有助于法学者自我认识、自我定位、自我批评,而且也为法学者确立认识和评价规范的标准与方法,进而建构法学的范式,从而使法学者接受法学知识范式、立场和方法,并受之约束。

简言之,法理学的体系由以下部分构成:(1)法本体论(法概念论),研究法的概念、本质、作用、效力等;(2)法价值论,研究法的价值、价值冲突及其解决的原则等;(3)法认识论,研究法学知识形成的条件、法的主观性和客观性、法学认识的局限等;(4)法学方法论,重点研究法律适用中的技术和方法,如法律解释、法律推理、法律论证等。

从法学教育(尤其是大学课程教学)的角度看,将法理学课程分为"法理学导论"和"法理学原理"两部分,是十分必要的。这种安排更多地考虑法理学教学的功能,而不是法理学自身的功能。就此而言,法理学体系不完全等同于它的课程体系。从课程内容设置看,法理学作为大学课程所要承担的任务具体包括:(1)讲授那些内容较为成熟的基本法学知识、概念和理论,为法律学生进入专业课程的学习奠定基础;(2)培养学生的法学世界观,训练学生法律思维方式和能力,阐释法律的理念和精神。

"法理学导论"作为法理学课程的初级部分,其主要目的在于为法科学生提供入门的法学知识,为学生进一步学习法学专业课程打下基础,重在培养学生的基本法学意识,训练学生的法律思维方式和能力,初步培养学生的法律世界观和法律价值观。基于这一考虑,本课程讲授的内容分为三方面的知识:(1)"法学的基本概念"(法、法律规范、法的渊源、法律体系、权利与义务、法律责任、法律关系);(2)"法的运行"(诸如立法、执法、守法、法律监督、法的实现等);(3)"社会中的法"(法的产生与演进、法与其他社会现象、法与其他社会规范、法制与法治)。这也是本教材的基本结构。

"法理学原理"是为法学本科专业的高年级学生开设的必修课程,是法理学之进阶课程。其目的是训练和培养学生发现和解决复杂法律问题的能力。其重点在于法本体论、法价值论及法学方法论之原理问题的展开和深化。

三、法理学在法学体系中的作用与地位

(一) 法学体系

法学体系,也称为"法学分科的体系",即由法学各个分支学科构成的有机联系的统一整体。它的中心问题是关于法学内部各分支学科的划分或法学学科的分类。由于法学研究的问题非常复杂,内容丰富多样,范围也很广泛,因而法学本身又分为许多学科,或称为"法学的分支学科"。每个法学分支学科各有自己具体的研究对象和范围。因此,如何科学地界定各个法学分支学科的对象和范围,合理地划分法学分支学科,对于审视一个国家法学的总体发展,进一步调整法学研究的布局,都是具有积极意义的。

法学体系不等同于法学理论体系,但又与一定的法学理论体系相联系。法学理论体系是建立在一定的世界观和方法论基础上的法律理论观点、思想和学说体系。在此意义上,它与一个国家法学的学科体系(法学体系)是有区别的,一个国家的法学分科体系大致统一,但却可以并存多个不同的法学理论体系(例如不同法学派别的理论学说)。多元法学理论体系的存在,有时并不影响法学的学科划分。法学体系可以按照某一种法学理论体系为基础建立起来,也可以兼容不同的法学理论体系或若干个法学派别的理论和观点。

法学体系也不完全是法学的课程设置体系。尽管法学专业课程的设置往往是以法学分科为依据(例如,法理学既是法学的分支学科,又是一门法学课程),但法学课程体系不可能穷尽法学所有的分支学科。法学院(系)在编制法学课程体系时,总是根据各自的实际需要和情况而定,有些院(系)偏重法学理论学科方面,另一些院(系)偏重应用法学方面。而且,有时一门课程可以包括几门学科的内容(如"法学概论"课程),有时一门学科又可以设置几门相关的课程。例如,"宪法学"可以作为一门课程,也可以分设中国宪法学、外国宪法学、比较宪法学等若干课程。

至于法学分支学科的具体划分问题,国内外法学家至今尚无统一的标准。我们认为,在构想中国的法学体系时,应当明确以下几方面的问题:首先,要正确而客观地估量中国目前已经形成的学科现

状,并且科学地预测目前或未来将会出现的新的学科前景;其次,划分法学分科时,当然首先坚持以其研究对象为标准,但也要考虑各学科的研究方法、特点,学科结构的平衡诸要素;最后,法学体系的构成要素是有层次、分等级的,划分学科应当注意这种层次和等级,不能将位阶低的法学学科与位阶高的法学学科并列起来或混为一谈。基于上述考虑,我们倾向于将中国的法学学科划分为六大门类,其中每一门类又包含第二或第三层次的分支学科。

(1) 理论法学。这是指研究法的基本原理、概念、思想和规律的学科类别。包括法理学(法哲学)、中国法律思想史、外国法律思想史,等等。

(2) 法律史学。这是指对中外历史上的法律制度进行研究的学科类别。包括中国法制史、外国法制史,其中又可以分为中国法制通史、断代史(如隋唐法制史、明清法制史)、专史(中国刑法史、中国民法史等)。外国法制史还可以按国别或时代来研究。

(3) 国内应用法学。这是指与"理论法学"相对的学科类别。它主要有两类:一类是对一个国家的各个法律部门进行研究所形成的学科。包括宪法学、行政法学、民法学、经济法学、刑法学、劳动与社会保障法学、环境资源法学、诉讼法学(刑事诉讼法学、民事诉讼法学、行政诉讼法学)、军事法学等。另一类是研究法律的制定或实施过程而形成的各种学科,包括立法学、法律解释学、法律社会学等。

(4) 外国法学和比较法学。这是指对外国法律或不同国家的法律进行双边或多边研究所形成的学科类别。其中包括外国法学概论、比较法总论以及各外国部门法学或比较法学(如外国宪法学、比较宪法学等)。

(5) 国际法学。这是对调整涉及国家之间的各种法律进行研究而形成的学科类别。包括国际公法学、国际私法学、国际经济法学、国际刑法学等。

(6) 法学的交叉学科(或边缘法学)。这是指将法学与有关的自然科学或社会科学结合起来进行研究而形成的学科类别,包括法医学、刑事侦查学、司法鉴定学、犯罪心理学、证据学、法律统计学、法律精神病学、法律社会学、法律经济学等。

(二) 法理学的地位

在整个法学体系中,法理学居于一种非常独特的地位:一方面,法理学所研究的是法的一般原理、原则、概念、制度,这种研究对象与人类的生活式样、理念、价值和人文的总体精神息息相关。因此,法理学总是要站在法学学科发展的最前沿来追踪、吸纳人文科学、社会科学和自然科学的成就,反思法的基本问题,同时也从法学的角度对各种人文思潮作出回应。在一定意义上,法理学(尤其是法哲学)也属于研究人类精神的学问(人文科学)之一种,与那些专注于法律的应用与操作的学科(应用法学)是存在较大区别的。另一方面,从法学体系的内部关系看,法理学在整个法学体系中具有"基础理论"的地位。它是建立在诸应用法学(部门法学及其应用学科)之上的具有普遍意义、属性和职能的法学学科,其内容具有基础性、根本性、一般性、普遍性和抽象性,从而对各种应用法学给予理论上的指导,法理学是沟通法学诸学科的桥梁,在很大程度上影响整个法学发展的水平。法理学研究的不发达,必然会对法学其他学科的研究产生不良的后果。因此,强化法理学的基础地位,深化法理学的研究,对于建立一国法学体系是至关重要的。

法理学与法学其他学科的结合,反过来对于法理学自身的发展也同样有十分重要的影响。法理学是一门开放性的学问,这不仅是指它对外的开放(即法理学与整个人文科学、社会科学和自然科学的结合),而且也指它对内的开放,即在法学体系之内与其他法学学科的结合,不断从其他学科中获取理论和方法上的资源,以丰富和完善法理学自身的理论。例如,法律制度史的研究,国内部门法学(民法学、刑法学、宪法学等)的研究,在某些方面有各自学科的优势和特点,它们对历史上的法和现实的法所进行的实证考察,是法理学所不可替代的。而且它们从各自学科出发对法的本质和现象问题所作的结论,对于法理学亦具有重要的参考价值。因此,法理学若不与法律史学、国内部门法学结合,很可能会陷入空泛和游说无根的窘境,也不能起到前导学科的作用,不能对法学其他学科予以理论上的指导。然而,法理学与法学其他学科的结合,绝不意味着法理学可以完全照抄、照搬法律史学、国内部门法学的理论,将别的学科的东西据为己有。否则,也就失去了法理学自身的特色。

四、学习法理学的意义

一个民族要站在科学的最高峰,就一刻也不能离开理论思维。这一论断,对于学习和研究法理学而言,也同样是适用的。如果是在人文科学、社会科学、自然科学发展的大背景下审视法学整个体系的发展,那么就不能够轻视法理学存在的价值和意义。

(1)人类精神的演化和科学的进步离不开思辨的哲学。同样,一个国家、一个民族法律文化的发展也离不开法理学的研究。法理学归属于人文科学的一部分,它基于对法的原理、原则、制度的研究而推衍至对人类生活式样、价值、精神等问题的思考,无疑为人文科学(包括哲学)的研究展开了一个新的视角和方向。例如,一个时代需要什么样的法律精神? 法对人的"生活世界"(Lebenswelt)有什么影响? 法到底应当体现什么样的社会价值或人类价值(自由、平等、秩序抑或进步)? 等等。这些问题的探讨都离不了法理学(包括法哲学)沉思。法理学的学习目的之一,就在于使学生具有对人类生存状态和世俗生活的关怀,塑造其法学的世界观,培养他们对于人类社会法律生活的哲学态度。

(2)法理学不仅为人们提供学习法律的入门知识,而且更重要的是培养法律和法学工作者的见识和境界。前已述及,法理学是法学的基础学科,它关于法学的一些基本理论、基本概念、基本知识,为进一步学习和研究法学的其他分支学科打下理论基础。不仅如此,法理学还通过其理论特有的魅力,向人们展示法律的文化内蕴,揭示法律的内在精神、原则、价值和理念,提高人们的法学境界,扩展法学研究的视野,使人们一开始就站在较高的理论层面上来审视重大的法学一般问题和本学科的法学理论问题。因此,一个合格的法律学生应当是具备良好的法理学素养的学生,一个称职的法官应当是既精通法律又兼具法理学境界的法官,而一个部门法学专家同时也应当是一个法理学家。

(3)法理学重在训练人们的法律思维方式和能力。首先,法理学可以培养一个法律人(jurist/lawyer)所特有的观察问题和思考问题的方式,使法律人通过法的基本概念、范畴和方法形成对社会问题的法律(职业)判断和评价,在此点上他/她的立场区别于一个政治(学)家、经济(学)家或道德(学)家的立场。其次,法理学可以培养人们对法的存在之源的不断探求精神,提升人们的理性认识能力和法律智慧,使人们不仅知法之其然,而且知法之所以然。最后,法理学可以训练人们的法律推理能力和理论抽象能力,使人们能够将一般的原理或法律命题运用于某一具体的法律事件的分析,又能够对具体的法律事件作出类型的概括,从中抽象出不同位阶的法律概念和命题。

由此,我们认为,空谈理论、轻视实践自然是不正确的。然而,一味强调"功利""实用",而轻视理论的价值同样也是错误的。学习法律是要懂得法律。懂得法律,不仅仅在于掌握操作法律的知识,而且还要深入研究法律的道理,即不仅知其然,而且要知其所以然。只有如此,我们国家的民主与法制建设,才会有一个较好的文化心理条件。毕竟,理论的发达,对于开启民智、培养民风、提高整个民族的素质,都是不可或缺的。在此方面,法理学应当作出其应有的贡献。

本 章 要 点

1. 按照古老的知识分类,法学是一门实践知识或实践学问。
2. 中国古代的律学和西方的法学形成的历史条件有所不同。
3. 实践性构成了法学的学问性质。
4. 法学研究的对象包括三个方面的问题:法律制度问题,社会现实或社会生活关系问题,法律制度与社会现实之间如何相互对应问题。
5. 法学有其独特的思维方式和方法。
6. 在学者的著作中,"法理学"与"法哲学"有时作区分,但也经常互换使用。
7. 法理学的体系是开放的,应当从研究范围及功能两个角度来认识这个体系。
8. 法理学在法学体系中具有特殊的作用和地位,学习法理学对于法科学生具有重要意义。

第一编　法学的基本概念

第一章 法

第一节 法的名称

一、中国历史上的法的名称

在汉语中,"法"一词的演变经过了一个较长的历史过程。从语源上看,汉字的"法"古体为"灋"。东汉文字学家许慎在其所著《说文解字》中释义:"灋,刑也。平之如水,从水;廌(zhì)所以触不直者去之,从去。"①这一解释有三层含义:第一,"法"与"刑"是通用的。古代的"刑"字含刑戮、罚罪之意,也还有"规范"(模范)的意义。王振元在《中国古代法理学》中称:"法之释为刑者,即表明有秩序而可为模范之意也。"②第二,法者平之如水,含有"公平"之意。第三,法从廌去,所以触不直者去之,含有"明断曲直"之意。廌,是传说中的一种似"一角之羊""一角之牛"或"一角之鹿"的神兽,《神异经》称之为"獬豸"(xiè zhì)。其"性知有罪……有罪则触,无罪则不触"。③豸成为"治狱""罪疑者""别曲直"的某种象征,是正直标准(即法)的化身。直至前清凡执法者,犹用獬豸为补服。

一方面,在哲理意义上,汉语的"法",与"理""常"通用,指"道理""天理"或常行的范型和标准。《尔雅·释诂》:"法,常也。"又注曰:"典、彝、法、则、刑、范、矩、庸、恒、律、戛、职、秩,常也。柯、宪、刑、范、僻、律、矩、则,法也。"具体而言,抽象的"天命""天志""礼""法度""道""彝""理",都是"法"。另一方面,"法"又在典章制度

---

① 许慎:《说文解字》,天津市古籍书店1991年影印版,第202页。近人对许慎的诠释颇多批评。如蔡枢衡指出,所谓"平之如水"为"后世浅人所妄增",不足为训。此处的"水"乃指远古时代的一种刑罚,即把罪者置于水上,随流漂去,今谓驱逐。见蔡枢衡:《中国刑法史》,广西人民出版社1983年版,第170页。
② 王振元:《中国古代法理学》,商务印书馆1933年版,第6页。
③ 王充:《论衡·是应篇》,上海人民出版社1974年版,第270页。

意义上使用,与"律""法律""法制"等相通解。《管子·七臣七主篇》:"法律政令者,吏民规矩绳墨也。"此乃"法""律"连用的最早记载。在后世中,"法""律"亦常分开使用,但在国法(人定法)意义上,二者通义。《唐律疏义·名例篇》曰:"律之与法,文虽有殊,其义一也。"中国秦汉以后的法律文件,采用过许多名称,如律、令、典、敕、格、式、科、比、例等,它们都是国法意义上的"法",与哲理意义上的"法"不完全等同。清末民初,由于受日本的影响,国法意义上的"法",则逐渐由"法律"一词代替。① 由于法律总是由国家制定颁行的,在这一点上,它与哲理上所讲的"天理"之法,是不一样的。

二、西方历史上的法的名称

在欧洲大陆国家,同样也有表示哲理意义上的"法"与国法(人定法)意义上的"法"(法律)之不同名词。这一传统源于拉丁文。在拉丁文中,jus 就是一个具有哲理意义的模糊概念,其语义不仅是指"法",也兼指"权利""正义""公平"等。② 后世欧洲大陆国家的文字,如德语 Recht,法语 droit,俄语 npaво,大抵上与 jus 具有相同的用法。③ 这一用法在近代遇到了应用和理解上的麻烦。学者们为了区别的方便,分别在"法"一词之前加上"客观的"和"主观的"定语,这便有了"客观法"(法律规则)与"主观法"(法律权利)的称谓。有人解释说:"法律是客观的权利,权利是主观的法律。"这一解释固然充满思辨色彩,但也表明西文中"法"概念的模糊性。在西文中,真正

---

① 参见〔日〕实藤惠秀:《中国人留学日本史》,谭汝谦、林启彦译,三联书店1983年版,第7章,第13节。
② 17世纪意大利人文主义学者维柯(Giambattista Vico,1668—1744年)考证,拉丁文 jus 是古语 Ious(约夫)的缩写,而 Ious 是古希腊或罗马神话中传说的"天帝"("宙斯"或"朱庇特")的名称。因此,约夫是讨论法律的出发点。见〔意〕维柯:《新科学》(上册),朱光潜译,商务印书馆1989年版,第195页。新西兰法理学家萨尔蒙德(Sir John William Salmond,1862—1924年)则推释,jus 源于古雅利安语词根 YU,其原义指"适当的""适合的""适宜的"。它最初用于物理意义、伦理意义,后衍生隐喻意义,最后才具有法学用法。在法学上,其含义有三:(1) 正当或正义;(2) 法;(3) 权利(道德权利或法律权利)。See Sir John Salmond, *Jurisprudence*, 9th Ed., London, 1937, pp.673—674。
③ 在20世纪50年代的法学著作中,常常把欧洲大陆国家的这一类词均译作"法权"。参见则鸣:《和陈中绳先生商讨关于"法权"的译名问题》,载《华东政法学报》1956年第3期。

在国法意义上使用的"法"(法律),通常是另一类词,如拉丁文 lex、法文 loi、德文 Gesetz、俄文 Zakон,等等。① 在英语国家,法的名称虽然统一以"law"表示,但在具体的场合则要通过单复数或冠词的变化来表达"法"的一般意义和特殊意义。例如,"law"或"the law"指整个法律体系(制度)或一般意义的"法",与拉丁文 lex、法文 loi、德文 Gesetz、俄文 Zakон 等义,而"a law"则指具体的法律,相当于 lex 或 loi 等名词。②

"法"的语义不确定,必然会产生五花八门的"法"的概念。自古希腊以来,学者们所提出的法概念的名称不计其数。这些不同名称的"法"实际指称不同的客体。

第二节 法概念的争议

一、应然法与实然法

法是什么?如何界定法的概念?在法学发展史上,哲学家们和法学家们对于这一问题的争论,从国家和法律产生之时起即已开始,延续了几千年,至今尚无统一的解释。

界定法的概念,首先要解决的既是一个本体论同时也是一个认识论问题,即法的"应然"和"实然"问题。从语义角度说,所谓"应然"(what ought to be),就是指"应该怎样",或者说是"当下尚未发生、尚未存在,但按照道理应当发生、应当存在的状态";所谓"实然"(what is),即指"实际怎样",或者说是"当下已经实际发生、现实存在的状态"。进一步讲,法的应然是指法按照道理应当达到、应当实现的状态。这也是指法当下尚未发生、尚未存在而根据其自身的特

---

① 关于拉丁文 lex 的含义,萨尔蒙德列举了八个方面:(1) 一方当事人提出,另一方当事人接受的建议、条款、条件或要约;(2) 罗马人制定的法律;(3) 不管什么方式所制定的法律;(4) 一切施加或遵守的活动规则(法则),如语言规则;(5) 抽象意义的法,在法律适用上与 jus 等义;(6) 判决;(7) 由判决施加的刑罚、证据或其他事项;(8) 构成一个人法律地位的法律权利。John Salmond, *Jurisprudence*, 9th Ed., London, 1937, n. 6, pp. 675—677.

② See S. N. Dhyani, *Jurisprudence: A Study in Legal Theory*, New Delhi, 1985, p. 105.

性而应达到某种理想或理念状态。在此意义上,所谓"应然法",就是"应该是怎么样的法"(law as it ought to be),即根据其自身的特性而应达到某种理想或理念状态的法,它有时又被称为"理想法"或"理念法"。与此相对应,法的实然是指法在当下已经实际发生、现实存在的状态。故此,所谓"实然法",就是"实际上是怎么样的法"(law as it is),即在现实中实际存在、实际发生效力、对人们的行为实际产生作用的法,有时也被称为"实际的法"(actual law)。

到底应从"应然法",或是从"实然法",还是从"应然法"与"实然法"相统一的角度来界定法的概念?这构成法理学上争论的一个基本问题。有的学者认为,"实然法"离不开"应然法","应然法"甚至成为"实然法"是不是"真正的法"的检验和判断标准。按照他们的理解,不符合"应然法"的"实然法"不属于"真正的法",而是仅有"法"之名称却可能在实质上背离法之性质的一种东西。另一些学者认为,必须区别法的"实然"与法的"应然",必须将"实然法"与"应然法"问题分开考察,因为"实然法"问题是法实际存在的问题,它涉及的是人们对法存在的事实判断、描述和说明,不涉及法之好坏善恶的评价;而"应然法"问题是"法应该怎么样"的问题,它涉及的是人们对法应该达到的理想状态的价值判断,是法存在的终极理由的评论,是对法之好坏善恶的评价。这两个不同的判断、评价之间没有可以直接跨越的通道,既不能从"应然法"的角度来解释和界定"实然法",也不能从"实然法"的角度来解释和界定"应然法"。

二、自然法与实在法

从另一个角度讲,所谓"应然法"与"实然法"的争论,其实也是"自然法"与"实在法"概念及理论的争论。回顾西方法学发展的历史,我们可以用自然法(Natural Law)理论与法律实证主义(Legal Positivism)两个名称来命名对这个问题的两个相互对立的立场。

"自然法"是英文 Natural Law 的对译。按照西方学者的理解,自然法观念的起源,可以归结为人类心灵固有的活动,它促使人类心灵形成一种永恒不变的正义观念。这种正义被认为是更高的或终极的法,其来自宇宙之本性,或者出自上帝之意志,或者源于人类之理性。

例如,古希腊哲学家柏拉图认为,世界由"现象世界"和"理念世界"组成,理念是现象的本质。理念具有一贯的、先验的内容。同样,变动不居的法律现象也都必须符合不变的法理念。换言之,只有理念中的自然法才是本质上的法律,其他的法律都必须与理念的自然法保持一致。中世纪的神学家将他们的宗教信仰与古希腊两个层次的法观念结合起来,形成了新的自然法观念。他们将上帝的意志或理性同法的两个层次联系起来,形成了多层次的法理论。比如,按照中世纪最有权威的经院哲学家托马斯·阿奎那(Thomas Aquinas,1225—1274年)的理论,法分为四种,即永恒法、自然法、人法和神法。永恒法是上帝用来统治整个宇宙的根本大法;自然法是人参与永恒法,是上帝用来统治人类的法;人法是国家制定和颁布的合乎理性的法;而神法就是《圣经》,它是对人法的必要补充。[①] 近代的自然法观念是一种世俗化的自然法,它是以"上帝不在"为基础的观念。伴随着神的角色的消逝,"自然"一词的内容发生了极大的变化,人的理性成为自然的核心含义。这种理性的自然法以对人的预设为出发点,进而认为人的基本权利是自然法的关键,因此侵犯人的基本权利的法将会丧失实际上的约束力。理性自然法的代表人物主要是资产阶级革命的启蒙思想家,例如,格劳秀斯、普芬道夫、洛克、孟德斯鸠以及卢梭等人。总体而言,自然法理论否认法自身的独立性,认为法必然从属于更为高级的行为标准(现代自然法理论认为主要是指道德),因此违反这个更高标准的法就不再是法。这个学说的基本主张即"恶法非法"。

"实在法"是英文 Positive Law 的对译,它也常常被译为"实证法"。何为"实证"?法国 19 世纪的哲学家、实证主义的创始人奥古斯特·孔德(Auguste Comte,1798—1857年)从四方面进行了解释:(1)与虚幻对立的"真实";(2)与无用相对的"有用";(3)与犹豫对立的"肯定";(4)与模糊相对的"精确"。[②] 以此为标准,法律实

[①] 〔意〕托马斯·阿奎那:《阿奎那政治著作选》,马清槐译,商务印书馆1963年版,第106—108页。
[②] 见〔法〕奥古斯特·孔德:《论实证精神》,黄建华译,商务印书馆1999年版,第29页。

证主义(其代表人物主要有约翰·奥斯丁、汉斯·凯尔森以及哈特)认为,法是人类社会的产物,是有意识创造出来的行为准则。因此,只有实在法才是严格意义上的法律,是实际存在的、具有实际效力并可以精确分析的法律,也只有实在法才是法理学研究的对象。这种意义上的法律与其他的行为准则(如道德)之间并没有必然的关系,即使实在法与上述准则(道德)相违背,也不能成为否定实在法之法律性质的理由,人们依然具有服从这种法律的义务。这种主张被称为"恶法亦法"。

三、"国法"及其外延

到目前为止,有关法概念的争论并未终结,人们还在为寻找法的恰当定义进行努力。甚至可以说,寻求法概念的定义就是法学永恒的使命。在对法的概念作出定义之前,对各种"法"的名称进行清理,为"法"概念的讨论确立一个范围,是完全有必要的。基于此,我们所要研究的法的概念,笼统地讲,乃是指"国法"(国家的法律)。其外延包括:(1) 国家专门机关(立法机关)制定的"法"(制定法或成文法);(2) 法院或法官在判决中创制的规则(判例法);(3) 国家通过一定方式认可的习惯法(不成文法);(4) 其他执行国法职能的法(如教会法)。① "国法"是法理学上的一个核心问题,而其他种种所谓的"法",都不过是学者们基于对国法的认识而提出来的。

第三节 法 的 特 征

在现实社会生活中,人们所感知的"法"都是比较具体的,均属于特定时间和特定空间中的法律:国内法、外国法、国际法、宪法、民

---

① 美国法学家庞德(Roscoe Pound, 1870—1964 年)认为,法的意义有三:(1) 法律秩序,即通过有系统地、有秩序地使用政治组织社会的强力来调整关系和安排行为的制度;(2) 一批据以作出司法或行政决定的权威性资料、根据或指示(特定的法律、比较法、财产法或契约法等);(3) 司法过程,即为了维护法律秩序依照权威性的指示以决定各种案件和争端的过程。见〔美〕罗斯科·庞德:《通过法律的社会控制·法律的任务》,沈宗灵、董世忠译,商务印书馆1984年版,第22页。

法、行政法、刑法、诉讼法,等等。此外,人们也能够直接感受由于法的运动而产生的各种动态法律现象(立法、执法、守法、法律监督等)。因此,首先从法律现象上考察各种各样的"法"的一般外在特征,对"法"这样一种特殊社会现象有一个外观上的了解,然后再深入法的内部关系中去分析它的本质,是较为科学地考察和分析问题的方法。

从哲学上讲,任何事物的特征都是在与其他事物的比较中表现出来的。同样,法的特征也是法在与相近的社会现象(如道德、宗教、政策等)相比较的过程中显示出来的特殊征象和标志。在此意义上,我们可以把法的外在特征概括为以下六个方面。

一、法的规范性

从其存在形态看,法首先是一种规范。所谓规范,乃是指人们行为的标准或规则。在日常生活中,有各种各样的规范,如思维规范、语言规范、技术规范和社会规范等。思维规范是人们进行思维活动时所应遵循的规则(如三段论);语言规范是人们表达思想的文字、语言规则,通称文法或语法;技术规范是人们利用自然力、生产工具、交通工具等应遵守的技术标准(如操作规程);社会规范是人类社会内部调整人们相互关系的行为规则,包括政治规范(党的章程、政治生活准则、政策等)、道德规范、宗教规范、其他社会团体的规章、民族的习俗礼仪等。

法不是一般的规范,而是一种社会规范。其特点乃在于它所调整的是人们之间的相互关系(社会关系)或交互行为,在这一点上,法作为社会规范,不同于思维规范、语言规范,也不同于技术规范。例如,同样是语言行为,其在不同的场合应遵循不同的规范。当语言行为属如何正确表达意义时,它所遵循的应当是语言规范(语法)。当语言行为的效果涉及另外一个主体时(如谩骂他人),它就是一个交互行为,应当遵守法律和其他社会规范(道德等)。技术规范调整的对象是人与自然(自然客体)的关系,并不必然涉及人们的交互行为。但如果不遵守技术规范,则可能引起伤亡事故,导致生产效率低下,危及生产秩序和交通秩序,或造成其他严重的损害。此时,不遵守技术规范的行为,就是一个有害的行为。为了避免此类行为的发生,有时需要将技术规范上升为法律规范,强迫人们予以遵守。这种由技术规范构成的法,在法学上被称为"技术法规"。

法作为社会规范,像道德规范、宗教规范一样,具有规范性。所谓法的规范性,是指法所具有的规定人们的行为模式并以此指引人们行为的性质。① 它表现在:法律规范规定了人们的一般行为模式和法律后果,从而为人们的交互行为提供一个模型、标准或方向。法所规定的行为模式包括三种:(1) 人们可以怎样行为(可为模式);(2) 人们不得怎样行为(勿为模式);(3) 人们应当或必须怎样行为(应为模式)。②

相对于其他社会规范的规范性而言,法的规范性是特殊的。这表现在其对人们行为方式的规定和指引人们行为的方式两方面。就对人们行为方式的规定而言,法采取独特的语言、语句、概念和结构③,这使其区别于其他社会规范:(1) 法在规范内容上具有更大的确定性;(2) 法律规范语句具有更强的命令性;(3) 法律规范作为(法官)裁判标准具有权威性和独断性;(4) 法律规范语句具有实证性。就指引人们行为的方式而言,法作为人们的行为规范不仅具有(依据法律权利的)可选择的指引,而且也具有(依据法律义务的)确定性的指引。④ 其他社会规范在上述方面不像法律规范表现得那么明显。

二、法的国家意志性

所有的规范都是人创制的,因而体现人的意志。法作为特殊的社会规范,其所体现的不是所有的人的意志,而是国家的意志。因

---

① 在法理学上,"法的规范性"具有不同的理解,这里所讲的只是其中的一种理解。
② 有学者把规范模式分为4种:(1) 应为,即命令的规范;(2) 勿为,即禁止的规范;(3) 能为,法律不必命令的性质;(4) 可为,容许的规范。见陶希圣:《法律学之基础知识》,新生命书局1932年版,第80—81页。
③ 有关法律规范的含义,参见本书第5章第1节。
④ 在法理学上,一般认为,法的规范作用分为指引作用、预测作用、评价作用、强制作用和教育作用等方面。其中,指引作用又包括可选择的指引方式和确定性的指引(或不可选择的指引)方式。

为,国家的存在是法存在的前提条件。法表现为什么形式,其规范的内容如何,均由国家意志决定。

一切法的产生,大体上通过制定和认可这两种途径。所谓法的制定,就是国家立法机关按照法定程序创制规范性文件的活动。通过这种方式产生的法,称为制定法或成文法。① 所谓法的认可,是指国家通过一定的方式承认其他社会规范(道德、宗教、风俗、习惯等)具有法律效力的活动。法的认可主要有两种方式:(1) 明示认可,即在规范性文件中明确规定哪些已有的道德或习惯等规范具有法律上的效力,这种认可的规范往往构成规范性文件的内容。例如,我国《婚姻法》第21条第1款规定:"父母对子女有抚养教育的义务;子女对父母有赡养扶助的义务。"这一规定不过是"养老抚幼"的道德规范在法律上的明示认可。(2) 默示认可,即国家没有明文规定哪些社会规范是法律,而是通过法院在判决中援引的方式承认它们的实际的法律效力。以这种方式存在的法,往往是通行于一定地区、一定民族之间的习惯法,如经国家认可的家法族规、村落规约(乡规民约)、帮规教规、行业(行会)规范等。

"法由国家制定或认可"还意味着:体现国家意志的法具有统一性和权威性。也就是说,一个国家只能有一个总的法律体系,而且该法律体系内部各规范之间不能相互矛盾。法的表现形式可能是多种多样的(如成文法和不成文法),但这只是形式上的差别。不能因为这种形式差别,而认为一个国家并存二元或多元的法。从体现国家意志的角度讲,法总是一元的。

法是实现国家意志的重要手段。没有法,国家也就不成其为国家。法为组织国家机构所必需,为实现国家职能所必需,为建立、巩固和发展一定的社会秩序所必需。因此,列宁指出:"意志如果是国家的,就应该表现为政权机关所制定的法律,否则'意志'这两个字只是毫无意义的空气震动而已。"②

但国家意志并不总是通过法来表现的。国家意志的表现形式是

---

① 有关"成文法"的含义,参见本书第2章第3节。
② 《列宁全集》第25卷,人民出版社1963年版,第75页。

多方面的,它可以表现为法,也可以在政治(政策)、伦理等领域得以体现。而反映国家意志的一些口号、声明、决定、照会等,其本身不能被视为国家的法律。

法通过"国家制定或认可"表达国家意志,这是法与其他社会规范的区别之一。宗教教规、风俗礼仪、道德规范虽然也可能反映国家意志(至少不违背国家意志),但在反映或表达国家意志这一点上与法律有区别。

三、法的国家强制性

一切社会规范都具有强制性。所谓强制性,就是指各种社会规范所具有的、借助一定的社会力量强迫人们遵守的性质。例如,道德规范主要依靠社会舆论、传统习惯以及人们的内心确信等来加以维持,违反道德规范不仅要受到社会舆论直接或间接的蔑视和批评,承受相应的道德责任和道德制裁,而且也将受到自我良心的谴责,由此会在一定程度和一定范围内制约人们的行为。宗教规范的实施主要是通过精神强制的方式,但也必须依靠清规戒律、惩罚制度来保证教徒的遵守。

法不同于其他社会规范,它具有特殊的强制性,即国家强制性。法是以国家强制力为后盾,由国家强制力保证实施的。在此意义上,所谓法的国家强制性就是指法依靠国家强制力保证实施、强迫人们遵守的性质。也就是说,不管人们的主观愿望如何,人们都必须遵守法律,否则将招致国家强制力的干涉,受到相应的法律制裁。国家的强制力是法的实施的最后的保障手段。

法之所以必须由国家强制力保证实施,取决于下面两个原因:其一,法不能始终为人们自愿地遵守,需要通过国家强制力强迫遵行。法既是人们的合法权益的保护者,也是约束人们行为的枷锁。这样,法有可能招致人们的破坏,违法犯罪现象也就不可避免。而对违法犯罪行为的制裁,靠任何个人的力量或社会舆论,是不可能有保障的,必须通过国家强制力才能得以实现。其二,法不能自行实施,需要国家专门机关予以适用。法律是普遍的、一般的规范,而要由抽象的、原则的规定到具体的、切实的运用,就不能离开国家的专门机关及其工作人员(如法官、检察官)。所以,正如列宁所言:"如果没有一个能够迫使人们遵守法权规范的机构,法权也就等于零。"①

法具有国家强制性,但这种强制性又不能理解为纯粹赤裸裸的、暴力强迫的属性,它必须具有道德上的正当性。也就是说,国家运用强制力来强迫人们遵守法律,必须具有正当与合理的基础。要说明这个基础,除了法律(包括宪法)的授权这个理由外,还应当从国家理性、国家存在的根据这些层面上加以论证。例如,从道理上讲,国家(依其本质)不得为非,国家必须真正代表和行使主权及其他公权力,保护公民的合法权利及利益,保障公民的生命财产安全,等等。若国家不能履行这些职能,那么其强制就可能丧失道德根据和正当性,相应地,法的国家强制性则会削弱,甚至完全消解。

国家运用强制力保证法的实施,也必须依法进行,应受法律规范的约束。国家强制力在什么情况下、由哪些机关按照什么样的程序以及如何制裁各种违法行为,也是必须由法律予以规定的。这意味着:国家强制力是有一定限度的,而不是无限的。一方面,法依靠国家强制力保证实施,是从最终意义上来讲的,并不是说每个法的实施活动或实施过程,都必须借助国家政权及其暴力系统,由系统化的暴力介入其间。例如,在法得到遵守或虽有一般的违法行为(诸如某些民事、经济违法行为及行政违法行为),而违法主体依法自我纠正的情况下,国家就没有必要运用国家强制力。另一方面,国家强制力也不是保证法的实施的唯一力量。在一定程度上,法的实施,也还要依靠社会舆论、人们的道德观念和法制观念、思想教育等多种手段来保证。

四、法的普遍性

法的普遍性,也称"法的普遍适用性""法的概括性",就是指法作为一般的行为规范在国家权力管辖范围内具有普遍适用的效力和特性。具体而言,它包含两方面的内容:其一,法的效力对象的广泛性,在一国范围之内,任何人的合法行为都无一例外地受法的保护;

---

① 《列宁选集》第3卷,人民出版社1976年版,第256页。

任何人的违法行为,也都无一例外地受法的制裁。法不是为特别保护个别人的利益而制定,也不是为特别约束个别人的行为而设立。其二,法的效力的重复性。这是指法对人们的行为有反复适用的效力。在同样的情况下,法可以反复适用,而不仅适用一次。法不能为某一特殊事项或行为而制定,也不能因为一次性适用而终止生效。

法的普遍性与法的规范性密切相关;正因为法具有规范性,它也就同时具有普遍性;法的规范性是其普遍性的前提和基础,而法的普遍性则是其规范性的发展与延伸。

任何社会规范都有普遍适用的特点。但比较而言,法与其他社会规范普遍适用的范围有所不同。法适用的范围是国家权力管辖范围内的一切成员,在形式上不分阶级、阶层、个人社会地位、民族、性别等方面的差别而要求一律平等适用。其他社会规范只对一国内的部分人有效。例如,道德往往是不统一的,不同阶级、民族的道德只是在一定范围内对社会成员有适用的效力。社团章程也如此,仅对社团成员有效,而对非社团成员则无效。在此意义上,其他社会规范在适用效力上多采取"属人主义",而法在适用效力上则以"属地主义"为基础。①

法有普遍性,并不等于法具有绝对性和无限性。其实,法的效力也是有局限性的。首先,法的效力空间范围主要是以国家权力管辖范围为界。超出一国权力管辖范围,该国的法一般是没有法律效力的。道理很简单,在一国的国家强制力所不能达到的领域,该国的法也就不可能实际上发生效力。否则就可能导致国家间政治、外交和法律诸方面的冲突。其次,法调整的对象是有限度的。即使在国家权力管辖范围内,法也只调整人们之间的一定社会关系或社会关系的某个方面,并不是也不可能规范人们的一切行为。事实上,人们的行为除了受法的调整外,还受诸如道德、习惯、宗教等多种社会规范的指引。因此,法只有在其所调整的社会关系或人们的行为范围以内才具有普遍的效力,而不是遍及人们社会关系、行为和活动的一切领域。

---

① 关于"属人主义"和"属地主义"的含义,见本书第4章第4节。

此外，法具有普遍性，在国家权力管辖范围内普遍有效，是从法的属性上来讲的。就一个国家的具体法的效力而言，则呈现出不同的情况，不可一概而论。有些法律是在全国范围内生效的（如宪法、民法、刑法），有些则是在部分地区或仅对特定主体生效（如地方性法规）。而那些经国家认可的习惯法，其适用范围则可能更为有限。因此，不能将法的普遍性作片面的理解，认为一切具体的法的效力都是完全相同的。法的普遍性还应当包含另外一层含义：相同的事项和相同的法律主体适用相同的法。在同等适用这种意义上，无论什么样的法，都是具有普遍性的。

五、法的程序性

法是强调程序、规定程序和实行程序的规范。也可以说，法是一个程序制度化的体系或制度化解决问题的程序。因此，在一个现代社会，如果要实现有节度的自由、有组织的民主、有保障的人权、有制约的权威，那么就必须使其法律有正当的程序。程序是社会制度化的最重要的基石[1]，程序性也是法的一个重要特征。美国法学家哈罗德·J.伯尔曼（Harold J. Berman）指出："法律是一种特殊的创造秩序的体系，一种恢复、维护或创造社会秩序的介于道德和武力之间的特殊程序。……它的特点——精巧、明确、公开性、客观性、普遍性——使它成为解决这些干扰，维护社会正常秩序的有机程序。"[2]

说法具有程序性，其理由还表现在：一方面，法在本质上要求实现程序化；另一方面，程序的独特性质和功能也为保障法律之效率和权威提供了条件。从功能上看，程序的规定实际上是对人们行为的随意性（恣意性）、随机性的限制和制约，它是一个角色分派的体系，是人们行为的外在标准和时空界限，是保证社会分工顺利实现的条件设定。[3] 故此，商品经济的有序发展，政治民主的建立，国家和法

---

[1] 季卫东：《程序比较论》，载《比较法研究》1993年第1期。
[2] See Harold J. Berman and William R. Greiner, *The Nature of Functions of Law*, Brooklyn, 1966, p. 28.
[3] 季卫东：《程序比较论》，载《比较法研究》1993年第1期；孙笑侠：《法的现象与观念》，群众出版社1995年版，第154页。

的权威的树立,公民权利和自由的界定和保障,这一切都离不开对各种法律程序(如选举程序、立法程序、审判程序、行政程序、监督程序等)的完善设计和人们对法律程序的严格遵守。在一定意义上可以说,法治发展的程度,事实上取决于一个国家法律制度程序化的程度及对法律程序的遵守和服从的状态。一个没有程序或不严格遵守和服从程序的国家,就不会是一个法治国家。

相对来说,其他社会规范就不具有严格的程序性,至少它们的程序性不像法的程序性表现得明显和严格。例如,道德的形成和践行过程很少像立法程序和司法程序那样有明确的规定和要求。

六、法的可诉性

"可诉性"(justiciability)是现代国家法律的一个重要特征。德国法学家赫尔曼·坎特洛维奇(Hermann Kantorowicz,1877—1940年)于1958年在英国剑桥出版的英文著作《法律的定义》中认为,法律必须是"被视为可诉的"(considered justiciable),它是规制人们的外部行为并可以被法院适用于具体程序的社会规则的总和。[①] 按照这种理解,判断法律是"书本上的法律"还是"行动中的法律",关键在于考察这些法律是否具有"被任何人(特别是公民和法人)在法律规定的机构中(特别是法院和仲裁机构中)通过争议解决程序(特别是诉讼程序)加以运用的可能性"[②]。如果我们可以对"可诉性"这个概念再做适当的延伸,那么它事实上包括两个方面:(1)可争讼性。任何人均可以将法律作为起诉和辩护的根据。法律必须是明确的、确定的规范,才能担当作为人们争讼标准的角色。(2)可裁判性(可适用性)。法律能否用于裁判作为法院适用的标准是判断法律有无生命力、有无存续价值的标志。依此,缺乏可裁判性(可适用性)的法律仅仅是一些具有象征意义、宣示意义或叙述意义的法律,其即使不是完全无用的法律或"死的法律"(dead law),至少也是不

---

① Hermann Kantorowicz, *The Definition of Law* (ed. by A. H. Campbell), Cambridge University Press, 1958, p.76 ff.
② 王晨光:《法律的可诉性:现代法治国家中法律的特征之一》,载《法学》1998年第8期。

符合法律之形式完整性和功能健全性之要求的法律。我们径直可以把这样的法律称为"有缺损的、有瑕疵的法律"。它们减损甚至歪曲了法律的本性。

法律之所以为法律,就在于具有可诉性。与此不同,道德、宗教规范、政策等不具有直接的法律效力,也不具有直接的可诉性。至少在现代国家,当事人不应直接将道德、宗教规范、政策等社会规范作为起诉和辩护的有效根据。法院也不得直接将它们视为正式的法源,作为法律判决的直接依据。

通过上述分析,我们可以得出如下定义:法是一种特殊的社会规范,即具有规范性、国家意志性、国家强制性、普遍性、程序性与可诉性的社会规范或行为规范。从结构上看,法这种社会规范又是一个由各具体的法律规范(规则和原则)所构成的相互联系的整体(体系),其内容规定的主要是人们相互交往的行为模式,即人们的法律权利和法律义务。法通过权利与义务的规定来调整一定的社会关系,维护一定的社会秩序。

第四节 法的作用

一、法的作用的含义

法的作用问题在法理学研究中具有重大的理论和实践意义。古今中外的思想家、法学家都在不同程度上对法的作用作过合理的论述。如我国古代的管仲认为法的作用是"兴功惧暴""定分止争""令人知事"等。美国法学家庞德认为法的作用是一种关系的调整或行为的安排,能使生活资料和满足人类对享有某些东西和做某些事情的各种要求的手段,能在最少阻碍和浪费的条件下尽可能多地给以满足。[①]

法的作用是指法作为一种特殊的社会规范对人们的行为和社会生活所产生的影响和结果。从中可以看出:第一,法的作用的对象首

---

① 〔美〕庞德:《通过法律的社会控制》,沈宗灵、董世忠等译,商务印书馆1984年版,第35页。

先是人们的行为,法正是通过对人们的行为的调整进而作用于社会生活或社会关系,因为社会关系的形成是以人的行为为媒介的。第二,法的作用主要表现为对人的外部活动产生影响和结果,而对人的情感、信仰、思想等内心世界也可能产生间接的影响。例如,通过法律的实施,人们增强了对法律之价值的认识,增强了守法观念,甚至形成对法律的信仰,等等。在这一点上,应当看到法的调整与法的作用之关系。法只调整人们的外部行为或社会关系,但其产生的作用却可能及于人们的内心。

法的作用的实质是国家意志和国家权力运行的表现。法是国家制定或认可的并由国家强制力作为其实施的最终保证力量的一种社会规范。因此,我们可以说法是国家意志的规范化和国家权力运行的体系化。正如庞德所说:"作为社会控制的一种高度专门形式的法律秩序,是建立在政治组织社会的权力或强力之上的。但是法律绝不是强力,它只是把权力的行使加以组织和系统化起来,并使权力有效地维护和促进文明的一种东西。"[①]同时,我们必须在更深的层次上认识到,法的作用在实质上也是一定社会的物质生产方式的反映。按照马克思主义的基本原理,无论是国家还是法同属于上层建筑,都是由一定的经济基础决定的;反过来,上层建筑对经济基础具有能动的反作用。因此,法的作用能够显示一定社会的经济基础的状况,它的发挥受到经济基础的制约,同时,法的作用对经济基础有一定的促进作用。法的作用的实质不同决定了法的作用的对象、范围、程度和方式的不同。

二、法的规范作用

法的规范作用是法自身表现出来的、对人们的行为或社会关系的可能影响。故此,在法理学上,也有人把法的规范作用称为"法的功能"。法的规范作用根据其作用的主体范围和方式的不同,可以分为:指引作用、评价作用、预测作用、教育作用和强制作用。

---

① 〔美〕庞德:《通过法律的社会控制》,沈宗灵、董世忠等译,商务印书馆1984年版,第26页。

（1）指引作用。法的指引作用表现为：法律作为一种行为规范，为人们提供某种行为模式，指引人们可以这样行为，必须这样行为或不得这样行为，从而对行为者本人的行为产生影响。从另一个角度看，法的指引作用是通过规定人们的权利和义务来实现的。因此，法对人们行为的指引，也相应有两种方式：一是有选择性的指引。它的含义是指：法律规范对人们的行为提供一个可以选择的模式，根据这种指引，人们自行决定是这样行为或不这样行为。这是一种按照权利性规则而产生的指引作用。二是确定性的指引。它是指人们必须根据法律规范的指示而行为：法律要求人们必须从事一定的行为，而为人们设定积极的义务（作为义务）；法律要求人们不得从事一定的行为，而为人们设定消极义务（不作为义务）。若人们违反这种确定的指引，法律通过设定违法后果（否定式的法律后果）来予以处理，以此来保障确定性指引的实现。

（2）评价作用。评价是指对人的行为进行判断和衡量，而任何判断和衡量活动都需要按照一定的标准行为。法的评价作用表现在：法律对人们的行为是否合法或违法及其程度，具有判断、衡量的作用。法的评价作用同其指引作用是分不开的。如果说法的指引作用可以视为法的一种自律作用的话，那么法的评价作用可以视为法的一种律他作用。正因为法能够指引人们的行为方向，才表明其属于是一种带有价值倾向和判断的行为标准。同理，也正因为法对自己或他人的行为提供了判断是非曲直的标准，所以才具有指引人们行为的作用。而且法通过这些标准，影响人们的价值观念，达到引导人们行为的作用。

（3）预测作用。法律的预测作用表现在：人们可以根据法律规范的规定事先估计到当事人双方将如何行为及行为的法律后果。它分为两种情况：一是对如何行为的预测，即当事人根据法律规范的规定预计对方当事人将如何行为，自己将如何采取相应的行为。二是对行为后果的预测。由于法律规范的存在，人们可以预见到自己的行为在法律上是合法的还是非法的，在法律上是有效的还是无效的，是会受到国家肯定、鼓励、保护或奖励的，还是应受法律撤销、否定或制裁的。

(4)教育作用。法的教育作用表现在:通过法律的实施,法律规范对人们今后的行为发生直接或间接的诱导影响。法具有这样的影响力,即把体现在自己的规则和原则中的某种思想、观念和价值灌输给社会成员,使社会成员在内心中确立对法律的信念,从而达到使法的外在规范内化,形成尊重和遵守的习惯。法的教育作用主要是通过以下方式来实现的:一是反面教育,即通过对违法行为实施制裁,对包括违法者本人在内的一般人均起到警示和警戒的作用。二是正面教育,即通过对合法行为加以保护、赞许或奖励,对一般人的行为起到表率、示范作用。

(5)强制作用。法的强制作用表现在:法为保障自己得以充分实现,运用国家强制力制裁、惩罚违法行为。法律制裁的方式多种多样。通过法律制裁可以维护人们的权利,增强法律的严肃性和权威性,提高人们的权利和义务观念,保证社会稳定,增强人们的安全感等。法的强制作用是以国家的强制力为后盾的,因此,它以有形的物质性的力量为表现形式,而道德、习惯一般是以无形的精神性的力量为表现形式。法的强制作用是任何法律都不可或缺的一种重要作用,是法的其他作用的保证。如果没有强制作用,法的指引作用就会降低,评价作用就会在很大程度上失去意义,预测作用就会产生疑问,教育作用的实效就会受到影响。总之,法失去强制作用,也就失去了法的本性。

三、法的社会作用

法的社会作用是法为实现一定的社会目的和任务而发挥的作用。如果说法的规范作用是从法自身来分析法的作用,那么法的社会作用则是从法的目的和性质的角度来考察法的作用问题。概括起来,法的社会作用表现为以下几个方面:

(1)维护社会秩序与和平。法律的产生的首要功能就在于它能禁止专横、制止暴力、维护和平与秩序。无论是在经济领域还是在政治领域,法的首要任务是防止无政府状态和暴力,维持和平与秩序。在市场经济领域,通过法律规范市场主体、创建市场、限定市场范围、约束国家宏观调控从而维护市场即自由交易和契约自由的领域、限制契约自由如禁止垄断契约从而保障市场公平有序的竞争等。在政治领域,通过国家的有关政治方面的法律法规规范参与政治活动的主体、限定政治行为,"用一种和平秩序取代暴力争取权力的位置,和平秩序让政治的纷争受到某些限定的、和平的形式约束……宪法通过由法安排的选举斗争来取代国内战争"①。

(2) 推进社会变迁。法律不仅具有维护社会稳定与秩序的作用,也具有促进社会变迁和变化的作用。社会变迁具有层次性:首先,改变个人的行为模式;其次,改变群体的以及群体与个人之间、群体之间的行为准则;最后,改变整个社会的基本准则。不同社会的变迁速率不同,因为它受到一系列因素的影响,如技术的进步、自然环境、政治组织及政治意识的成熟程度、文化的统一或多样性等。法律对单个主体的行为模式的变化可以施与直接的作用,因为法律可以对单个主体强加法律上的义务来改变个人的行为。法律对其他层次的社会变迁的影响往往是间接的。这种间接作用主要体现为:依据法律形成各种社会制度,通过它们来直接影响社会变迁的性质和速率;建立政府机关内部的各种组织机构以扩大对社会变迁的影响;设定一种法律上的义务以形成一种社会环境,依此培养社会变迁的因素等。

(3) 保障社会整合。任何一个社会要生存下去,就必须满足某些基本需要或功能,即适应环境的功能、实现目标的功能、整合功能、维持模式功能等;为完成这些功能,任何社会必须有四个亚社会系统,即经济制度、政治制度、法律制度和亲属制度。整合功能是指为了维持社会的存在,任何社会都必须具有协调和控制社会系统不同部分的能力,以保证整个社会的统一,目的是使社会成员保持在良好的关系之中,避免导致分裂性的冲突,以达到人际关系和群体关系的和谐团结。社会整合功能主要由法律制度完成。法律规范确定了人与人之间、制度与制度之间的标准关系,一旦冲突发生,法律系统是避免社会解体的保证。

(4) 控制和解决社会纠纷和争端。纠纷和争端是一定社会中的

---

① 〔德〕H.科殷:《法哲学》,林荣远译,华夏出版社2002年版,第119页。

不同主体针对某种有价值的东西公开地提出相互对立的主张。纠纷和争端具有危险性,小则发生争吵,大则引发暴力冲突、流血冲突,最终可能导致共同体的解体从而危及人类的生存和发展。国家和法律的基本作用之一就是将人类社会的纠纷和争端控制在一定的程度内,在一定的秩序范围内和平地解决,从而减少它们的危险性和危害性。

(5)促进社会价值目标的实现。法律可以促进制定和实施它的人所主张的价值目标。事实上,特定社会和国家的许多法律都旨在促进一定的价值目标。美国法学家博登海默指出:"实质的法律规范制度仍然是存在的,其目的就在于强化和确使人们遵守一个健全的社会所必不可少的道德规则。"[1]也可以这样说,任何国家的法律制度都不可能脱离该社会道德或价值观念的影响而发挥作用。所以,美国法学家霍姆斯就宣称:"法律乃是我们道德生活的见证和外部的积淀。"[2]至于法律促进哪些价值目标以及它们的内容与关系如何,这属于法的价值论的内容。

四、法的作用的局限性

在法律社会中,法的作用是不容低估的:法以其独特的方式对人类生活发生着重要的影响:首先,自从有了国家之后,法律在人类社会中扮演的角色越来越重要,逐渐代替了宗教、道德、习俗等社会规范在调整人们的行为和社会关系中原有的影响力,成为最主要的社会调整手段。其次,法律是社会运动和发展的最重要的稳定和平衡的工具,它以其稳定性和可预测性为激变的社会生活确立相对稳固的规范基础。若没有法律,社会生活的变化将变得更无章可循。最后,法律具有其他社会规范所不具有的优点,例如它的国家强制性、权威性、公开性、程序性等,都不是其他社会规范可以取而代之的,若废法而弃之,则重建社会基本结构和秩序,不仅需要付出更大的成

---

[1] 〔美〕E.博登海默:《法理学——法律哲学与法律方法》,邓正来译,中国政法大学出版社2004年版,第399页。
[2] 同上书,第394页。

本,而且还可能产生难以预料的社会后果。例如,由于沿用道德治国或政策治国的传统,而使社会制度总是处在不断地试验—变革—再试验—再变革的恶性循环之中,人类将会为这种试验—变革付出沉重的代价。故此,重视法的作用不仅是一个理论问题,而且更属于是所有的人(包括治国者和普通民众)均须重视的一个实践问题。

但是,我们必须认识到法律在维护和促进人类社会各方面发展与进步方面的作用时存在一个程度问题,也就是说法律的作用不是万能的,而是具有一定的局限性。这种局限性主要体现在以下几个方面:(1)法的作用的范围不是无限的。即使现代社会的法涉及社会生活的各个方面,作用范围非常广泛,但是,仍然有一部分人类行为和社会关系是不能适用法律来调整的。因此,对于那些不能靠国家强制力来调整的人类行为和社会关系,只能由其他社会控制手段来调整,如道德、宗教、纪律、政策等。(2)法律只是调整法律所能调整的社会关系的一种方法。即使在法律是主要的调整和保障手段的某些领域中,如果没有其他的社会控制手段和方式的配合,法律的作用也不能很好的发挥。(3)法律与事实之间的对应难题也不是法律所能够完全解决的。法律适用所对应的事实有时是难以确定的。原因在于,从理论上讲,法律适用者面对的事实永远是"已经过去的事情",认定和确定事实的过程实质上是法律适用者将"过去的事情"还原为"现在的事实",而且由于人的理性的有限性,还原的过程不是一个完全等值的过程,而是一个不断接近的过程;也就是说法律适用者在认定和确定事实时不可能将"过去的事情"原原本本地还原为"现在的事实"。既然如此,那么法律对社会关系的调整和保障作用就不可能得到完全的发挥。(4)法律自身的缺陷也影响其发挥作用。现实的法律自身总是存在着一定的缺陷:第一,由于人的理性的有限性,任何国家的法律都不可能是一个包罗万象的体系,总会存在一定的社会事实没有被法律所覆盖的情形;这就是人们常说的"立法空白"。第二,国家的法律一经制定都具有一定的稳定性,而法律所调整的社会关系是不断发展变化的,因此,在法律实践中总会出现一些法律没有规定的新型案件;这就是人们所谓的"法律的滞后性"。第三,国家的实在法律规范具有一般性和抽象性,而法律所要解决的案件是个别的、具体的,因此,有时将具有一般性和抽象性的法律规范运用到具有具体性和个别性的案件中去时会产生违背法律规范原义的结果;这就是人们所谓的"法律的僵硬性"。第四,国家的法律概念并非完全符合逻辑语言,其中有些术语也是从日常语言中发展而来的,而不是用人工语言表达的。日常语言的意义往往具有一定的"波段宽度",解释这些语言的意义必须求助于法律适用者个人的主动性和创造性,但很可能形成解释不统一的局面。如果出现这种局面,法律就不可能发挥其本来具有的作用。

总之,在认识法的作用时,必须注意"两点论":对法的作用既不能夸大,也不能忽视;既要认识到法不是无用的,又要认识到法不是万能的;既要反对"法律无用论",又要防止"法律万能论"。

本 章 要 点

1. 无论在中国古代,还是在西方国家,均有表示哲理意义上的"法"与国法(人定法)意义上的"法"(法律)之不同名词。

2. 在界定法的概念中,法的"应然"和"实然"问题是学者经常争论的一个问题。在这个问题上形成了自然法理论与法律实证主义两个相互对立的理论立场。

3. 自然法理论强调"恶法非法",法律实证主义强调"恶法亦法"。

4. 在"国法"意义上界定法的概念是非常必要的。

5. "国法"意义上的法具有规范性、国家意志性、国家强制性、普遍性、程序性与可诉性等特征。

6. 法的作用不容低估,但也不能夸大法的作用。

第二章　法的内容与形式

第一节　法的内容与形式的概念

一、法的内容和形式的含义

内容和形式是哲学上的一对范畴。内容是事物的内在诸要素的总和。形式是内容的存在方式,是内容的结构和组织。内容和形式是辩证的统一。没有无形式的内容,也没有无内容的形式。① 法作为一个存在物(现象),像世界上的任何事物一样,也有内容和形式两个方面,是内容和形式的统一体。只有内容而无形式,或只有形式而无内容的法是不可能存在的。②

但应如何界定法的内容和形式?国内法学界迄今并未形成共识。原因主要在于有人坚持从法与其他社会现象之间的相互关系的角度确定法的内容和形式。这种论述实质上不是在论证法自身的内容和形式,而是在论证法作为一种现象与其本质的关系。这种思维方式增加了何为法的内容和形式的不确定性,从而使这个问题变成了公说公有理、婆说婆有理的纯意见之争。更为重要的是这种思维方式不是从法律人的角度、法的内在视角而是从外在的或观察者的角度思考问题,因而不属于一种法学的思维,而是一种法的交叉学科或边缘学科的思维。这在实质上背离了法学作为一门独立科学的立场。这不是一位法律人应该秉持的立场。

我们认为,法的内容和形式作为法学自身的范畴,应该从法的自身的角度去确定何为法的内容、何为法的形式。这种论证方式是从法的内部角度予以论证的,注重了法的内容和形式的确定性。诚如

---

① 《辞海》(缩印本),上海辞书出版社1979年版,第195页。
② 刘金国、舒国滢主编:《法理学教科书》,中国政法大学出版社1999年版,第36页。

本书第一章所述，我们所讲的"法"是"国法"意义上的法，而法就是一种规范，任何国家的实在法都是由法律规范组成的。在此意义上，一方面，所谓"法的内容"，就是指构成法的内在要素，即法律规范及其构成要素。从法律规范的内在结构看，法律规范是由法律规则和法律原则构成的，而法律规则和法律原则的核心部分就是法律权利和法律义务，还有假定条件和法律后果。若从法律体系的角度看，法律规范又成了法律部门的构成要素（即法律规范构成了法律部门），而法律部门组成了法律体系。另一方面，所谓"法的形式"，就是法的内容的表现方式，是法的内容要素的外在结构和组织形态，诸如"法典""判例法""习惯法"等。仅就成文法来讲，其表现形式与内容相对应，可分为三个层次，即"法律条文""规范性法律文件"和"规范性法律文件体系"（立法体系）。① 这样，我们就可以说法律权利、法律义务、法律规则、法律原则、法律责任、法律制裁、法律部门、法律体系等概念属于法的内容的范畴，而法律条文、规范性法律文件、规范性法律文件体系、法典、判例法、习惯法等概念都属于法的形式的范畴。如果接受了上述法的内容和法的形式的划分，我们就能更好地理解法学中的一些概念之间的关系，如行政法规与行政法，作为法的渊源的宪法和作为部门法的宪法，法律部门和规范性法律文件等。

二、法的内容和形式的关系

哲学上关于内容与形式相互关系的基本原理也适用于法的内容和法的形式的关系。一般说来，事物的内容决定形式，形式依赖于内容，并随着内容的发展而改变。在法的内容和形式的相互关系中，一方面，法的内容是主要的、决定的方面。内容决定和支配形式，有什么样的法的内容，就有什么样的法的形式。如封建制法的本质决定封建制法中存在皇帝的敕令、诏书这种形式；又如当代无论何种国家都存在需要宪法、法律、法规予以调整的社会关系，因而都有相应的法的形式。法的内容发展变化了，法的形式也要发生相应的变化。

---

① 刘金国、舒国滢主编：《法理学教科书》，中国政法大学出版社1999年版，第37页。

例如,有学者认为:"数千年来,中国法律实践活动的总体精神经历了四个重要的发展阶段,即'家'本位,'国'本位,'国·家'本位,'国·社'本位。""相应地,中国法律文化的宏观样式也经历了三个重要发展阶段,即'判例法'、'成文法'和'混合法'。"①

另一方面,法的形式并不是完全消极、被动的,它对其内容具有相对的独立性,而且能动地反作用于法的内容,影响、制约着法的内容的发展变化。当法的形式适合于内容时,它对内容的发展起着有力的促进作用,反之,就起严重的阻碍作用。因此,在研究本国法律形式时,应注意法的形式的最优方案,即选择最能促进法律发展的形式。例如,一般地说,制定法的形式优于习惯法,法律应公开,法律应平等适用,法律效力一般不应溯及既往,法律不应朝令夕改,等等。所有这些要求都是法的形式问题。如果一个法律符合这些要求,就说明它的形式能促进法律内容的实现;相反的话,就会阻碍内容的实现。②

同时应注意,由于法的内在矛盾和各种条件的影响,法的内容与形式的关系可能呈现出复杂性。首先,同一种法的内容可能有多种与之相适应的法的形式,而同一种法的形式也可能表现多种法的内容。例如,在不同国家或同一国家的不同历史时期,政治经济发展的不平衡,文化传统、民族风俗、自然和人文环境的差别,社会精神、思想学说以及各学术流派影响的大小不同,其法的形式会表现出很大的差异,有的国家采用判例法(普通法法系),有的国家则采用法典法(民法法系),美国采用成文宪法形式,英国采用不成文宪法形式。具体就某一法律规范而言,其内容与它的表现形式(法律条文)之间关系的多样性就显得更为突出:有时一个完整的法律规范需要多个条文来表述,有时一个法律条文却可能表述多个相关的法律规范的内容。其次,在法的内容和形式的对立统一中,新法的内容和旧法的形式、新法的形式和旧法的内容之间存在着历史继承、相互利用的关

---

① 赵震江主编:《中国法制四十年》,北京大学出版社1990年版,第2—14页。另外,武树臣把法的总体精神和宏观样式更细分为"神本位·任意法,家本位·判例法,国本位·成文法,国、家本位·混合法和国、社本位·混合法"。见武树臣等:《中国传统法律文化》,北京大学出版社1994年版。

② 沈宗灵主编:《法理学》(第2版),北京大学出版社2003年版,第29—30页。

系或情况。换言之,法总是在发展变化着的,在这种发展变化中,法的形式和法的内容之间就有可能出现新旧交错的现象:(1)法在形式上没有发生变化,但其内容随时代的变化已经逐步发生变化。例如,1688年英国"光荣革命"后的判例法体系完全保留了革命前"封建法律形式",而其内容实际上已有很大的改变。(2)法在形式上虽然已发生变化,但其内容没有作任何改变,或者完全沿用历史上旧法的内容。这突出表现在那些代表落后势力的法律制度的发展方面,尽管这些法律制度迫于形势的需要在形式上作某些改变,但内容仍旧没有任何变化。此外,还有一种情况,即旧法的内容在精神、原则等方面适合新法的需要而为新法所继承,如1804年的《法国民法典》和1900年的《德国民法典》对罗马法的继受。

第二节 法律权利与法律义务

一、权利和义务的概念

(一)研究权利和义务概念的重要性

权利和义务是法的核心内容和要素,是贯穿于法的各个领域、环节、法律部门和整个法的运动过程的法律现象。首先,权利和义务是一切法律规范、法律部门(部门法),甚至整个法律体系的核心内容。法律规范通常是由若干要素组成的,其中最重要的要素是行为模式,即规定人们可以做什么、应当做什么和不得做什么,而这些内容就是人们的法律权利和法律义务。而法律部门和法律体系都是由法律规范构成的,它们同样以权利和义务为中心。其次,权利和义务同样是法律关系的核心内容,因为法律关系就是法律关系主体之间的权利义务关系。再次,法的运行和操作的整个过程和机制(如立法、执法、司法、守法、法律监督等),无论其具体形态多么复杂,但终究不过是围绕权利和义务这两个核心内容和要素而展开的:确定权利和义务的界限,合理分配权利和义务,处理有关权利和义务的纠纷与冲突,保障权利和义务的实现,等等。最后,权利和义务也是法学的基本范畴,法学就是从权利和义务这一对基本范畴出发,推演出各个层次的法学概念和原则,并逐步形成法学范畴(概念)的逻辑体系。①

(二) 权利的概念

现代汉语中的"权利"最初是从西方法律中译介而来的。②"权利"一词可以在不同的意义上使用,如"道德权利""自然权利""习惯权利""法律权利",等等。关于权利的本质,学者们的解释很不统一,主要有:(1) 自由说,认为权利即自由。(2) 范围说,认为权利是法律允许人们行为的范围。(3) 意思说,认为权利是法律赋予人的意思力或意思支配力。(4) 利益说,认为权利就是法律所保护的利益。(5) 折中说(综合意思说和利益说),认为权利是保护利益的意思力或依意思力所保护的利益。(6) 法力说,认为权利就是一种法律上的力。(7) 资格说,认为权利就是人们做某事的资格。(8) 主张说,认为权利是人们对某物的占有或要求做某事的主张。(9) 可能性说,认为权利是权利人作出或要求他人作出一定行为的可能性。(10) 选择说,认为权利是法律承认一个人有比另一个人更优越的选择。③

在这里,我们要讨论的是法律权利。所谓法律权利,是指由国家通过法律加以许可的自由意志支配的行为范围。其特点在于:第一,法律权利的法律性。权利的本质是由法律规范所决定,得到国家的认可和保障。当人们的权利受到侵犯时,国家应当通过对侵权行为的制裁来保证权利的实现。第二,法律权利的自主性。权利是权利主体按照自己的愿望来决定是否实施的行为,因而权利具有一定程度的自主性。第三,法律权利的利益性。权利是为了保护一定的利益所采取的法律手段。因此,权利与利益是紧密相连的。而通过权利所保护的利益并不总是本人的利益,也可能是他人的、集体的或国

---

① 刘金国、舒国滢主编:《法理学教科书》,中国政法大学出版社1999年版,第39—40页。
② 据有关资料考证,清朝洋务运动时期,美国传教士丁韪良主持翻译Henry Wheaton的国际法著作《万国公法》一书时,首先将英文的right译成"权"或"权利"。参见王健:《沟通两个世界的法律意义——晚清西方法的输入与法律新词初探》,中国政法大学出版社2001年版,第151—229页。
③ 陈云生:《权利相对论》,人民出版社1994年版,第6—8页;夏勇:《人权概念的起源》,中国政法大学出版社2001年版,第40页以下;张文显:《法学基本范畴研究》,中国政法大学出版社1993年版,第74—81页。

家的利益。第四,与法律义务的相关性。权利总是与义务人的义务相关联的。离开了义务,权利就不能得以保障。

如果具体分析一个完整的法律权利的结构,实际上是三个权利要素——自由权、请求权和诉权的统一:(1)自由权,即权利人可以自主决定作出一定行为的权利,不受他人干预。自由权是法律权利的核心,是其他权利要素存在的基础。(2)请求权,即权利人要求他人作出一定行为或不作出一定行为的权利。请求权是对人权,它始终与特定义务人的义务相联系,其内容范围就是义务人的义务范围。(3)诉权(胜诉权),即权利人在自己的权利受到侵犯时,请求国家机关予以保护的权利。它是权利实现的根本保证。这三个要素是紧密联系,不可分割的。其中,自由权是基础,请求权是实体内容,诉权是保障手段。①

(三) 义务的概念

义务,一般在下列几种意义上使用:第一,它是指义务人必要行为的尺度(或范围);第二,它是指人们必须履行一定作为或不作为之法律约束;第三,它是指人们实施某种行为的必要性。总之,所谓"必要行为尺度""法律约束""行为必要性",都说明一个问题,即义务是国家通过法律规定,对法律主体的行为的一种约束手段,是法律规定人们应当作出和不得作出某种行为的界限。在此,如果说权利体现着人们的合法行为,那么,义务则体现着与行为自由相统一的社会责任(组织性、和谐性、秩序性),体现着社会对个人、国家对公民提出的社会的、政治的、法律的和道德的要求。

义务的性质表现有两点:(1)义务所指出的,是人们的"应然"行为或未来行为,而不是人们事实上已经履行的行为。已履行的"应然"行为是义务的实现,而不是义务本身。(2)义务具有强制履行的性质,义务人对于义务的内容不可随意转让或违反。义务在结构上包括两个部分:第一,义务人必须根据权利的内容作出一定的行为,这在法学上被称为"作为义务"或"积极义务"(如赡养父母、抚养

---

① 有的学者认为,法律权利的结构应划分为五大要素:利益、主张、资格、权能和自由。见夏勇:《人权概念的起源》,中国政法大学出版社2001年版,第46—49页。

子女、纳税、服兵役等)。第二,义务人不得作出一定行为的义务,被称为"不作为义务"或"消极义务",例如,不得破坏公共财产,禁止非法拘禁,严禁刑讯逼供,等等。

法律义务的履行,是实现法律规范、保障法律权利的重要步骤。义务人履行义务是法的遵守(守法)的重要内容。而不履行义务就构成了对他人权利的侵犯,就是违法,须承担一定的法律责任。因此,法律义务不等同于法律责任,它是构成法律责任的法定前提条件。在一定意义上,法律责任就是因不履行义务(违法)而应承担的法律后果。

(四) 权力的概念

在现代汉语词汇和法律规定中,权利和权力,特别是公民权利和国家权力是有严格区分的。

从字面上说,职权、权限、权力等词,与权利一样,也可以理解为法律关系主体具有自己这样行为或不这样行为,或要求他人这样行为或不这样行为的可能性。但它们与权利有很重要的区别:

首先,在中国现行《宪法》中,对中央国家机关使用了"职权"一词,对地方国家机关使用了"权限"一词,对公民则使用了"权利"一词。

其次,"权利"一词通常是与个人利益相联系的,但"职权"一词却只能指代表国家或公共利益,绝不意味行使职权者的任何个人利益。

再次,人们在讲权利时是指法律承认并保护法律关系主体具有从事一定行为或不从事一定行为的可能性,并不意味着法律要求他必须这样行为。与此不同,"职权"一词不仅指法律关系主体具有从事这种行为的可能性,而且也意味着其有从事这一行为的必要性,否则就构成失职或违法。

最后,国家机关的职权、权力是与国家的强制力密切联系的。国家机关行使职权,在多数情况下,直接或间接伴随着国家机关的强制力。与此不同,公民在其权利遭到侵犯时,一般只能要求国家机关的保护,而不能由公民自己来强制实施。[①]

---

① 参见沈宗灵主编:《法理学》(第2版),北京大学出版社2003年版,第72—73页。

综上所述,所谓权力,就是国家机关代表国家或公共利益以国家的强制力为支持而从事一定的行为并对一定的人或物产生实际影响的能力。

二、权利和义务的分类

法律权利和义务,可以从不同的角度、按照不同的标准进行分类。

第一,根据权利和义务所体现的社会内容(社会关系)的重要程度,即它们在权利义务体系中的地位、功能及社会价值,可划分为基本权利和义务与普通权利和义务。

基本权利和义务是人们在国家政治生活、经济生活、文化生活和社会生活中的根本权利和义务,是源于社会关系的本质,与主体的生存、发展、地位直接相关的,人生而应当有之的,不可剥夺、转让、规避且为社会公认的,因而也可说是"不证自明的权利和义务"。它们是人们在基本政治关系、经济关系、文化关系和社会关系中所处地位的法律表现,一般由宪法或基本法确认或规定。如我国《宪法》第2章所确认和规定的公民的基本权利和义务。

普通权利和义务即非基本的权利和义务,是人们在普通经济生活、文化生活和社会生活中的权利和义务,通常由宪法以外的法律或法规规定。如合同法、民法中关于缔约人权利和义务的规定。

第二,根据权利和义务对人们的效力范围可划分为一般权利和义务与特殊权利和义务。

一般权利亦称"对世权利",其特点是权利主体无特定的义务人与之相对,而以一般人(社会上的每个人)作为可能的义务人。它的内容是排除他人的侵害,通常要求一般人不得作出一定的行为。国家的安全权、独立权、公民的各项自由权、财产权等均属于此类。"一般义务"亦称"对世义务",其特点是无例外地适用于每个人;每个义务主体无特定的权利人与之相对。一般义务的内容通常不是积极的作为,而是消极的不作为。例如,任何人不得损害国家的独立和安全,不得损害其他公民的人身自由。

特殊权利亦称"相对权利""对人权利"或"特定权利",其特点是权利主体有特定的义务人与之相对,权利主体可以要求义务人作出一定行为或抑制一定行为。特殊义务亦称"对人义务"或"特定义务",其特点是义务主体有特定的权利主体与之相对,义务主体应当根据权利主体的合法要求作出一定行为,以其给付、协助等行为使特定权利主体的利益得以实现。经济合同关系中的权利和义务,借贷关系中的债权和债务,婚姻家庭关系中夫妻之间、父母与子女之间的权利和义务等均属于此类。

第三,根据权利之间、义务之间的因果关系可划分为第一性权利和义务与第二性权利和义务。

第一性权利亦称"原有权利"。第一性权利是直接由法律赋予的权利或由法律授权的主体依法通过其积极活动而创立的权利。如财产所有权、缔约权、合法契约中双方当事人的权利。第一性义务与第一性权利相对,由法律直接规定的义务或由法律关系主体依法通过积极活动而设定的义务,其内容是不许侵害他人的权利,或适应权利主体的要求而作出一定行为的义务。义务主体以自己的作为或不作为满足权利主体的合法主张。如宪法中规定的公民的纳税义务、服兵役义务等。

第二性权利亦称"补救权利"(或救济权利),补救权利是在原有权利受到侵害时产生的权利。如诉权、恢复合法权益的请求权。第二性义务与第二性权利相对,其内容是违法行为发生后所应负的责任,如违约责任、侵权责任、行政赔偿责任等。

第四,根据权利主体依法实现其意志和利益的方式可划分为行动权利和消极义务与接受权利和积极义务。行动权使主体有资格做某事或以某种方式采取行动,接受权使主体有资格接受某事物或被以某种方式对待。选举权和被选举权就是一对典型的行动权和接受权。

与行动权和接受权对应的是消极义务和积极义务。消极义务的内容是不作为,积极义务的内容是作为:当权利主体有资格做某事或以某种方式做某事时,义务主体处于避免做任何可能侵犯权利主体行动自由之事的消极状态,即不得干预、阻止或用可怕的结果威胁权利主体。当权利主体拥有接受权时,义务主体处于给付某物或作出某种对待的积极行动状态。

第五,根据权利主体的不同划分为个体权利和义务、集体权利和义务。

个体权利是公民个人(自然人)依法所享有的政治权利、经济权利、文化权利和社会权利,通常叫做公民权利。个人义务是自然人依法承担的义务,其中包括对其他个体的义务、对集体的义务和对国家的义务。

集体权利是社会团体、企事业组织、法人等集体所享有的各种权利,集体义务则是它们依法承担的义务。

三、权利和义务的相互联系

权利和义务作为法的核心内容和要素,它们之间的连接方式和结构关系是非常复杂的。可以从以下角度和方面来分析:

(1) 从结构上看,二者是紧密联系、不可分割的。诚如马克思所言:"没有无义务的权利,也没有无权利的义务。"[①]因此,权利和义务都不可能孤立地存在和发展。它们的存在和发展都必须以另一方的存在和发展为条件。它们的一方不存在了,另一方也不能存在。

(2) 从数量上看,二者的总量是相等的。关于此点,有学者曾做过细致的逻辑推导:如果把既不享受权利也不履行义务表示为零的话,那么权利和义务的关系就可以表示为以零起点向相反的两个方向延伸的数轴,权利是正数,义务是负数,正数每展长一个刻度,负数也一定展长一个刻度,而正数与负数的绝对值总是相等的。[②]

(3) 从产生和发展看,二者经历了一个从浑然一体到分裂对立再到相对一致的过程。在原始社会,由于还不存在法律制度,权利和义务的界限也不很明确,二者实际上是混为一体的。正如恩格斯所言:"在氏族制度内部,权利和义务之间还没有任何差别;参加公共事务,实行血族复仇或为此接受赎罪,究竟是权利还是义务这种问题,对印第安人来说是不存在的;在印第安人看来,这种问题正如吃饭、睡觉、打猎究竟是权利还是义务的问题一样荒谬。"[③]随着阶级社

[①] 《马克思恩格斯全集》第 16 卷,人民出版社 1964 年版,第 16 页。
[②] 徐显明主编:《公民权利和义务通论》,群众出版社 1991 年版,第 65 页。
[③] 《马克思恩格斯全集》第 16 卷,人民出版社 1964 年版,第 16 页。

会、国家的出现和法律的产生,权利和义务发生分离。在剥削阶级法律制度中,二者甚至在数量分配上也出现不平衡;统治者集团只享受权利,而几乎把一切义务强加于被统治者。社会主义法律制度的建立,实行"权利和义务相一致"的原则,使二者之间的关系发展到了一个新的阶段。

(4) 从价值上看,权利和义务代表了不同的法律精神。法律对社会的调整,是采用确定社会主体的权利和义务的方式进行的。因而自有法律以来,法律权利和法律义务都广泛存在于社会各个领域。但是由于各个历史时期的政治、经济、文化的性质和结构不同,不同历史时期人们价值观念不同,因此,法律权利、法律义务在社会中受重视的程度和在人们心目中的地位也就不同。古代社会基本上都是倾向义务本位,而现代社会基本上倾向于权利本位。法律发展规律之一就是由义务本位向权利本位演进。①

---

① 法律在价值选择上到底是义务本位,还是权利本位,还是权利义务并重,这是当代中国法学争论的一个焦点。有学者认为,任何法律都离不开权利和义务的规定,就这一点而言,三种观点都是认同的。导致争议的原因主要是他们从不同的角度、层面和方法来认识权利义务的关系和地位。从综合角度来看,三种观点都有它们的合理之处,也各有其局限性。首先,从价值层面,法的历史发展趋势上讲,权利本位是正确的。因为法的价值追求是权利,不是义务;法的历史演进是从重义务到重权利;当代中国的现实,不应是强调义务本位,而应强调权利本位。这是与中国国情相符的,也是民主政治和市场经济所需要的。其次,从规范层面,法的起源来看,义务重心论有其合理性。因为法律规范的构成中义务规范占很大比例;法的起源是从禁忌演变为义务规范,以后才出现权利规范。最后,从社会对人们的要求和法律实现途径来看,权利义务并重论是合理的。因为社会对人们的要求是既要享有权利,同时也要履行义务。法律要实现只能是权利和义务的共同实现。从当今世界法学状况看,当今世界是一个权利时代,对权利的研究分析为学者所普遍关注。权利与义务的相互关系问题在实践中并不十分突出。近代西方的工业革命和政治改革已完成了由义务本位向权利本位的转化,近几十年又已实现或正在实现个人权利本位向"个人、社会权利本位"转变。中国的情况有所不同,法学界近几年来出现了权利本位论、义务本位论和权利义务并重论三种观点,并引起了广泛热烈的争论。但是需要指出的是,面对当前中国政治、经济和社会生活的实际状况,权利本位论更容易被人们接受。因为中国社会有两个方面的重要现实支持了权利本位:一是市场经济模式的建立。因为市场经济对法律的要求,主要是设定权利和保障权利。二是人权受到国家、社会的普遍关注。法律权利就是人权在法律中的表现,虽然人权并不能完全转化为法律权利。但是重视法律权利无疑反映了对人权的尊重。加之,对中国传统法律文化中权利地位的考虑,从当代中国社会的现实和发展目标的要求来看,权利本位是值得倡导的。参见卓泽渊主编:《法理学》,法律出版社2004年版,第87—90页。

第三节 法的成文形式与不成文形式

一、历史上各种法的表现形式

在历史上,法的形式大体上可以分为习惯法、判例法、制定法等。但在不同的时代、不同的文化背景和社会制度下,其地位和作用也并不完全相同。

在古代中国的历史上,法律最早是从习惯法发展为成文法的。据史书记载,最早的成文法是铸在铁鼎上的,即公元前536年郑国执政子产"铸刑书"。① 成文法的出现也表明从秘密法向公开法的转变。战国时期魏国执政李悝在各诸侯国法律的基础上制定了中国历史上第一部较完整的法典,即《法经》。

中国历代封建王朝的法的形式,总的来说,以制定法、成文法为主。从西汉开始,制定法分为律、令、科、比,至唐代成为律、令、格、式。一般地说,律指刑法;令指有关国家基本制度的法律;格指国家机关规章;式指公文程式。除了律、令、格、式外,法的形式还包括典、敕、比、例。典指典章;敕指皇帝的一种命令;比指法无明文规定时可援引类似法条以定罪刑的制度;例指判案以过去案例为准的制度。另外,在中国封建社会中,儒家伦理思想也具有相当的权威性。自汉武帝"罢黜百家,独尊儒术"以后,儒家的纲常名教成了立法与司法的指导原则。"礼(德)主刑辅",是封建统治者一贯遵循的原则。礼还作为一种特殊形式的法,调整着亲属、婚姻、继承各方面的民事法律关系。② 在伦理与法律冲突时,各级官吏能以伦理为标准处理案件,当事人也可以儒家伦理为依据要求变通处理。

自清末沈家本修订法律以来,中国在法的形式方面也以民法法系国家为模式,逐步建立了包括宪法、法律、行政法规等制定法为主的形式。

在外国,法的形式最早也是从习惯法发展为成文法的。公元前

---

① 《左传·昭公六年》,杜预注。
② 张晋藩:《法史鉴略》,群众出版社1988年版,第36页。

18世纪古代巴比伦王国的《汉谟拉比法典》是世界上迄今为止完整保存的最早的成文法。古代印度最早的法典之一《摩奴法典》以及中世纪伊斯兰教经典《古兰经》都是兼具宗教、道德和法律三种规范的法典。

在古代西方，罗马法最为发达，法的形式也较多样化。最早的罗马成文法是公元前5世纪制定的《十二铜表法》，因铸在青铜上而得名。据史书记载，这一成文法的出现是当时平民与贵族斗争的结果，从而使法律由秘密法转向公开法。

欧洲大陆在中世纪时，法律极为分散，日耳曼法、罗马法、教会法、城市法、商法、国王的敕令等相互并存和冲突。这些法律大部分也都经过了从习惯法向成文法的转化过程。与欧洲大陆不同，中世纪英国的法律是在以判例法形式出现的通行于全英格兰的普通法的基础上发展起来的。

自18—19世纪开始，在民法法系国家，制定法（包括宪法、法律、行政法规、条约等）成为法的主要形式，主要法律通称为法典。在普通法法系国家，判例法和制定法被认为是法的两种主要形式。

二、成文法与不成文法

（一）成文法与不成文法的概念

成文法与不成文法是法的两种主要形式，其划分标准为法律是否以规范化的条文形式作为其存在状态。

成文法又称制定法，是指有立法权或立法性职权的国家机关以国家的名义，依照特定程序创制的，以规范化的条文形式出现的规范性法律文件的总称。在现代民法法系国家，成文法的法律文本通常采取法典形式。

不成文法，有学者称之为非制定法，是指由国家有权机关认可的、不具有文字形式或虽有文字形式但却不具有规范化条文形式的法的总称。不成文法包括习惯法和判例法两种。所谓习惯法，即是由习惯被国家赋予法律效力而形成的法律，其原本是习惯，经必要的法定程序才成为法律。所谓判例法，即是由判例被国家赋予法律效力而形成的法律。其原本是判例,因合乎法定条件或习惯法的要求而成为法律。据此可知,不成文法并非绝对没有任何文字记载,而是不具有文字表述的条文形式,表现得不如成文法那么完整而已。①不成文法中的判例法本身就有一定的文字记载作为自己存在的根据。但这种记载不是以规范化的条文形式出现的。判例法有文字形式(判决)而被列为不成文法,原因在于它没有一般制定法的规范化条文形式;英国宪法也有文字形式(如自由大宪章、人身保护法等)而被列为不成文宪法,原因也在于它不是以规范化的即集中的成文宪法典的形式表现出来的。

(二)成文法相对于不成文法的优点及其影响

(1)成文法明确具体。成文法是经过特定程序制定的,并有规范化的条文形式,因此它特别明确、具体,便于实施。不成文法就较为模糊,难于实施。

(2)成文法修改废止的程序严格。成文法的修改和废止均需必要的程序,因此其修改与废止,都十分明确,便于全社会在法律实施上令行禁止。不成文法的修改和废止,往往缺乏严格的法定程序。

(3)成文法有利于社会的安全与自由。例如,在刑法领域,实行"法无明文规定不为罪",这易于对民众实行法不禁止即不受处罚的法治原则,也易于对公共权力拥有者实行法无授权即不合法的法治原则。在成文法下,由于其明确,社会普遍都能较好地获得法律的安全保障,自由的空间相对广泛。在不成文法之下,由于法律不明确,人们违法之虞常在,严重时动辄得咎。民众的权利容易遭到侵犯。在不成文法下,公共权力由于其权限缺乏法律的明确界定,也易于膨胀。公共权力一旦超越权限,出现膨胀,公民的权利就难以得到有效的保障。

(4)成文法有较好的预防作用。成文法有明确的文字表现,易

---

① 据日本法学家穗积陈重考证,人类早期记忆法律的形式,曾经有"句体法"(格言、俚谚)、"诗体法"(通过诗歌体记忆的法律)、"韵文体法"、"绘画法"(通过绘画发布法律和解说法律),然后才出现"文字法"。见〔日〕穗积陈重:《法律进化论》,黄尊三等译,中国政法大学出版社 1997 年版,第 79—134 页。

于在事前作出相应的规定,因而就能在可能出现的不当事件或行为出现之前作出相应的规定,在事前较好地发挥对社会的警示作用。不成文法就只有在有了相应的事件或行为出现后,才可能形成习惯法和判例法,预防警示作用相对较低。

(5)成文法有利于推进社会改革。成文法采用成文的形式。有利于制度更新,有利于采取以制度更新为动力的改革。不成文法需先有某种判例或习惯的存在,不利于实行制度先行的社会变革。

(三)不成文法相对于成文法的优点及其影响

(1)不成文法易于适应社会现实。社会生活千变万化,成文法的规定往往显得机械,再完备也无法做到无一遗漏,不成文法则比成文法易于适应社会生活的各种状况。

(2)不成文法不存在背离立法原意的问题。成文法用条文表达立法意图,有时会出现不完善与不周密的问题,就更需要法律解释,而这种解释是否体现了立法原意,难以保证。不成文法没有成文法那样的文字表述,就没有这一问题。

(3)不成文法易于发挥司法官员的创造性。在成文法下,司法官员受律条约束较为严格,难于根据公平正义的原则实施法律,可能对无法可依的情况无可奈何。但在不成文法下,司法官员的积极性就可能得到更好的发挥,司法官员的创造性可以在相当大程度上弥补既有法律的缺陷。

成文法与不成文法之间各有优缺点,而且其优缺点似乎正好相反。成文法和不成文法两种法律形式各有自己产生的历史背景与存在的现实意义。因此,在成文法的国家,判例的作用在增强;在不成文法的国家,成文法的数量在增加。①

---

① 武树臣指出,中国传统法律文化所独有的"成文法"与"判例法"相结合的"混合法"样式,是机智的中国人经历数千年辛勤实践才取得的宝贵财产,是中国传统法律文化不死不衰的灵魂。其价值已经超越国界,成为世界法律文化发展的"指南"。见武树臣等:《中国传统法律文化》,北京大学出版社1994年版,第823—827页。

三、法的形式与法的传统

法的传统是指世代相传、辗转相承的有关法的观念、制度的总和。① 19世纪的德国著名法学家萨维尼于1814年提出了法律与民族精神相一致的历史主义法律观。他指出:"有文字记载的历史初期,法律如同一个民族所特有的语言、生活方式和素质一样,都具有一种固定的性质。""这些属性之所以能融为一体是由于民族的共同信念,一种民族内部所必需的同族意识所至。""法律和语言一样,没有绝对中断的时候。"② 在他看来,国家如对本民族社会规范的自然演变不予重视,法典化就近乎一种灾难,必将使这一自然演化过程萎缩并导致法律的凝固化及法的生命力的衰萎。因此,凝聚着民族生活传统的习惯才是法的主要渊源和生命原动力。③ 19世纪,不仅在德国,而且在英国和美国以及世界各国都出现了法的历史研究的倾向,以致美国法学家博登海默评论道:"这种关注历史的取向乃是19世纪法理学的特点。"④

进入20世纪后,由于比较法学的迅速发展,各国、各民族法的特殊性逐渐受到普遍关注。而民族历史传统的不同,正是各国法律、尤其是法律技术与意识领域存在种种差异的重要原因之一。因此,传统之于法,就不仅具有经验意义上的历史价值,而且就是现实法的组成部分。

法的形式同样受到法的传统的影响。比如,中国古代的法律传统既有多样性又有基本的倾向,即儒家思想占主导地位,这种基本倾向是由中国深厚的宗法社会的道德理想主义的文化土壤所决定的。⑤ 与这种基本倾向相适应,中国古代的法律不但重视制定法,而

---

① 葛洪义主编:《法理学》,中国政法大学出版社2002年版,第182页。
② 〔德〕弗里德里希·卡尔·冯·萨维尼:《论立法与法学的当代使命》,许章润译,中国法制出版社2001年版,第6页以下。
③ 〔英〕戴维·M.沃克:《牛津法律大辞典》,北京社会与科技发展研究所组织翻译,光明日报出版社1988年版,第798页。
④ 〔美〕E.博登海默:《法理学——法律哲学与法律方法》,邓正来译,中国政法大学出版社2004年版,第95页。
⑤ 张晋藩:《中国法律传统与近代转型》,法律出版社2005年版,前言。

且重视礼。在先秦时期,儒法两家针锋相对,不分伯仲,儒家伦理影响下,礼并不逊于法律;秦汉时期,法家曾短时间占据上风,之后则是法律的儒家化,即"表面上为明刑弼教,骨子里则为以礼入法"①。我们甚至可以说,"引礼入法,礼法结合"是中国法律传统的第一个特征。礼法互补推动国家机器有效地运转,是中国古代法律最主要的传统,也是中华法系最鲜明的特征。② 西方国家民法法系以制定法为主要形式,普通法法系以判例法为主要形式更是与其法律传统密不可分。

第四节 法　　系

一、法系的概念

"法系"一词是 19 世纪末 20 世纪初形成起来的,它是西方法学家、主要是比较法学家借鉴生物分类法对法律进行分类研究以及进行比较法研究的产物。

在英文中,"法系"常用两个词组:legal genealogy 和 legal family。英文 genealogy,就是生物学研究中的系谱学,源于希腊文 geneos,意指一定的谱系,如世系、家谱、族谱、家系、血统、系谱等,即由具有一定渊源关系的某些事物所组成的一个整体。family 也指家族、亲族、系和族等含义。故此,"法系"也可译为"法族"。

法系的含义和划分标准并无一致的看法。一般认为,法系是指具有某种共性或共同历史传统的法律的总称,也即根据这种共性或历史传统来划分法的类别,凡属于具有某种共性或传统的法律就构成一个法系。③

西方法学家通常认为,当代世界主要法系有三个:民法法系、普通法法系、以原苏联和东欧国家的法律为代表的社会主义法系。其

---

① 瞿同祖:《瞿同祖法学论著集》,中国政法大学出版社 1998 年版,第 381 页。
② 张晋藩:《中国法律传统与近代转型》,法律出版社 2005 年版,第 26 页。
③ 沈宗灵主编:《法理学》,北京大学出版社 2003 年 6 月第 2 版,第 130 页。

他的法系还有伊斯兰法系、印度法系、中华法系、犹太法系、非洲法系等。[①] 对当今世界各国影响最大的是民法法系和普通法法系。

二、民法法系

民法法系,又称大陆法系、罗马法系、法典法系、罗马—德意志法系,是以罗马法为基础而发展起来的法律的总称。它首先产生于欧洲大陆,以民法为典型,以法典化的成文法为主要形式。

民法法系起源于古代罗马法,经过11—16世纪罗马法在欧洲大陆的复兴、18世纪资产阶级革命,最后于19世纪发展成为一个世界性法系。期间,1804年制定的《法国民法典》以简明、严谨的法律词句对近代资本主义民事法律关系作了较全面的规定,是民法法系最终形成的标志[②];1896年制定的《德国民法典》,进一步扩大了民法法系的影响和范围。

民法法系内部包括两个支系,即法国法系和德国法系。法国法系是以《法国民法典》为蓝本建立起来的,它以强调个人权利为主导思想。德国法系是以《德国民法典》为基础建立起来的,强调社会利益。两者在结构和立法风格上也有显著不同。法国法系包括拉丁语系各国,即法国、比利时、西班牙、葡萄牙、意大利等。德国法系包括日耳曼语系各国,即德国、奥地利、瑞士、荷兰等。

属于民法法系的国家和地区除了法国、德国及拉丁和日耳曼语系各国外,还包括日本、埃及、阿尔及利亚、埃塞俄比亚等,中美洲的

[①] 参见〔法〕勒内·达维德:《当代主要法律体系》,漆竹生译,上海译文出版社1984年版。日本东京大学法学教授穗积陈重于1884年将世界各国的法律划分为五族:印度法、中国法、回回法(伊斯兰法系)、英国系和罗马法系。于1904年又对上述划分加以补充,增加了日耳曼法和斯拉夫法,从而划分为七大法系。转引自沈宗灵:《比较法研究》,北京大学出版社1998年版,第63页。美国的比较法学家威格摩尔在其3卷本《世界法系综论》(1928年)中划分出16种法系:罗马法系、英美法系、印度法系、中华法系、希伯来法系、希腊法系、日本法系、日耳曼法系、海商法系、寺院法系(教会法系)、凯尔特法系、斯拉夫法系、阿拉伯法系(穆罕默德法系)、埃及法系、巴比伦法系(美索不达米亚法系)、大陆法系。

[②] 有的比较法学家说,《法国民法典》的语言"充满力量而又激动人心"。据说,法国大文豪司汤达每天都要读几段法典条文,以获得其韵调上的语感。保尔·瓦莱里称《法国民法典》是部"出色的法国文学著作"(参见〔德〕K.茨威格特、H.克茨:《比较法总论》,潘汉典等译,中国法制出版社2017年版,第186页和第172页)。

一些国家和国民党统治时期的旧中国也属于这一法系。

三、普通法法系

普通法法系,又称英美法系、英国法系、海洋法系、判例法系,是以英国自中世纪以来的法律特别是它的普通法①为基础而发展起来的法律的总称。当然,普通法法系的正式法律渊源以英国普通法为基础,但不限于普通法,它还包括衡平法和制定法;其中普通法最早发展并长期具有重大影响。

普通法法系是在罗马法之外独立发展起来的。其历史发展大体上是:首先导源于11世纪诺曼人入侵英国后所逐步形成的以判例形式出现的普通法,中间经过16世纪衡平法②的兴起,17世纪英国革命,到18—19世纪时,制定法急剧增加,英国的法律逐步由封建制法转变为资本主义法,随着殖民扩张,影响扩展到英国以外广大地区,终于成为西方主要法系之一。

正像民法法系包括两个分支一样,普通法法系也有两个分支,即英国法系和美国法系。二者的主要差别是:美国法有联邦法和州法之分,英国法是单一制国家的法律;美国法实行成文宪法制,特别是联邦宪法占有最高地位,英国法实行不成文宪法制;美国法院,特别是最高法院拥有审理一般法律是否违宪的权力,英国法院并没有审查议会所制定的法律的权力,等等。

普通法法系的范围,除英国(不包括苏格兰)、美国外,主要是曾是英国殖民地、附属国的国家和地区,如印度、巴基斯坦、新加坡、缅甸、加拿大、澳大利亚、马来西亚、新西兰以及非洲的个别国家、地区。

---

① "普通法"(Common Law)一词,具有多种含义:(1)常用于指普通法法系的全部法律,与"民法法系"相对应;(2)指由英格兰王室法院所创立,适用于整个英格兰地区的一般法律,不同于各地的习惯,并与"制定法"和"衡平法"相对应;(3)在欧洲大陆国家指一种适用于全国的法律,区别于特别法;(4)在汉语中,也指与根本法对称的法律。这里讲的仅是第二种含义的"普通法"。

② "衡平"一词也有多种含义:(1)它的基本含义是公正、公平、公道、正义;(2)严格遵守法律的一种例外,即在特定情况下,要求机械地遵守某一法律规定反而会导致不合理、不公正的结果,因而必须适用另一种合理的、公正的标准;(3)指英国与普通法或普通法院并列的衡平法或衡平法院。这里指的是第三种含义。

四、民法法系与普通法法系之比较

民法法系与普通法法系尽管在法律原则、精神、总的指导思想等方面大体上一致,但由于形成的历史传统不同,也存在很多差别。

第一,法的渊源不同。在民法法系国家,正式法源只是指制定法,即宪法、法律、行政法规等,法院的判例、法理等没有正式的法的效力。在普通法法系国家,制定法和判例法都是正式法源,遵循先例是普通法法系的一个重要原则,承认法官有创制法的职能。

第二,法典编纂的不同。民法法系国家一般采用法典形式,而普通法法系国家通常不采用法典形式,制定法往往是单行法律、法规。普通法法系国家的所谓"法典",不过是判例法的汇编及规范化。

第三,在适用法律的技术方面不同。在民法法系,法官审理案件,除了案件事实外,首先考虑制定法如何规定,然后按照有关规定来判决案件。与此不同,在普通法法系,首先要考虑以前类似案件的判例,将本案的事实与以前的案件事实加以比较,然后从以前判例中概括出可以适用于本案的法律规则。在英美法学中,这种方法就称为判例法方法论。

第四,法的分类不同。民法法系国家法的基本分类是公法和私法。进入20世纪后,又出现了社会法、经济法、劳动法等有公、私法两种成分的法。普通法法系国家无公、私法之分,法的基本分类是普通法和衡平法。普通法是在普通法院判决基础上形成的全国适用的法律,衡平法是由大法官法院的申诉案件的判例形成的。

第五,诉讼制度不同。民法法系的诉讼程序以法官为中心,实行纠问式程序,奉行国家干涉主义。普通法法系采用抗辩制,实行当事人主义,法官一般充当消极的、中立的裁定者的角色。民法法系在传统上重实体法,普通法法系以重程序法为传统。

此外,在法律术语、概念和哲学倾向上也有许多差别。然而,两大法系之间的差别是相对的。进入20世纪后,这两种法系开始相互靠拢,它们之间的差别已逐渐缩小。

本 章 要 点

1. 应该从法的自身的角度去确定何为法的内容、何为法的形式。由于法的内在矛盾和各种条件的影响,法的内容与形式的关系可能呈现出复杂性。

2. 权利和义务是法的核心内容和要素,是贯穿于法的各个领域、环节、法律部门和整个法的运动过程的法律现象。在理解权利时,应看到它与权力的区别。

3. 权利和义务作为法的核心内容和要素,它们之间的连接方式和结构关系是非常复杂的。

4. 在历史上,法的形式大体上可以分为习惯法、判例法、制定法等。但在不同的时代、不同的文化背景和社会制度下,其地位和作用也并不完全相同。

5. 成文法与不成文法是法的两种主要形式,其划分标准为法律是否以规范化的条文形式作为其存在状态。

6. 法的形式受到法的传统的影响。

7. 西方法学家通常认为,当代世界主要法系有三个:民法法系、普通法法系、以苏联和东欧国家的法律为代表的社会主义法系。对当今世界各国影响最大的是民法法系和普通法法系。它们由于形成的历史传统不同,而存在很多差别。

第三章 法的渊源与法的分类

第一节 法的渊源的概念

一、法的渊源释义

在汉语里,渊源,本谓水源,也泛指事物的根源。[①] 法的渊源,按字面理解,指法这种事物的来源或根据。从词源上说,"法的渊源"这一术语源自欧陆,后衍及英美。起初在罗马法里称为 Fontes Juris,后在德文里称为 Rechtsquellen,在法文里写作 Sources du droit,在意大利文里便是 Fonti del diritto,在英文中则以 sources of law 表述。其基本含义主要是指法的来源或法之栖身之所,也有著述称法的渊源主要指法之产生的原因或途径,故法的渊源亦可简称法源。

在西方法学中,"法的渊源"一词具有以下几个方面的含义:第一,法律的历史渊源,例如罗马法、教会法等,有时也可以指推动制定某一法律的一定历史事件;第二,法律的理论或思想渊源,如理性主义、功利主义等;第三,法律的本质渊源,如人的理性、公共意志等;第四,法律的效力渊源,又称正式渊源,是指法律由不同机关创制或认可而具有不同效力,从而也就可以划分为各种类别,如制定法(宪法、法律、行政法规等)和判例等,有时也包括经认可的习惯、法理等;第五,法律的文献渊源,如法律汇编、判例汇编等;第六,法律的学术渊源,如权威性的法学著作、工具书等,从中可以了解对法律的非官方的学理性阐释。

我们认为,所谓法律渊源,就是指被承认具有法的效力、法的权威性或具有法律意义并作为法官审理案件之依据的规范或准则来源,如制定法(成文法)、判例法、习惯法、法理,等等。

[①] 《辞海》(缩印本),上海辞书出版社1979年版,第965页。

法的渊源又可分为两种：一种是有约束力的渊源，如各种制定法，在普通法法系国家，判例法也是有约束力的。另一种是虽无约束力但却可以有参考作用的即说服力意义上的渊源，如法理、一般原则以及民法法系国家的判例等。

法的渊源理论具有重要的价值和功用。首先，立法者可以凭借法的渊源理论和知识，从法的渊源中提取有关规则，上升为法或法律规范，使立法具有针对性，以收提高效率、降低成本之效。其次，适用法律者可以借助法的渊源理论和知识，在既有的法或法律规范不能满足需要时，从法的渊源中提取有关规则，运用于所面对的案件或有关法律事务中去，以收弥补现行法不足之效。再次，研究和认知法的渊源，有助于从深层次上解读一国法的形式和整个法律制度，理解它与别国存在差异的原因。最后，对于法治处于后进态势的国家，例如中国，还可以从这一个重要方面汲取经验和教训作为借鉴。

二、法的渊源与法的形式的区别

国内法学界对法的渊源和法的形式的认识表现出分歧和混乱。有的学者认为，狭义的法律形式即指法学著作中通常所讲的法律渊源。[1] 有的学者更直接指出，法的渊源也叫法的形式。[2] 有的学者指出，我国法理学教科书所说的法的渊源，基本上是法的形式渊源。这种观点受到苏联学者的一些影响，但又与苏联学者在用法上侧重点有所不同。[3] 有的学者虽认为法的形式与法的渊源是两个不同的概念，但却主张用法的形式而不用法的渊源来指称具有同等法律效力的各种法律规范的外在表现形式。[4] 同样看到了法的形式与法的渊源是两个不同的概念，有的学者却认为，法的形式难以包含法的渊源的含义，而且法的渊源是各国法学研究中通用的术语，因此以使用法

---

[1] 北京大学法律系法学理论教研室编：《法学基础理论》，北京大学出版社1984年版，第358页。
[2] 张文显主编：《法理学》，法律出版社1997年版，第77页。
[3] 葛洪义主编：《法理学》，中国政法大学出版社2002年版，第267页。
[4] 王果纯：《现代法理学》，湖南出版社1995年版，第158页。

的渊源的概念为妥。①

我们认为,"法的形式"和"法的渊源"是有区别的,不宜混淆。②法的形式的概念所对应的范畴是"法的内容"。当我们在法哲学上研究法的内容和法的形式的关系时,显然与讨论法的渊源的概念并无直接的关联。因此,不能用法的形式的概念取代法的渊源的概念。

应当看到,只有将法的渊源的概念纳入法的运行的动态过程或者法律推理的一般过程之中③,这个概念所具有的重要意义才会得以显现。否则,法律渊源最终将会表现为对于法律表现形式的罗列,而无法表明法律渊源对于法律适用过程所具有的意义。法的渊源对于法律推理而言是必不可少的条件。更确切地说,寻找法的渊源,就是寻找法律推理的大前提。这一点,正是法的渊源这个概念存在的意义。毋庸置疑,法官运用法律解决相关纠纷的过程也是法律推理的过程。显然,法官作出判决的过程并非是一个依据自身好恶任意决定的过程,因此"依法裁判"就成为法官行为的基本要求,即法官只能依据相关法律作出具有约束力或者法律效力的判决。于是,法律既成为法官判决的基础,又成为判决本身法律效力的来源。然而,如前所述,法律是一种抽象的存在,那么我们面对的问题就是,法官应当如何或者到哪里寻找法律依据? 在此,法的渊源的重要性就会展现出来,因为法的渊源学说有助于法官寻找到判决的基础。由于法的渊源学说将法律的具体表现形式一一罗列出来,法官就可以在判决的过程之中,依据待决案件的特点以及法律本身的一般原理作出选择,进而得出具有法律约束力的恰当判决结果。

19世纪英国著名分析法学家约翰·奥斯丁在他的《法理学讲义》(1863年)一书中,指出英语中的 sources of law(法的渊源)这个词有不明确之处。他重新解释了法的渊源一词,把法的渊源理解为法律规范的效力的来源,即将法的渊源与主权者联系起来。随着有关法的渊源的研究逐渐深入,有学者对既有的被人们列入法的渊源

---

① 孙国华主编:《法理学教程》,中国人民大学出版社1994年版,第391—393页。
② 相同的看法,参见刘星:《法理学导论》,法律出版社2005年版,第115—119页。
③ 有关法的运行的动态或者法律推理的一般过程,参见本书第2编,尤其是第12章。

的要素进行清理,逐步分清哪些是属于法的渊源的要素,哪些是属于法的形式的要素,于是便产生了法的形式的概念和学说。其后将法的渊源与法的形式予以界分的著述愈来愈多(如美国法学家庞德便有题为"法的渊源和法的形式"的专文)。

现今西方学界专论法的形式的文章多强调一点:法的形式主要指法所实际存在的方式或形态。在此意义上,法官在其判决中所寻找的"正式法源",其实也就是法(国法)的形式。这是同一种所指对象的不同称谓而已。比如,我们可以说,宪法、法律、行政法规、地方性法规等规范性法律文件是我国现行法的形式,但如果我们换一个角度,就可以看出,对法官而言,这些规范性法律文件是必须遵循的,他们必须将此作为审理案件的依据,即作为"正式法源"对待。但不能就此说,法的形式和正式法源是可以相互代替的,它们具有不同的意义和不同的认识角度,归属不同的概念框架和范畴。

三、法的渊源的种类

法学家关于法的渊源的种类的认识也不统一。庞德认为,法的渊源包括:惯例、宗教信仰、道德和哲学的观念、司法判决、科学探讨、立法。[①] 博登海默认为,法的渊源包括:立法,委托立法和自主立法,条约和其他经双方同意的协议,先例,正义的标准,理性和事物的性质,个别衡平,公共政策、道德信念和社会倾向,习惯法。[②] 梁启超则就中国封建时代的情形,认为法的渊源包括:习惯、君主的诏敕、先例、学说、外国法[③],如此等等。

法律史的实际情形更显现出法的渊源的多样化和复杂性。在罗马法里,法的渊源在几个世纪里有很大的变化。在当代英国,单是权威性法的渊源就依次为:欧洲共同体立法,欧洲法院的判决,议会制定法,制定法文件和其他附属的委托立法,高级法院的一些判决,被

[①] Roscoe Pound, *Jurisprudence*, Volume Ⅲ, West Publishing Co., 1959, pp. 383—415.

[②] 参见〔美〕E. 博登海默:《法理学——法律哲学与法律方法》,邓正来译,中国政法大学出版社2004年版,第427—500页。

[③] 梁启超:《饮冰室文集》第2卷,中华书局1989年版,第45—48页。

证实的习惯,权威性书籍里的法律解释。在美国,主要的法的渊源有:宪法、条约、联邦法律、联邦行政命令和行政法规、州宪法、州法律、州行政法规和市政法令、程序规则、司法判决、惯例、专题论文、道德和正义原则。在法国,私法和刑法的渊源有:法典、法规、委托立法、习惯和惯例、判决录、学说、公共政策和道德观。公法尤其是行政法的渊源有:法规、行政命令、法令和规定、判决录、学说。在德国,法的渊源主要有:法典、法规、习惯。此外,法院判决虽有些说服价值,但只对当事人有约束力;法官的著述没有权威性,但有说服力。

如果我们以综合的、抽象的方式表述法的渊源的范围,可以说现代国家法的渊源主要包括:(1) 立法;(2) 国家机关的决策、决定或阐释;(3) 司法机关的判例和法律解释;(4) 国家和有关社会组织的政策;(5) 习惯;(6) 道德规范、正义观念、宗教规则;(7) 理论学说(特别是法律学说);(8) 乡规民约、社团规章以及其他民间合约性规则;(9) 外国法;(10) 国际法。①

第二节　正式法源

一、正式法源的含义

将法的渊源划分为正式法源("正式的法的渊源"的简称)和非正式法源("非正式的法的渊源"的简称),在学理上和方法上,有助于分清主次,把握一国法律制度的主要来源,避免为纷繁杂乱的法的渊源现象所困扰。在实践上,有益于法律人在法的体系构建、法律制度建设和法治运作方面抓住要领,分清轻重缓急。

---

① 有学者进一步主张,认知法的渊源的范围,有必要界分法的渊源和法的渊源的表现。前者主要指法的来源,后者则主要指法的渊源的结果。比如,立法是一种法的渊源,而所立之法则是法的渊源的一种表现;司法判例是一种法的渊源,而司法判决则是法的渊源的一种表现;习惯是一种法的渊源,而习惯法则是法的渊源的一种表现。法的渊源的表现往往同法的形式有很大的重合关系。人们往往将所立之法,所做之司法判决,所认可之习惯等,亦即已经属于法的范围的这些现象,视为法的渊源,而疏于注意这些现象的来源才是真正的法的渊源。参见张文显主编:《法理学》(第2版),高等教育出版社2003年版,第67—68页。

所谓正式法源,是那些具有明文规定的法律效力并且直接作为法官审理案件之依据的规范来源,如宪法、法律、法规等,主要为制定法,即不同国家机关根据具体职权和程序制定的各种规范性文件。对于正式法源而言,法官必须予以考虑;或者说,法官的判决必然建立在正式法源之上。

由于受到历史传统和宪法体制的影响,各国司法权的范围宽窄各异,这就导致不同国家中正式法源与非正式法源之间的划分存在差异。其中,最为明显的例子表现在对判例属性的确定上。在英美法系国家之中,判例被看做是正式法源,法官必须予以遵循;然而,在大陆法系国家之中,判例却被视为非正式法源。

二、当代中国的正式法源

当代中国正式的法的渊源的情况是比较复杂的。比如,内地与香港特别行政区的正式法源有区别,香港特别行政区与澳门特别行政区的正式法源也不同,台湾地区更有自己的特点。我们在此主要研究祖国大陆的正式法源。

根据宪法和有关组织法的规定,当代中国的正式法源表现为以宪法为核心的各种制定法为主的形式。① 成文宪法在当代中国的正式法源中居于核心地位。在宪法之下,各种正式法源也以制定法为主,这不同于中世纪以习惯法为主的形式,也不同于现在以判例法为重要形式的普通法法系国家。

当代中国有各种不同层次或范畴的制定法,其中主要有:宪法、法律、行政法规、地方性法规、民族自治地方的自治条例和单行条例、特别行政区的规范性文件、经济特区的规范性文件等。以上各种制

---

① 当代中国的正式法源采取制定法而不承认判例法,是有其历史根源的。首先,它来自中国历史上封建王朝法律的影响。自秦汉以来,中国历代王朝的法律,就是以律为核心的各种制定法,包括律、令、典、敕、格、式等。其次,清末修订法律,实行法律西方化以来带来的影响,从沈家本修订法律到国民党政府的《六法全书》,都是以西方民法法系国家的法律,特别是以日、德等国的法律为范本的。民法法系的一个最大特点,就在于它以制定法作为主要渊源。最后,20世纪50年代苏联法律和法学的影响。在形式上,苏联法律在法律渊源方面是同民法法系国家相似的。事实上,十月革命前的俄国法律属于民法法系传统。参见沈宗灵:《比较法研究》,北京大学出版社1998年版,第400—401页。

定法分属于不同层次或不同范畴,它们的法律效力与地位是不同的。宪法的效力和地位是最高的。中央一级的法律、法规高于地方性法规,法律高于行政法规,等等。它们形成一个不同层次的金字塔式结构。

(一) 宪法

宪法是国家的根本大法,是我国社会主义法的主要渊源。宪法所规定的内容、宪法的制定和修改程序以及宪法的效力,都不同于其他法律、法规。宪法规定了当代中国的根本的社会、经济和政治制度,公民的基本权利和义务,各主要国家机关的组成和职权、职责等,涉及社会生活各个领域的最根本、最重要的方面,而一般法律(如民法等)只规定社会或国家生活中的一个方面的问题。宪法是由我国最高权力机关——全国人民代表大会制定和修改的,宪法的地位决定了其制定和修改的程序极其严格,不同于一般法律。宪法的修改必须由全国人民代表大会常务委员会或1/5以上的全国人民代表大会代表提议,并由全国人民代表大会以全体代表的2/3以上多数通过。宪法具有最高的法律效力,一切法律、行政法规和地方性法规都不得同宪法相抵触。在中国,全国人民代表大会常务委员会解释并监督宪法的实施,对违反宪法的行为予以追究。中国现行《宪法》是1982年由第五届全国人民代表大会第五次会议通过的。迄今已有52条修正案。[①]

(二) 法律

法律有广义、狭义两种理解。广义上讲,法律泛指一切规范性文件;狭义上讲,仅指全国人民代表大会及其常务委员会制定的规范性文件。我们这里仅用狭义。在当代中国法的渊源中,法律的地位和效力仅次于宪法。

法律由于制定机关的不同可分为两类:一类为基本法律,即由全国人民代表大会制定和修改的,规定和调整国家和社会生活中在某

[①] 第1、2条修正案是1988年4月12日通过的,第3—11条是1993年3月29日通过的,第12—17条修正案是1999年3月15日通过的,第18—31条修正案是2004年3月14日通过的,第32—52条修正案是2018年3月11日通过的。

一方面具有根本性和全民性关系的法律,包括刑事、民事、国家机构和其他的基本法律。另一类是基本法律以外的法律,是指由全国人大常务委员会制定和修改的,规定和调整除基本法律调整以外的,关于国家和社会生活某一方面具体问题的关系的法律,如文物保护法、商标法等。在全国人民代表大会闭会期间,全国人大常务委员会有权对全国人大制定的基本法律进行部分修改和补充,但不得与该法律的基本原则相抵触。

全国人民代表大会及其常务委员会所作出的决议或决定,如果其内容属于规范的规定,而不是一般宣言或委任令之类的文件,也应视为狭义的法律。

(三) 行政法规

行政法规是指国家最高行政机关即国务院根据并为实施宪法和法律而制定的关于国家行政管理活动的规范性文件,是我国一种重要的法的渊源。行政法规地位仅次于宪法和法律。国务院所发布的决定和命令,凡属于规范性的,也属于法的渊源之列。

部门规章是国务院所属部委根据法律和国务院行政法规、决定、命令,在本部门的权限内,所发布的各种行政性的规范性法律文件,亦称部委规章。国务院所属的具有行政职能的直属机构发布的具有行政职能的规范性法律文件,也属于部门规章的范围。部门规章的地位低于宪法、法律、行政法规,不得与它们相抵触。[①]

(四) 地方性法规

地方性法规是我国地方的人民代表大会及其常委会所制定的适用于本行政区域的一类规范性法律文件。根据我国《宪法》《地方各级人民代表大会和地方各级人民政府组织法》和《立法法》的规定,省、自治区、直辖市、设区的市、自治州的人民代表大会及其常委会有权制定地方性法规。但是,设区的市与自治州的人民代表大会及其常委会仅可以对城乡建设与管理、环境保护、历史文化保护等方面的

---

① 关于规章属于何种法的渊源,学界尚有不同理解。我国《行政诉讼法》(1989 年)第 52 条规定,法院审理行政案件以法律和行政法规、地方性法规为依据。其第 53 条又规定,法院审理行政案件参照规章。由此可见,规章应不同于前三种法的渊源。

事项制定地方性法规。省、自治区、直辖市的地方性法规要报全国人大常委会和国务院备案,设区的市、自治州的地方性法规要报省、自治区的人大常委会批准后实施,并由省、自治区的人大常委会报全国人大常委会和国务院备案。省、自治区、直辖市的地方性法规不得与宪法、法律和行政法规相抵触,设区的市、自治州的地方性法规不得与宪法、法律、行政法规和本省、自治区的地方性法规相抵触,否则无效。

同时,根据宪法及上述法律规定,省、自治区、直辖市和设区的市、自治州的人民政府,可以根据法律、行政法规和本行政区的地方性法规,制定规章。省、自治区、直辖市的规章要报国务院和本级人大常委会备案,设区的市和自治州的规章要报国务院和省、自治区人大常委会、人民政府以及本级人大常委会备案。地方政府规章的效力低于宪法、法律、行政法规以及上级和本级地方性法规。

(五)民族自治法规

民族自治法规是民族自治地方的权力机关所制定的特殊的地方规范性法律文件,即自治条例和单行条例的总称。自治条例是民族自治地方根据自治权制定的综合的规范性法律文件;单行条例则是根据自治权制定的调整某一方面事项的规范性法律文件。

民族区域自治是我国的一项基本政治制度。各少数民族聚居地的地方实行区域自治,设立自治机关,行使自治权。根据我国《宪法》和《民族区域自治法》,民族自治地方的自治机关除行使《宪法》第三章第五节规定的地方国家机关的职权外,同时依照宪法和有关法律行使自治权。民族自治地方的人民代表大会有权依照当地民族的政治、经济和文化特点,制定自治条例和单行条例。自治区的自治条例和单行条例报全国人大常委会批准后生效。自治州、自治县的自治条例和单行条例,报省或自治区人大常委会批准后生效,并报全国人大常委会备案。自治法规与地方性法规在立法主体、依据、权限和程序等方面,均有区别。自治法规可作民族自治地方的司法依据,也是我国法的渊源之一。

(六)经济特区法规

经济特区法规是指我国经济特区根据国家授权法所制定的一类

规范性法律文件。有关经济特区的法规、规章,由于是由全国人大或全国人大常委会授权制定的,其法律地位已不同于一般法规和规章,因而可单列为法的渊源之一。

(七) 特别行政区的规范性文件

我国《宪法》第31条规定:"国家在必要时得设立特别行政区。在特别行政区内实行的制度按照具体情况由全国人民代表大会以法律规定。"全国人民代表大会于1990年和1993年先后通过了《中华人民共和国香港特别行政区基本法》和《中华人民共和国澳门特别行政区基本法》,这两部法律分别于1997年7月1日和1999年12月20日正式生效。根据两部基本法,特别行政区实行不同于全国其他地区的经济、政治、法律制度,即在若干年内保持原有的资本主义制度和生活方式;特别行政区依法享有高度的自治权,除外交、国防事务属中央人民政府管理外,特别行政区享有行政管理权、立法权、独立的司法权和终审权,现行的法律基本不变,现行的社会、经济制度和生活方式不变。上述基本政策50年不变。两部基本法均在第18条规定,在特别行政区实施的法律,有该特别行政区基本法、该基本法所列的本地区原有法律和该行政区立法机关制定的法律。无论是特别行政区基本法还是特别行政区原有法律和其立法机关制定的法律,都极具特色,应予专门研究。从当代中国法的渊源体系角度考虑,特别行政区基本法属于前述的"法律",特别是其中的"基本法律",特别行政区原有法律和立法机关制定的法律则可构成单独的一类。

(八) 国际条约

国际条约指两个或两个以上国家或国际组织之间缔结的,确定其相互关系中权利和义务的各种协议。不仅包括以条约为名称的协议,也包括国际法主体间形成的宪章、公约、盟约、规约、专约、协定、议定书、换文、公报、联合宣言、最后决议书等。这里所讲的国际条约是指我国参加或缔结的国际条约。

国际条约本属国际法范畴,但对缔结或加入条约的国家的国家机关、公职人员、社会组织和公民也有法的约束力;在这个意义上,国际条约也是该国的一种法的渊源,与国内法具有同等约束力。随着中国对外开放的发展,与他国交往日益频繁,特别是随着中国加入世界贸易组织,与他国缔结和加入的条约日渐增多。这些条约在中国也是一种正式法源。

三、正式法源的一般效力原则

正式法源在一个国家中并不处于同等的地位。为使不同的法源能够形成内部和谐、等级有序的规范整体,需要确定不同法源的不同效力等级和地位——效力层次或效力位阶,并在不同法源发生冲突时,确定何种法源优先适用。如《瑞士民法典》第1条规定:(1)凡本法在文字上或解释上有相应规定的任何法律问题,一律适用本法;(2)如本法没有可以适用的规定,法官应依据习惯法,无习惯法时,应依据他作为立法者所制定的规则裁判之;(3)于此情形,法官应遵循公认的学理与惯例。① 此条规定,既明确了不同的法源,如制定法、习惯法、判例法和法理,又列出了不同法源的效力位阶,如制定法优先于习惯法,习惯法优先于判例法等,同时也为不同法源的冲突提供了解决方案。一般说来,现代社会中正式法源效力的高低主要依存于制定或确认法源的主体的权力性质和来源,不同等级的权力参与法律的创制活动,直接导致法源效力的大小。从这个意义上说,权力的等级性是法源效力划分的主要标准和决定因素。② 除此之外,确认正式法源的效力还应考虑法源的适用顺序和冲突规则。

(一)法律位阶的适用顺序

法律位阶的适用顺序,主要是指在对某一事项的调整存在着两个或两个以上不同的法律渊源时,应当适用哪个法律渊源的问题。在适用顺序上,应当是"下位法优先适用于上位法",也就是说,法律位阶的适用规则强调的是,当上、下位阶法律对相同事项调整并无冲

---

① 采用谢怀栻的译文,载谢怀栻:《大陆法国家民法典研究》,中国法制出版社2004年版,第78页。

② 这一标准可以细化为以下三种情况:(1)人民权力高于一切国家机关的权力,因而宪法居于法律位阶的顶端;(2)立法机关的权力高于其他国家机关的权力;(3)中央权力高于地方权力。见胡玉鸿主编:《法律原理与技术》,中国政法大学出版社2002年版,第122页。

突时,除非缺乏适当的下位阶规则可资适用,否则应优先适用下位阶法而非上位阶法。比如《天津市消费者权益保护条例》如果与我国《消费者权益保护法》不相冲突,在天津市区划内的消费者权益保障问题应优先适用天津市的条例。因为以上位阶法为依据制定的下位阶法,是为实施上位阶法而制定的,是上位阶法内容精神的具体化,并较前者更具明确性、可操作性和可预见性。"适用的优先性来自在各个规范均更为具体、更可实施的法律的约束力。如果决定机关直接适用具有普遍包容性的基本权利或者宪法原则,就会损害这种规定。"①此外优先适用上位阶法亦将使得下位阶法的制定变得毫无意义。

(二) 法律位阶的冲突规则

这是指不同法律位阶之间的法律渊源发生适用冲突时,应当适用哪个渊源的问题。在这里又可以分为三种情况:

一是不同位阶的法律渊源之间的冲突。处于适用冲突的法律渊源由不同等级的权力机关制定,那么适用"上位法优先适用于下位法"的原则,这也称为效力等级规则,例如我国《立法法》在第87条、第88条、第89条就是以效力标准来确定宪法、法律、行政法规、地方性法规的适用顺序的。

二是同一位阶的法律渊源之间的冲突,公认的规则有二,即特别法优先适用于普通法,后法优先适用于前法。我国《立法法》第92条对这两个规则进行了阐述:"同一机关制定的法律、行政法规、地方性法规、自治条例和单行条例、规章,特别规定与一般规定不一致的,适用特别规定;新的规定与旧的规定不一致的,适用新的规定。"同时,对新的一般规定与旧的特别规定之间不一致的法律和行政法规,分别由全国人大常委会和国务院作出裁决。地方性法规规章之间不一致时,同一机关制定的新一般规定与旧的特别规定不一致时,由制定机关裁决。

三是位阶出现交叉时的法律渊源之间的冲突,我国《立法法》第

---

① 〔德〕哈特穆特·毛雷尔:《行政法学总论》,高家伟译,法律出版社2000年版,第73页。

95条规定了如下几种情况：(1)地方性法规与部门规章之间对同一事项的规定不一致，不能确定如何适用时，由国务院提出意见，国务院认为应当适用地方性法规的，应当决定在该地方适用地方性法规的规定；认为应当适用部门规章的，应当提请全国人民代表大会常务委员会裁决。(2)部门规章之间、部门规章与地方政府规章之间对同一事项的规定不一致时，由国务院裁决。(3)根据授权制定的法规与法律规定不一致，不能确定如何适用时，由全国人民代表大会常务委员会裁决。

(三) 国际条约在国内的适用问题

国际条约能否作为国内法的正式法源，主要看其能否在国内适用以及如何适用。这主要涉及两个问题：一是条约的转化和并入问题；二是当条约规定与国内立法相冲突时如何处理的问题。[①] 并入，一是指无须另行制定国内法，二是将整个条约纳入国内法体系并加以适用。转化，是指制定与条约相一致的国内法，从而使条约可在国内适用。通过并入而适用条约称为"直接适用"；通过转化而适用条约称为"间接适用"。我国所缔结或参加的国际条约在国内适用采取逐一立法的方式，即只有当我国某个立法明确规定某项或某类条约可在国内直接适用时，该项(类)条约才可以通过并入的方式直接在我国适用；否则，只有通过制定国内法的方式将条约内容转化为国内法。

在并入的情况下，可能出现条约规则和国内法规则的冲突问题。出现这种冲突，不能一般地判断条约规则的效力高于国内法规则的效力，应根据具体冲突的情形分别采取不同的原则：

(1) 我国宪法具有最高的法律效力，国际条约与协定与之相抵触的，不得适用。

(2) 全国人大常委会批准的"条约和重要协定"，高于国务院核准的条约、协定以及国务院的行政法规、政府部门的规章。

(3) 国务院核准的条约、协定高于政府部门的规章。

---

① 这一部分内容主要参照车丕照教授的观点。见车丕照：《论条约在我国的适用》，载《法学杂志》2005年第3期。

（4）国际条约或协定如与处于同一效力等级的国内立法发生冲突时，条约或协定的效力优先。

第三节　非正式法源

一、非正式法源的含义和种类

非正式法源是指那些不具有明文规定的法律效力、但却具有法律意义并可能构成法官审理案件之依据的准则来源，如正义标准、理性原则、公共政策、道德信念、社会思潮、习惯、乡规民约、社团规章、权威性法学著作，还有外国法等。

制定法为主要形式的法的渊源，但并不是决定法官审理待决案件的唯一根据。为了保证法官判决的公正性，基本的正义观念、社会习俗等准则来源都会在一定程度上影响到判决过程。因此，我们往往也会将这些准则来源视为法的渊源的组成部分。例如，我国台湾地区的"民法"第1条就规定了："民事法律所未规定者，依习惯；无习惯者，依法理。"这个条文指明了在出现法律漏洞的情形之下，法官依据何种顺序和途径去发现非正式法源。之所以法官要受到非正式法源的约束，原因在于：虽然在出现法律漏洞的时候，法官无法寻找正式法律渊源作为判决直接的合法性基础，但是法官的行为同样需要与整个法律秩序或者法律原则保持一致，因此必须在利用自身所掌握的法律知识的基础上，将判决理由与法律秩序及原则的要求联系起来，进而为判决结果寻找间接的合法性基础。严格说来，"如果没有法律非正式渊源的理论，那么在确定的实在法规定的范围以外，除了法官个人的独断专行以外，就什么也不存在了"[①]。这深刻地说明了非正式法源在司法过程的重要地位。

但是，非正式法源与正式法源不同，其中最为典型的就是非正式法源并不能产生法律上的直接约束力。对于非正式法源而言，虽然法官同样需要在判决中予以考虑，但是这种考虑并非必然。换言之，

---

① 〔美〕E.博登海默：《法理学——法律哲学与法律方法》，邓正来译，中国政法大学出版社2004年版，第461页。

法官在实际适用法律时可能考虑、也可能不考虑非正式法源。

这里将历史上曾出现过的有代表性的非正式法源分别予以叙述：

(一) 权威法学理论

权威法学理论是指著名法学家对法律问题的系统解释、论述。在西方，权威法学理论一直是法律渊源的重要组成部分。在古罗马，法律学说是裁判官和执政官进行法律活动的依据，法学家的意见只要不是违反成文法规定或者违背皇帝意愿的，就同皇帝的批复一样对审判员具有约束力。[①] 在注释法学派时代，权威学者的注释与罗马法具有相同的约束力，"不读阿佐的著作就不能上法庭"。即便今天，在西方国家权威法学理论依然有其法源的地位：1907年的《瑞士民法典》指示法官如果发现法律中的漏洞，要"接受公认的法律学说和司法传统的指引"；1942年的《意大利民法典》规定只要法官用其他确定法律的方法无法解决案件，他就须"依照本国法学界的一般原则处理"。《国际法院规约》第38条第1款第(卯)项规定：司法判例及各国权威最高之公法学家学说，作为确定法律原则之补助资料者，可以为法官裁判所适用。20世纪中叶对第二次世界大战战犯的审判，依据的也主要是自然法学派的法律学说。相比而言，西方大陆法系国家更为重视法律学说的作用，英美法系"法官更倾向于根据为他们所承认的同行以及前辈的意见和判决处理案件。只是到了最近，那些试图从大量的诉讼形式或先例中抽象出某些原则的学术论著才受到更多的注意"[②]。总的来说，权威法学理论能够成为法律渊源，一方面，是因为制定法必然存在着缺漏，因而需要通过法学理论的科学性、灵活性来疏释成文法的不合理性和僵硬性。另一方面，西方法律传统一直将法律和公平、理性、道德联系在一起，视法律的生命是建立在合理、正当基础之上的法律文化传统，也促成了权威法学理论在司法中重要地位的形成。

---

① 〔意〕彼德罗·彭梵得：《罗马法教科书》，黄风译，中国政法大学出版社1992年版，第18页。

② 〔美〕埃尔曼：《比较法律文化》，贺卫方、高鸿钧译，生活·读书·新知三联书店1990年版，第119页。

(二) 公平、正义等公认的社会价值观念

公平、正义等社会价值观念一般是不具有法律约束力的,但当法官在解释宪法和法律文件中含糊不清的条款时要求助于正义:"如果实在法完全不能解决法院所遇到的问题,那么正义标准就必定会在形成解决此一争议的令人满意的方法中发挥作用。"[①]同样,当审理某个案件存在着两个或两个以上的正式渊源时,有关公平、正义的考虑会对法官的选择起到决定性的权衡作用。[②]正因如此,公平、正义等价值观念会对法官的审判行为产生重大影响,甚至成为其审判时优先采纳的依据。然而问题在于,法官能否以适用实在法会破坏正义为由而拒绝适用实在法呢?换言之,正义等价值观念能否优先于正式法源?对这一问题的争论是很大的。我们认为,除了极个别例外(如适用实在法会带来极其严重的不公正),一般情况下法官不能抛弃实在法。"依法审判"既是法治国家的基本原则,也是法官司法过程中的自律性准则,所以,法官必须在实现正义与维护实在法之间进行某种折中和平衡。

(三) 公共政策

"政策"是一个范围极为广泛的概念,几乎涵盖了人类社会的所有实践领域。就法律渊源的司法适用性而言,司法与公共政策的关系同样是复杂的问题。一方面,作为重要的政治部门之一,"法院势必在制定政策方面起到作用"。并且,"通过适时地提供判决,并且因此通过参加该制度政策产品的创制,司法机构维持了自身的存在和它在社会中的持久作用"。[③] 在这种场合,司法机关主要通过两种方式来实施其政策功能:一种方式是消极否定式的,即通过宣布一项

---

① 〔美〕E. 博登海默:《法理学——法律哲学与法律方法》,邓正来译,中国政法大学出版社 2004 年版,第 470 页。

② 〔美〕本杰明·卡多佐:《司法过程的性质》,苏力译,商务印书馆 1998 年版,第 23 页。

③ 〔美〕埃尔曼:《比较法律文化》,贺卫方、高鸿钧译,生活·读书·新知三联书店 1990 年版,第 252 页、第 162—163 页。当然,即使司法机关能够制定政策,"它的作用与专门的立法者或政策制定者的作用"也是不同的。因为"它主要面对的是社会关系的变化,合理地运用和发展法律原则,在诉讼案件或有关请求中确认和加强既定的法律原则"。见〔英〕罗杰·科特威尔:《法律社会学导论》,潘大松等译,华夏出版社 1989 年版,第 274 页。

法律、法令、规则或政策无效来干预公共政策。例如由马歇尔大法官确定的美国的司法审查制度，实际上就是通过否决国会立法或总统决定，来达到司法干预政策的目的。另一种方式则是积极主动式的，即直接地、主动地制定规则和政策。由于宗教、道德及其他文化的因素影响，诸如死刑、堕胎、同性恋等问题，长期以来就困扰着国家的法律与政策。法院在这些问题上通过案件表明自己的态度，实际上也就是在直接地制定一种政策。这样做的好处是，有些问题公然由立法或行政机构加以干预，可能会引起舆论的指责及公众的不满，但通过具体个案的裁决，不仅保障了特定案件中当事人的权利，同时所受社会压力也较小，并且，作为公正化身的法院，其所作判决也更可能得到民众的支持。

但另外一方面，法院又不是主要的政策制定者而多以政策执行者的面目出现[1]，它必须受制于法治社会下的政治结构，执行立法机关与行政机关的政策决定。司法的特性决定了这种政策执行的合法性与依附性，因此，在某一个特定的场合，司法机关必须以包括法律在内的公共政策作为衡量的根据[2]，通过公共政策的贯彻实施，来保证法院与政治结构和社会的合拍。正因如此，"在实践中，法院常以公共政策为由宣布这个或那个不能予以执行，或这样或那样的结果必须予以禁止，以此来衡量各种社会利益"[3]。甚至于有的学者认为，"在确定各种审判要点的正当范围中，政策因素常起作用……这类考虑是不可避免的……应把它们作为审判程序中的一种成分"[4]。"公共政策"之所以对司法活动有这样长久的影响力，就是因为公共政策往往代表着民众对社会安全、社会秩序与社会公正的期望，法院

---

[1] 张国庆先生就曾指出："严格说，法院判决并不是完全意见上的公共政策。但由于法院裁决确立的某些原则对社会公众利益的分配形成了具有权威性的规制，因此从国家的角度看亦属于公共政策的范畴。"见张国庆：《现代公共政策导论》，北京大学出版社1997年版，第361页。

[2] 从严格意义上说，法律就是一种最具普遍性的公共政策。

[3] 〔美〕罗斯科·庞德：《法律史解释》，曹玉堂、杨知译，华夏出版社1989年版，第157页。

[4] 〔美〕詹姆斯·安修：《美国宪法解释与判例》，黎建飞译，中国政法大学出版社1994年版，第144页。

如果不顾及相关的社会心态,则司法活动就有可能与民众的实际生活相脱离。有时,公共政策会与法律原则出现交叉,在这时,法律原则应当优先于公共政策。因为法律原则应该得到遵守是因为它是公平、正义的要求,或者是其他道德层面的要求,而公共政策更多的是功利的考虑,因此法官面对违背法律原则的公共政策,或如果适用会与基本正义标准相冲突的公共政策应当具有否决权。①

此外,习惯、道德规范、宗教规范等在不同国家或者地区也会直接、间接地对法律实践产生影响,作为非正式法源的组成部分存在。如宗教规范在政教合一国家中法源地位是非常高的。由此也可看出,法律渊源的种类是多样的,"没有一种制度完全依赖制定法,也没有完全由不成文法和法院判决组成的制度"②。一个发达的法律秩序拥有各种各样的法源应是理所当然的。

二、当代中国的非正式法源

(一) 习惯

习惯是人们在长期社会生活中逐步地、自发地形成的。在古代和中世纪,习惯曾是所有国家重要的甚至是唯一的法的渊源,那时的成文法主要是从习惯法演变而来的。以后随着社会生活的发展和法律的进步,习惯法的地位逐渐被规范性文件和判例所取代。

在我国的民事司法裁判中,习惯是一种非正式的法的渊源,但是它的适用不得违背公序良俗。《民法总则》第10条规定:"处理民事纠纷,应当依照法律;法律没有规定的,可以适用习惯,但是不得违背公序良俗。"

在我国国内法中,民族习惯具有特殊性。全国人大常委会2001年2月28日修正的《中华人民共和国民族区域自治法》第10条规定:"民族自治地方的自治机关保障本地方各民族都有使用和发

---

① 〔美〕E.博登海默:《法理学——法律哲学与法律方法》,邓正来译,中国政法大学出版社2004年版,第488页;〔美〕A.科宾:《科宾论合同》(下册),王卫国等译,中国大百科全书出版社1998年版,第722页以下。

② 〔美〕埃尔曼:《比较法律文化》,贺卫方、高鸿钧译,生活·读书·新知三联书店1990年版,第27页。

自己的语言文字的自由,都有保持或者改革自己的风俗习惯的自由。"第53条规定:民族自治地方的自治机关"教育各民族的干部和群众互相信任,互相学习,互相帮助,互相尊重语言文字、风俗习惯和宗教信仰,共同维护国家统一和各民族的团结"。这里的风俗习惯主要指民族习惯。事实上,自治法规中的变通条例等正是对各民族习惯的明示认可。因此可以说,民族习惯是我国法的一类渊源,尽管并非所有民族习惯都是法源。

(二) 判例

在普通法法系国家,判例法和制定法是法的渊源的两种主要形式;而在民法法系国家,制定法是正式的法的渊源,判例被认为是非正式的法的渊源,但是,它的重要性——至少它的事实重要性——已被大家所承认。[①]

在当代中国,虽然有的学者主张,中国不应采用判例法制度,但是,法律界对判例在司法审判中的作用已形成了共识,实行案例指导制度。2010年11月26日,最高人民法院发布了《关于案例指导工作的规定》,其序言指出,"为总结审判经验,统一法律适用,提高审判质量,维护司法公正",而展开案例指导工作。其第7条规定:"最高人民法院发布的指导性案例,各级人民法院审判类似案例时应当参照。"该规定说明,一方面,判例或指导性案例是当代中国的一种非正式的法的渊源;另一方面,作为非正式的法的渊源的指导性案例只能由最高人民法院发布。

(三) 政策

在我国,宪法以及各种法律、法规中规定的诸多原则是国家政策的体现,有的内容甚至成为宪法、法律和法规本身的有机组成部分。作为非正式法源,政策一般不包括那些被整合到法律中的政策,即法定政策或法律政策。因为法定政策或法律政策已成为法律的一部分,属于正式的法的渊源。在中国,作为非正式法源的政策是指那些

[①] 〔美〕博登海默:《法理学——法律哲学与法律方法》,邓正来译,中国政法大学出版社2004年版,第430页;Robert Alexy, *A Theory of Legal Argumentation*, trans. Ruth Adler and Neil Maccormick, Clarendon Press, 1989, p.274。

没有被整合到法律之中的政策,它既包括了国家政策,也包括了中国共产党的政策。后者之所以作为中国的非正式法源,是因为中国共产党是中国的执政党。但是,作为法的非正式渊源的中国共产党的政策是指那些与国家或政府有关的政策,而不应该包括纯粹关于党自身的行动计划的政策。

第四节 法 的 分 类

一、法的分类的概念

法的分类是指从不同的角度,按照不同的标准,将法律规范分为若干不同的种类。法的分类是对人类社会存在过的和现实中仍存在的法律从技术的角度进行类别划分。

法的分类要遵循一定的标准,根据不同的标准,可以有不同的分类。例如,以社会形态为标准,可以将法分为奴隶制法、封建制法、资本主义法、社会主义法,等等;以国度为划分标准,可以将法分为中国法、日本法、美国法、法国法,等等;以法的规范内容为标准,可以将法分为禁止性法、授权性法,等等,此外,各部门法的划分以及本章所讲的法的渊源种类、法系,从一定意义上讲,都是法的分类。

二、法的一般分类

法的一般分类是指世界上所有国家的法律基本上都适用的分类,它们主要有下列几种:

(一) 国内法和国际法

这种分类的标准是法的创制和适用主体的不同。国内法是指由特定国家创制并适用于本国主权所及范围内的法律;国内法律关系的主体一般是个人或组织,国家仅在特定法律关系中成为主体,如国有财产的所有权人。国际法是由参与国际关系的国家通过协议制定或公认的,并适用于国家之间的法律。国际法律关系的主体主要是国家。

(二) 根本法和普通法

这种分类的标准是法律效力、内容和制定程序的不同。在成文宪法的国家,根本法即宪法,它在一个国家中享有最高的法律地位和最高的法律效力,宪法的内容、制定主体、程序及修改程序都不同于普通法,而是有比较严格的程序要求;普通法指宪法以外的法律,其法律地位和法律效力低于宪法,其制定主体和制定程序不同于宪法,其内容一般涉及某一类社会关系,如民法、刑法,等等。有人把根本法称之为"母法",把普通法称之为"子法"。

(三) 一般法和特别法

这种分类的标准是适用的范围不同。一般法是指针对一般人、一般事、一般时间、在全国普遍适用的法;特别法是指针对特定人、特定事、特定地区、特定时间有效的法律。以人而论,普通刑法是适用于一般人的法,军事刑法只适用于特定人(军人)。以事而论,民法适用于一般民事法律行为和事件,收养法则针对收养这一特殊的民事法律行为和事件。以地区而论,全国人大的法律适用于全国,地方性法规和经济特区法规只适用于地方和经济特区。以时间而论,戒严法仅在戒严期间生效,其他法律则在修改和废止以前一直有效。

(四) 实体法和程序法

这种分类的标准是法律规定内容的不同,实体法一般是指规定主要权利和义务(或职权和职责)的法律,如民法、刑法等。程序法一般是指保证权利和义务得以实施的程序的法律,如民事、刑事诉讼法。

以上四种分类对每一个具体的法律、法规来说,都可以是相对的。首先,同一法律从不同标准来看,可以分属于不同类别,例如民法,就兼有国内法、普通法、一般法和实体法四种性质。其次,相对性也体现在同一法律与不同法律相比,可以具有不同类别。如公司法相当于民法或商法而言,是特别法,但相对于公司董事会组织法之类规范性文件而言,就是一般法。

三、法的特殊分类

法的一般分类是对世界上所有国家的法律基本上都适用的分类。但有些法的分类仅适用于某一类国家或地区,可称为法的特殊分类。

（一）公法和私法

这是民法法系的一种法的分类。关于公私法的划分标准，法学界一直没有统一的认识。古罗马法学家乌尔比安将公法界定为有关国家利益的法律，而将私法界定为有关个人利益的法律。现代法学一般认为，凡涉及公共权利、公共关系、公共利益和上下服从关系、管理关系、强制关系的法，即为公法，如行政法、刑法、诉讼法；凡属个人利益、个人权利、自由选择、平权关系的法即为私法，如民法和商法。在当代中国，法学上也开始借鉴公法和私法的分类。

（二）普通法和衡平法

这是普通法法系国家的一种法的分类。这里的普通法，不同于法的一般分类中的普通法概念，而是专指英国在11世纪后由法官通过判决形式逐渐形成的适用于全英格兰的一种判例法，而衡平法是指英国在14世纪后通过对普通法的修正和补充而出现的一种判例法。

（三）联邦法和联邦成员法

这是实行联邦制国家的一种法的分类，单一制国家没有这一分类。联邦法是指由联邦中央制定的法律，而联邦成员法是指由联邦成员制定的法律。由于各联邦制国家的内部结构、法律关系各不相同，有关联邦法和联邦成员法的法律地位、适用范围、效力等均由各联邦制国家宪法和法律规定，没有一种划一的模式。

本 章 要 点

1. 法律渊源是指被承认具有法的效力、法的权威性或具有法律意义并作为法官审理案件之依据的规范或准则来源。

2. 国内法学界对法的渊源和法的形式的认识表现出分歧和混乱。法的形式和正式法源是不可以相互代替的，它们具有不同的意义和不同的认识角度，归属不同的概念框架和范畴。

3. 法官的判决必然建立在正式法源之上。在当代中国，正式法源主要有宪法、法律、行政法规、地方性法规、民族自治地方的自治条例和单行条例、特别行政区的规范性文件、经济特区的规范性文件等。它们形成一个不同层次的金字塔式结构。

4. 权力的等级性是法源效力划分的主要标准和决定因素。除此之外,确认正式法源的效力还应考虑法源的适用顺序和冲突规则。

5. 在当代中国,国际条约也可以作为正式法源。其在国内的适用涉及两个问题:一是条约的转化和并入问题;二是当条约规定与国内立法相冲突时如何处理的问题。

6. 当代中国,实践中也存在一些非正式法源,但其种类尚需研究。

7. 法的分类要遵循一定的标准,根据不同的标准,可以有不同的分类。其中有一些是世界各国通行的分类,有些分类仅适用于某一类国家或地区。

第四章 法的效力

第一节 法的效力概述

一、法的效力的意义

法的效力问题是法理学中的一个重要问题。我们可以在以下两个层面讨论法的效力问题:其一,抽象层面,即法的效力直接关系到"法是什么"这个法概念问题。① 我们知道,法属于规范这个大的范畴。同时,由于规范的种类非常多,因此"法是什么"的问题往往可以转换为"哪种规范具有法的效力"的问题,如果某种规范具有法的效力,那么它必然属于法的范围,所以法的效力其实等于如何在种类繁多的规范中鉴别法律规范的问题。其二,具体层面,即由于任何具体的法律规定要想发挥作用,都必须取得相应的效力。"法作用于社会的现实力量,始于其效力的发生而终于其效力的废止。"②因此,法的效力是法律发挥指导人们行为、确立社会秩序作用的先决条件。

二、法的效力的概念

简单地说,所谓法的效力,是指法律对法律主体的约束力或拘束力。其通常包含广狭二义:广义的法的效力,是指所有法律文件的效力,无论是规范性法律文件还是非规范性法律文件,均具有法的效力;狭义的法的效力,是指规范性法律文件的效力。规范性法律文件与非规范性法律文件的区别在于,其约束力的范围是针对特定主体还是不特定主体。针对特定主体的就是非规范性法律文件,例如,法院判决只针对当事人产生约束力;针对不特定主体的是规范性法律文件,例如,全国人大制定的基本法律就是约束不特定主体的行为

---

① 颜厥安:《法与实践理性》,中国政法大学出版社2003年版,第33页。
② 李步云主编:《法理学》,经济科学出版社2000年版,第288页。

的。本章所讨论的法的效力是指狭义的法的效力概念。就我国法律体系而言,这种狭义的法的效力就是指制定法(成文法)所具有的拘束力。

  这里必须注意的是,具有法的效力的法律必须是现行法,因此过去的法律可能因为某种原因不再具有法律上的约束力。任何现行有效的法律必须具有法的效力,因为法的效力意味着法律主体应当遵守、执行或者适用法律,而不得违反。如果不存在法的效力,法律存在的价值将会大为降低。因为此时人们可以无视法律的存在,自由地做任何自己想做的事情。一个不具备约束力的法律与这个法律不存在之间的区别是非常微小的,前者只不过具有形式上的特征而已。因此,"不具备法的效力的现行法"本身就是一个矛盾的用语。

三、法的效力范围

  所谓法的效力范围,是指规范性法律文件或者制定法在什么时间、何种空间以及对于何种对象有效,从而产生行为拘束的后果。依据这个概念,法的效力范围可以具体分为如下三个部分:其一,法的时间效力范围。由于任何法律都不具有永久、延续不断的约束力,它总有一个产生约束力与丧失约束力的时间范围。在法的生效时间内,法律会通过设定权利与义务的方式影响人们的行为。因此,明确法的效力的时间范围将会告诉人们哪些法律应当遵守。例如,古代的法律由于丧失了时间上的效力,人们无须保持对其的遵守,因为这些法律已经无法影响到人们的权利与义务。其二,法的空间效力范围。法的空间范围明确了法律产生影响的地域因素,生活在特定领域之内的人们,就具有遵守这个法律的义务;否则,即使这些法律在生效的时间之内,但是人们却生活在其效力范围之外,则依然可以摆脱遵守这些法律的义务。其三,法的对人效力范围。法的对人效力其实是为了明确法律约束的主体。因此,对人效力其实是法律对何种法律主体具有约束力的问题。即使是在某一个法律的生效时间和空间范围之内,很多主体同样不具有遵守这些法律的义务。因此需要通过对人效力的概念,明确哪些主体应当遵守法律、应当遵守哪些法律、哪些主体基于什么样的理由可以不受到法律的约束。总之,法的效力范围的概念,是为了明确法律所能约束的对象范围,进而将法律对于人们行为的影响限定在一定的领域之内。因此,在立法和法律实施过程中需要确定法的时间效力、空间效力与对人效力。

第二节 法的时间效力

法的时间效力,是指法何时开始生效、何时终止效力以及法对于其生效前的事件或者行为是否具有溯及力的问题。因此,时间效力设定了法对于人们行为约束的时间期限。在这个时间期限之内,人们具有服从法律的义务;在这个时间期限之外,人们就会解除服从法律的义务,恢复行为的自由选择的性质。

一、法的生效时间

在法发展的不同阶段,法生效时间的标志也有过一定的变化。仅就目前情形而言,法的生效时间一般是以公布作为主要标志,其他类型的生效时间只不过是"公布"这种生效时间标志的补充而已。

(一)法律自公布之日起生效

法律必须公之于众。作为一种明确的行为规范,法律必须为人们所知道;否则,人们的行为将会丧失确定的准则。因此,法律的公布时间就成为人们有义务遵守这个法律的时间标志。

之所以将公布时间视为法的生效时间,主要原因有二:(1)"任何人不得以不知法为理由对抗法律。"一旦法律被有权机关公布之后,任何公民都会有了解法律的机会,因此在他们从事违法行为之后,不得以不知道法律为理由对抗法的实施。当然,这并不是说自法律公布后所有的人都会知道法律的具体要求,而是避免将法的实施系于法律主体对于法律的了解之上;否则,将会导致法律应用的混乱,因为越是不了解法律的人反而获得了摆脱法律约束的机会。①

(2) 国家同样不得实施未公布的法律。如果一个规范性法律文件的立法过程已经完结但尚未公布,那么作为执法或者司法机构的国家机关,不得将这样的行为准则应用在法律主体的行为之中。因此,公布同样是国家机关干预人们行为的标志,这也意味着国家机关的行动同样需要受到已经公布的法律的约束;而且,由于人们有机会了解法律的具体内容,因此也可以对于国家机关的行为进行一定的评价,进而限制国家机关的任意妄为。

(二) 其他类型的生效时间

1. 法律本身规定具体的生效时间

对于某些法律而言,法律的公布时间并非其具有法的效力的时间,而是由该法具体加以规定。这是因为,此类法律的生效除了公布这个条件以外,还需要其他的辅助性条件。例如,《中华人民共和国刑法》于1997年3月14日由全国人民代表大会通过,同日由中华人民共和国主席公布,但生效日期是1997年10月1日。由于新旧刑法之间需要一定的衔接,因此需要给予司法机关相应的准备时间。所以,一旦出现新旧法过渡的情况,这样的准备时间就是必需的。此外,如2003年10月28日由第十届全国人民代表大会常务委员会第五次会议通过并公布的《中华人民共和国道路交通安全法》规定自2004年5月1日起施行;2005年8月28日第十届全国人民代表大会常务委员会第十七次会议通过并公布的《中华人民共和国治安管理处罚法》规定自2006年3月1日起施行等,也属于上述情形。

2. 参照其他法律确定本法律的生效日期

由于某些法律的目的在于辅助其他法律的应用,因此这些法律就需要比照其辅助的法律确定自身的生效时间。否则,这些法律很难顺利获得实际上的约束力。如1982年2月公布现已失效的《中华人民共和国外国企业所得税法施行细则》第50条规定:"本细则以

---

① 〔法〕雅克·盖斯坦、吉乐·古博:《法国民法总论》,陈鹏译,法律出版社2004年版,第292—293页。

《中华人民共和国外国企业所得税法》的公布施行日期为施行日期。"1986年12月2日公布的《中华人民共和国企业破产法》(试行)也规定:"本法自全民所有制工业企业法实施满3个月之日起试行。"这种规定使法律生效时间成了一个不确定的日期,不足效仿。

3. 自法律试行之日起生效

在完善市场经济法律体系的过程中,由于我国缺乏足够的立法经验,因此采用"试行"的办法,来综合评价某一法律的实际效果,以便为正式的立法创造条件。所有试行的法律都是自试行之日起生效,试行日一般由该法律或法规自身规定或另行颁布法律、法规加以规定为准。

4. 自法律文件到达之日起生效

在交通、通讯极为不便的时代,法律往往不能在公布之日到达全国,于是需要规定一个推定到达的日期。自推定到达的日期起,法律即在该地区生效。如《法国民法典》规定,在首都,自公布的次日生效;外地则按距发布地的距离计算,每百公里增加1天。

二、法的失效时间

法的失效也称法的效力终止或法的废止,是指法的效力消灭,不能再加以适用的情况。表示法律失效的方式通常有两类,一类是明示的废止,一类是默示的废止。

(一) 明示的废止

所谓明示的废止,是指具有立法权的国家机关通过明确的方式宣布某一法律失去法的效力。在我国,明示的废止有两类:(1)新法律取代旧法律,并同时宣布旧法废止;(2)有关机关颁发文件,宣布某个法律废止。

(二) 默示的废止

所谓默示的废止,是指虽然具有立法权的国家机关并未明确宣告某一法律丧失法律效力,但是由于某些特定条件的存在,使得这些法律不再具有法的效力。在我国,默示的废止有:(1)新的法律公布后,依据"(同类法律中)新法优于旧法"的原则,旧法自然失去效力;(2)法律调整的对象消失或法律明显不适应新的形势而在社会生活中不再发挥作用而自动失去效力;(3)法律本身规定的有效期届满,法律即行废止。

三、法律溯及力

(一) 法律溯及力的概念与原则

法律溯及力,又称法律溯及既往的效力,是指新的法律颁布后,对其生效以前所发生的事件和行为是否适用的问题。如果适用,新的法律就具有溯及力;如果不适用,新的法律就没有溯及力。一般说来,法律溯及力有两种情况:对于法律生效之前的事件和行为不适用该法的,称为"不溯及既往"原则;与此相对应,如果法律追究生效之前的事件和行为,则称为"溯及既往"原则。

法律溯及力的原则有三:

(1) 从新原则:新的法律颁布后,对其生效以前所发生的事件和行为一律适用。或者说,法律一律具有溯及力。

(2) 从旧原则:新的法律颁布后,对其生效以前所发生的事件和行为一律不适用。或者说,法律一律不具有溯及力。

(3) 从旧兼从轻原则:新的法律颁布后,原则上,对其生效以前所发生的事件和行为一律不适用,除非新法处罚轻于旧法处罚。或者说,原则上否认法律的溯及力,但是,在新法处罚轻于旧法处罚的时候,肯定法律的溯及力。简言之,即"原则上禁止,例外时允许"。

(二) 通行标准

关于法律的溯及力问题,不同的国家,在不同的历史时期采用不同的原则。但在近现代,各个国家从保护公民的权利、自由的角度和维护社会关系的角度出发,法不溯及既往的原则已成为大多数国家所采用的一个原则。例如,我国《立法法》第93条规定:"法律、行政法规、地方性法规、自治条例和单行条例、规章不溯及既往……"《美国宪法》第1条第9款规定:"追溯既往的法律不得通过之。"又例如,法国的《人权宣言》第8条规定:"法律只应规定确实需要和显然不可少的刑罚,而且除非根据在犯法前已经制定和公布的且系依法施行的法律以外,不得处罚任何人。"法不溯及既往的原则也体现于民法之中。例如《法国民法典》第2条规定:"法律仅仅适用于将来,没有追溯力。"在刑事立法方面,英国及美国数州采用法不溯及既往的原则。之所以各国一般坚持"法不溯及既往"的立场,是由于法的效力是一种向后生效的约束力,法溯及既往的规定,乃是将已经发生的事实向前重新适用此项规定。这显然与法的生效时间矛盾。[①]

当然,任何原则都是相对的,都可能有例外。法不溯及既往原则亦如此。当今,绝大多数国家都有条件地否定法不溯及既往原则,采用"从旧兼从轻"的原则。具体而言,这项原则包括以下内容:

(1)绝对禁止溯及既往:法律给予人们损害或者不利益时,依据法律的种类,如果是刑事法律,由于罪刑法定原则的存在,刑法不得有溯及既往的规定。

(2)可以溯及既往之一:如果经过立法者的衡量,有溯及既往的必要时,则可以加以规定。

(3)可以溯及既往之二:如果法律授予利益时,不论法律属于何种类别,都可以溯及既往。[②]

第三节 法的空间效力

法的空间效力是指法生效的地域范围,即在什么空间范围内可以发挥其效力。一般来说,一个国家的法律在其主权范围内都产生效力。而在特殊情况下,一个国家的法律在其主权范围之外也能产生效力。前者为域内效力,后者为域外效力。

一、法的域内效力

法的域内效力是基于国家主权而产生的,它意味着一国法的效力可以及于该国主权管辖的全部领域,而在该国主权管辖以外的领域无效。一个国家的主权领域通常包括这个国家的领土、领海、领空,以及其他延伸意义上的领域(如驻外使馆、航行或停泊在任何地

---

① 陈新民:《法治国家理念的灵魂——论法律溯及既往的概念、界限与过渡条款的问题》,载李建良、简资修主编:《宪法解释之理论与实务》(第二辑),台湾学林出版社2000年版,第24页。
② 同上书,第24页、第81—83页。

方的本国船舶及飞机内)。但由于许多国家还有中央立法和地方立法之分,有一般区域和特殊区域的不同规范,所以在域内效力中,又可以进一步划分为在全国发生效力的法、在地方发生效力的法、在部分地区或区域内发生效力的法等。

我国是一国两制的国家,同时实行二级立法体制。因此,我国法的域内效力具体表现为以下两种形式:

第一,在全国范围内生效。凡中央国家机关制定的法律在全国发生效力。如全国人民代表大会制定的基本法,全国人民代表大会常务委员会制定的基本法以外的其他法律,国务院制定的行政法规,国务院所属行政机关制定的部门规章均属全国性的法,在全国范围内发生效力。有些法律虽然只在特定范围内适用,但因属普遍性规定,所以亦为全国性法律。例如,我国国务院颁布的《渔港水域交通安全管理条例》,虽然只是针对沿海渔业的渔港和水域的有关规定,但由于是中央国家机关制定的,对全国所有沿海渔业的渔港和水域均有约束力,因此属全国范围内生效的法律。

第二,在局部地区生效。凡是地方国家机关制定的地方性法规,只能在制定机关所管辖的范围内发生效力。如我国各省、自治区、直辖市人民代表大会及其常委会制定的地方性法规或自治条例,仅在相应地区发生效力。香港和澳门是我国的两个特别行政区,其法律分为基本法、港澳原有法律和港澳特别行政区立法机关制定的法律三部分。两个基本法属全国性法律,在全国范围内发生效力。港澳原有法律和港澳特别行政区立法机关制定的法律则属局部地区生效的法律,只在香港、澳门两个特别行政区内发生效力。此外,我国经济特区的有关法律亦属在局部地区生效的法律。

二、法的域外效力

所谓域外效力是法的效力及于制定的国家所管辖的领土范围之外。有的法律不仅在国内生效,而且根据国家主权原则还往往规定适用于国外发生的特定事件和行为。例如我国《刑法》第 10 条规定:"凡在中华人民共和国领域外犯罪,依照本法应当负刑事责任的,虽然经过外国审判,仍然可以依照本法追究,但是在外国已经受过刑罚处罚的,可以免除或者减轻处罚。"这就充分体现了我国的主权原则。此外,我国刑法从维护国家统一和国家主权原则出发,规定凡犯罪的行为或者结果有一项发生在中华人民共和国领域内,就认为是在中华人民共和国领域内犯罪。也就是说我国刑法所列举的犯罪行为无论是在我国开始而在他国完成,还是在他国开始而在我国完成,我国法院都可以行使管辖权。再例如,我国公民和法人在域外所发生的民事关系,依照我国法律和我国所签订的国际条约或者依照国际惯例,应当适用本国法律的,也适用我国民事法律的规定。

第四节　法的对人效力

法的对人效力,是指一个国家的法律对哪些人有效的问题。这里所说的"人"既包括自然人,也包括法人和其他社会组织。

一、对人效力的原则

任何一个国家,法对自然人的效力问题都可能发生几种情况,即本国人在本国适用法律的问题,非本国公民在本国适用法律的问题,本国公民在外国侵犯了本国利益而适用法律的问题,等等。关于这些问题,由于各个国家立法的原则不同,大体上有四种做法:

(1)"属人主义"原则,即法对自然人的效力以国籍为准,适用于本国人,不适用于外国人。具体内容包括:本国人无论是居住在国内还是在国外,本国法律均有效;外国人即使生活在本国领域内,也不适用本国法。这个原则的缺陷在于:第一,不约束生活在本国领域内的外国人;第二,对于生活在其他国家并且受到所在国法律约束的本国人而言,本国法虽然加以约束,实际上却难以实现。由于上述缺陷的存在,这个原则只能在不同国籍人员之间不流动的基础上发挥作用。在目前的情形而言,这个原则的作用已经大为降低。

(2)"属地主义"原则,即法对自然人的效力以地域为准,不论本国人还是外国人,凡在本国领域内,一律适用本国法;即使是本国人,只要不在本国领域内,也不适用本国法律。这个原则可以有效克服属人主义原则的上述两个缺陷,但是它仍然会存在下列问题:第一,对于身处外国的本国人,缺乏有效的保护手段;第二,对于发生在本国以外的、侵犯本国利益的行为,缺乏有效约束。虽然这个原则同样具有某种缺陷,但是相对于属人主义原则而言,它具有更大的优势。

(3)"保护主义"原则,即以维护本国利益为根据,不管是什么国籍的人,在什么地方的行为,只要侵害了本国的利益,就适用本国的法律。这个原则虽然强调了对于本国利益的保护,但是却容易发生挑战其他国家主权的情形。

(4)"折中主义"原则,现代各国的法律多采用以"属地主义"为基础,以"属人主义"作为补充,兼及"保护主义"的"折中主义"原则,即居住在本国领域,一律适用居住国的法律,但有关公民义务,民法中的婚姻、家庭、继承,刑法中有特殊规定的某些犯罪,一般要适用国籍国法。

二、我国法律的对人效力

根据国家主权原则和国际通用的惯例,我国法律对自然人的效力包括两个方面:

1. 对中国公民的效力

凡是具有中国国籍的人,都是中国公民。中国公民,在中国领域内一律适用中国法律。中国公民在国外的法律适用问题,原则上仍适用中国法律,但当中国法律与所在国的法律发生冲突时,要区别不同的情况和具体的国际条约、协定及国内法的规定,来确定是适用中国法律还是适用外国法律。

2. 对外国公民的效力

外国公民通常是指具有某一外国的国籍而不具有本国国籍的自然人,其中也包括无国籍人和多重国籍的人。中国法律对外国公民的适用包括两种情况:一是对在中国境内的外国公民的适用问题;二是对中国境外的外国公民的适用问题。外国公民在中国境内,除法律另外有规定外,一般适用中国法律。所谓另有规定,一般是指法律上明确规定不适用中国法律的情形,比如享有外交特权和豁免权的外国人,需要通过外交途径解决。关于外国公民在中国境外对中国国家或中国公民的犯罪,按中国刑法规定的最低刑为 3 年以上有期徒刑的,可以适用中国刑法,但是按照犯罪地的刑法不构成犯罪的除外。

本 章 要 点

1. 法的效力问题直接关系到"法是什么"这个法概念问题。

2. 法的效力范围可以具体分为法的时间效力范围、法的空间效力范围和法的对人效力范围。

3. 法的生效时间一般是以公布作为主要标志,也有其他类型的生效时间。

4. 表示法律失效的方式通常有两类,一类是明示的废止,一类是默示的废止。

5. 新的法律颁布后,对其生效以前所发生的事件和行为是否适用的问题,这在历史上有不同的原则。但在近现代,法不溯及既往的原则已被大多数国家所采用。

6. 法一般在国家主权范围内都产生效力;在特殊情况下,一个国家的法律在其主权范围之外也能产生效力。

7. 法在对人效力上有"属人主义""属地主义""保护主义"和"折中主义"等原则。

第五章 法律规范

第一节 法律规则

一、法律规范与法律规则的概念辨析

法的内容是法律规范,法律规范的概念是所有法学中的最基本的概念之一。① 它是法学界普遍接受的命题。但是,这并不意味着法律规范的概念甚至规范的概念是一个被所有法学家反思过的清晰的概念。这就导致了一系列的争论与混淆。在中国法学界的一个混淆就是将法律规范与法律规则等同。②

在英语中,"规范"(norm)有几个同义词:"模式"(pattern)、"标准"(standard)、"典型"(type)等。我们可以将"规范"定义为:规范是一种应然命题,关于人类的行为或活动的命令、允许和禁止。这种意义的"规范"包括了游戏规则、语法规则、法律、道德规范、宗教规范、习惯、纪律等。国家的法律(国法)也属于这种意义的规范。③ 另外,我们必须将一个规范和规范性陈述(normative statement)区别开来。规范性陈述就是用以表达规范的语句,规范就是规范性陈述所表达的意义。④

法律规范是国家制定或认可的关于人们的行为或活动的命令、

---

① Robert Alexy, *A Theory of Constitutional Rights*, trans. by Julian Rivers, Oxford University Press, 2002, p. 20.

② 中国目前的大部分法理学教材中,法律规范与法律规则是互相通用的两个概念。如沈宗灵主编的《法理学》(北京大学出版社 1999 年版)第 36 页:"在现代汉语中,规则与规范基本上是同义的。"

③ 冯·赖特将规范分为三种主要类型和三种次要类型:前者包括法则(rule)如游戏规则、语法规则、逻辑规则等,规定(prescription)如国家的法律,指示(directive)如技术规范等;后者包括习惯(custom)、道德原则(moral principle)和理想规则(ideal rule)等。See G. H. von Wright, *Norm and Action*, Routledge and Kegan Paul Press, 1963, p. 15.

④ Robert Alexy, *A Theory of Constitutional Rights*, trans. by Julian Rivers, Oxford University Press, 2002, pp. 21—22.

允许和禁止的一种规范。法律规范可以分为法律规则和法律原则,两者都是针对特定情况下有关法律责任的特定的决定。[1] 这就是说法律规范是法律规则的上位概念,法律规则只是法律规范的类型之一。[2] 因此,我们不能说法律规范就是法律规则,而只能说法律规则是一种法律规范。但是,我们不能否认下列事实:法律规范主要是由法律规则构成的;换句话说,法律对人们行为的调整主要是通过法律规则来实现的。这是由法律规则和法律原则的各自的性质及法律的作用、功能和价值所规定的。正如哈特所说:"法律的生命在很大的程度上,仍然在于借由意义确定的规则,作为官员与私人领域之个人的指引。即使任何规则(无论是成文的或是由判决先例来传达的)在具体个案的适用上都可能发生不确定性,这个社会生活的显著事实仍旧是真实的。"[3]

据此,我们作出如下定义:法律规则是指以一定的逻辑结构形式具体规定人们的法律权利、法律义务及其相应的法律后果的一种法律规范。

二、法律规则的逻辑结构

法律规则的逻辑结构是指,法律规则在逻辑意义上是由哪些要素组成的以及它们之间的相互关系。不同的法学家对法律规则的逻辑结构有不同的观点,主要有"三要素说"和"两要素说"。"三要素说"认为法律规则在逻辑意义上是由假定、处理和制裁等要素组成的。这种观点的特殊之处在于将"制裁"视为唯一的法律后果,其实质在于将法律视为仅仅是规定义务的,法律规则只有一种类型即义务性规则,从而扭曲了法律规则的多样性及其所具有的不同的社会功能。[4] "两要素说"认为法律规则在逻辑意义上是由行为模式和法

---

[1] Ronald Dworkin, *Taking Rights Seriously*, Harvard University Press, 1977, p.24.
[2] Robert Alexy, *A Theory of Constitutional Rights*, trans. by Julian Rivers, Oxford University Press, 2002, p.45.
[3] 〔英〕哈特:《法律的概念》,许家馨、李冠宜等译,台湾商周出版社2000年版,第178页。
[4] 同上书,第53页。

律后果等要素组成的。一方面,这种观点与"三要素说"的区别在于它主张不仅有否定性的法律后果(制裁)而且有肯定性的法律后果(如奖励),这样它就克服了"三要素说"的不足之处。另一方面,这种观点认为"假定"不能成为一个独立要素,而是包含在行为模式这一要素之中。这样,这种观点就背离了下列命题:在逻辑意义上,任何具有一定法律后果的行为模式都是在一定的条件下的行为模式,也就是说在一定条件下的行为模式才具有这样的法律后果,离开了特定条件,某一行为模式就不一定有这样的法律后果。

上述两种观点各有其不足之处,我们综合这两种观点,主张"新三要素说",即任何法律规则在逻辑意义上是由假定、行为模式和法律后果等三个要素组成的。

(一) 假定

假定又称假定条件,是指法律规则中有关适用该规则的条件和情况的部分。它所要解决的是法律规则在什么时间、空间、对什么人适用以及在什么情景下法律规则对人的行为有约束力的问题。假定条件的内容大致上可以分为两类:(1) 法律规则的适用条件,其内容主要包括法律规则在什么时间生效,在什么地域生效以及对什么人生效等。(2) 行为主体的行为条件,其内容主要包括:① 行为主体的资格构成,如我国《刑法》第382条所规定的贪污罪的主体是国家工作人员。那么,何谓国家工作人员?我国《刑法》第93条作出了明确的规定,假如一个主体不属于该条所规定的主体,那么该主体的行为就根本不可能构成贪污。② 行为的情景条件,如上述所举的贪污罪的例子中我国《刑法》第382条所规定的"利用职务上的便利",也就是说如果国家工作人员不是利用职务上的便利而侵吞、窃取、骗取或者以其他手段非法占有公共财物的行为就不属于贪污,从而就不能适用我国《刑法》第383条对贪污罪的处罚的规定。

必须指出,在立法实践中,立法者通过法律条文表述法律规则的内容时,有可能省略假定这一要素。这是因为法律的文字表达力求简明扼要。但是省略并不意味假定不存在,我们往往可以根据法律规则的内在逻辑,从法律条文上下文的规定的关联之中推导出来。例如我国《婚姻法》规定,夫妻双方有相互继承遗产的权利。这一规定的假定条件没有表达出来。但是,为了正确地适用该规定,我们就必须清楚它的假定条件。其假定条件是:夫妻双方的任何一方死亡,并留有合法的个人财产。我们是从有关遗产继承的规定中推导出来的。因为我国《继承法》规定:继承从被继承人死亡时开始,遗产是公民死亡时遗留的个人合法财产。

（二）行为模式

行为模式是指法律规则中规定人们如何具体行为或活动之方式或范型的部分,是法律规则中的核心部分。它是从人们大量的实际行为中概括出来的法律行为标准。虽然法律规则中的行为模式纷繁复杂,但是根据行为要求的内容和性质不同,法律规则中的行为模式分为三种:(1) 可为模式,指在假定条件下,人们"可以这样行为"的模式;(2) 应为模式,指在假定条件下,人们"应当或必须这样行为"的模式;(3) 勿为模式,指在假定条件下,人们"禁止或不准这样行为"的模式。从另一个角度看,"可为模式"亦可称为"权利行为模式",而"应为模式"和"勿为模式"又可称为"义务行为模式"。

由于行为模式是法律规则中的核心要素,在立法实践中,立法者在表述法律规则的内容时,行为模式是不可省略的。在法律规则的陈述中,人们常常使用以下的语词作为表达式:"可以……""有权……""享有……权利""应该……""应当……""必须……""有……义务""禁止……""不得……""不准……"等。

（三）法律后果

法律后果是指法律规则中规定人们在假定条件下作出符合或者不符合行为模式要求的行为时应承担相应的结果的部分,是法律规则对人们具有法律意义的行为的态度。根据法律规则对假定条件下的行为模式的态度的不同,法律后果又可分为两种:(1) 肯定性的法律后果,又称合法后果,是法律规则中规定人们按照行为模式的要求行为而在法律上予以肯定的后果,它表现为法律规则对人们行为的保护、许可或奖励,是法律发挥其对人的行为的激励功能的手段。(2) 否定式的法律后果,又称违法后果,是法律规则中规定人们不按照行为模式的要求行为而在法律上予以否定的后果,它表现为法律规则对人们行为的制裁、不予保护、撤销、停止,或要求恢复、补偿等,是法律发挥其对人的行为的惩罚功能的手段。

法律后果是任何法律规则都不可缺少的要素。如果法律规则中缺少了法律后果,法律就不能发挥其激励功能和惩罚功能,从而就失去了法律的严肃性和权威性。但是,在立法实践中,立法者在使用法律条文表述法律规则的内容时可以不明确表述肯定性的法律后果,这不仅是因为人们(包括法官)能够根据行为模式推知该法律后果,还因为这体现了"法不禁止即自由"的原则。然而,否定性的法律后果在立法表述中是不可省略的,这是"法不规定不处罚"的原则的要求。

三、法律规则与法律条文的关系

法律规则属于法律规范,法律条文属于规范性陈述或语句。前者属于意义的范畴,后者属于表达的范畴。法律规则是部门法的基本组成单位之一,而法律条文属于规范性法律文件的基本组成单位。正如前述,法律规则在逻辑意义上是由假定、行为模式和法律后果等要素组成,三者缺一不可,缺少其中任何一个要素,法律规则都不可能存在。在规范性法律文件中,一个法律条文往往只表达了法律规则的一个或两个要素,或者说一个法律规则往往是由数个法律条文来表达的。这是"因为各种句子由于'语法技术'的原因,多数是不独立的。它们只是通过相互的结合而产生的一个完整的意义"。[①] 但是我们不否认存在着"在某个规范性法律文件中某个法律条文将某个法律规范的三个要素全部表达出来的"可能性,这样,法律规则与法律条文在表面上就完全重合了;即使在这种情况下,我们也不能将法律规则与法律条文完全等同,因为法律规则不是指法律条文(语句)自身,而是指该法律条文(语句)所表达的意义,也就是说我们必须要将语句与语句所表达的意义区分开来。这种区分对我们正确理解法律适用及法律解释的原理是至关重要的,如当我们说法律人适用法律解决案件时,他们适用的就不是法律条文自身而是法律

[①] 〔德〕卡尔·恩吉施:《法律思维导论》,郑永流译,法律出版社2004年版,第20页。

条文所表达的意义,甚至说他们不仅仅在适用该条文所表达的意义而是在适用整个规范性法律文件所表达的意义。① 总之,法律人在适用法律解决具体案件的过程中,"应当实现的一个非常复杂的使命:从制定法中获得的法律大前提,存在于,把由于技术的'原因',在制定法中分开放置的,但不应该说成是分裂的一个完整的法律应然思维的构成部分,组合成一个整体……"。②

由上述内容可以看出:我们应该将法律规则和法律条文区别开来。法律规则是法律条文所表达的意义或内容,法律条文是法律规则的表达形式或载体。如果我们从法的内容和形式这对范畴去看,法律规则与法律条文之间就是一种内容和形式的关系。因此,内容与形式之间的关系原理即同一个内容可以由不同的形式来表达,同一个形式可以表达不同的内容,也适用于法律规则与法律条文之间的关系。具体来说,法律规则与法律条文的关系有以下几类:

(1) 一个法律规则是由同一个规范性法律文件中的数个法律条文来表达的。例如我国《刑法》第382、383条共同表达了"贪污罪"这一规则的内容,即假定条件、行为模式和法律后果。

(2) 一个法律规则是由不同规范性法律文件中的不同法律条文来表达的。例如我国《宪法》第10条,《土地管理法》第2、73条,《刑法》第228条等均规定了"禁止买卖、非法转让土地"的行为规则。

(3) 同一个法律条文表达了不同法律规则的要素。例如我国《药品管理法》第73条对"禁止生产假药"的行为规则和"禁止销售假药"的行为规则规定了法律后果。

(4) 一个法律条文仅表达了某个法律规则的某个要素或若干个要素:第一,法律条文仅规定了假定条件,或行为模式,或法律后果;第二,法律条文既规定了假定条件,又规定了行为模式;第三,法律条

---

① 德国法学家施塔姆勒曾经说:"一旦有人适用一部法典的一个条文,他就是在适用整个法典。"卡尔·恩吉施认为这句话"表达了法律秩序统一的原则,这个原则在我们的语境中影响到了应after从整部制定法,另外,的确也应该借助其他制定法来建构大前提。在此,这样的大前提为,在一个法律秩序中,法律条文具有相同的、和谐的、关联着的思想整体"。见〔德〕卡尔·恩吉施:《法律思维导论》,郑永流译,法律出版社2004年版,第73—74页。

② 同上书,第71页。

文既规定了行为模式,又规定了法律后果;第四,法律条文不仅规定了肯定性法律后果,还规定了否定性法律后果。

四、法律规则的分类

我们可以根据一定的标准,对法律规则进行不同的分类,以便更深入地理解法律规则及其功能。

(一)授权性规则和义务性规则

按照法律规则所设定的行为模式或内容的规定的不同,可以将法律规则分为授权性规则、义务性规则。

所谓授权性规则,是指规定人们可为或可不为一定行为以及要求其他主体为一定行为或不得为一定行为的规则,即规定人们的"可为模式"的规则;是法律赋予人们一定的权利,使其享有一定的行为自由。这种规则主要是"被用来控制、引导和计划我们的生活"[1]。授权性规则又可分为权利性规则和职权性规则。权利性规则是指授予一般主体即公民和法人的权利的规则,如合同法和继承法中有关规定权利的规则。职权性规则是指授予国家机关及其工作人员公共权力的规则,如我国《立法法》中有关分配立法权的规则。职权性规则不仅具有授权性规则的特征,也具有义务性规则的特征。因为国家机关及其工作人员所拥有的权力不仅仅是他们的一种权利,而且这种权利也是他们必须行使而不能放弃的。在规范性法律文件中,授权性规则常常以下列用语为其标志:"有权……""享有……权利""享有……自由""可以……"等。

所谓义务性规则是指规定人们必须为一定行为或不为一定行为的规则,主要为人们设定法律义务。这种规则为人们的行为或活动设定了必要的尺度,人们必须履行该种规则所设定的义务而不能放弃和拒绝。义务性规则也分为两种类型:(1)命令性规则,是指规定人们必须或应该作出某种行为的规则,即规定积极义务的规则。例如,我国《行政处罚法》规定:执法人员当场作出行政处罚决定的,应

---

[1] 〔英〕哈特:《法律的概念》,许家馨、李冠宜等译,台湾商周出版社2000年版,第55页。

当向当事人出示执法身份证件,填写预定格式、编有号码的行政处罚决定书。其在规范性法律文件中的标志用语是:"应当……""必须……""有……义务""须得……""要……"等。(2)禁止性规则是指规定人们不得或不准为一定行为的规则,即规定消极义务的规则。如我国《证券法》规定禁止证券交易内幕信息的知情人员利用内幕信息进行证券交易活动。其在规范性法律文件中的标志用语是:"禁止……""不准……""严禁……""不得……""不要……""不应当……"等。

(二) 强行性规则和任意性规则

按照是否允许人们根据自己的意志来适用法律规则,可以将法律规则分为强行性规则和任意性规则。

所谓强行性规则是指人们必须按照法律规则规定的内容来行为,不允许人们按照自己的意志不适用或改变法律规则的内容而行为,即不管人们的意愿如何必须加以适用的法律规则。这意味着人们必须无条件、绝对地遵守这种法律规则,不允许人们自行协议设定权利和义务。例如我国《合同法》第41条规定:对格式条款有两种以上解释的,应当作出不利于提供格式条款一方的解释。一般来说,公法和刑法中的大部分法律规则都属于强行性规则;但是私法中也有强行性规则,如上述的例子。

所谓任意性法律规则是指允许人们在一定的限度内按照自己的意志来选择是否适用法律规则所规定的内容,或者说允许人们在一定的限度内按照自己的意志来确定为与不为的方式以及法律关系中的权利义务的内容,即适用与否由人们按照自己的意志自行确定的规则。例如我国《合同法》关于标的物的所有权转移的时间的规定。一般来说,私法中的大部分法律规则属于任意性规则;但是公法和刑法中也有任意性规则,如刑法中的"告诉才处理"的法律规则。

(三) 确定性规则、委任性规则和准用性规则。

依照法律规则的内容是否已明确肯定,无须再援引或参照其他法律规则的内容来确定该规则的内容,可以将其分为确定性规则、委任性规则和准用性规则。

所谓确定性规则是指法律规则的内容已明确肯定,无须再援引或参照其他法律规则的内容来确定该规则的内容。绝大多数的法律规则属于确定性规则。

所谓委任性规则是指没有明确规定行为规则的内容,只是规定了某种概括性的指示,授权或委托某一机关或某一机构加以具体规定的法律规则。例如我国《执业医师法》第45条规定:"在乡村医疗卫生机构中向村民提供预防、保健和一般医疗服务的乡村医生,符合本法规定的,可以依法取得执业医师资格或者执业助理医师资格;不具备本法规定的执业医师资格或者执业助理医师资格的乡村医生,由国务院另行制定管理办法。"

所谓准用性规则是指没有规定人们具体的行为模式,而是规定可以参照或援引其他的法律规则的规定来加以明确的法律规则。例如我国《合同法》第175条规定:"当事人约定易货交易,转移标的物的所有权的,参照买卖合同的有关规定。"

第二节 法 律 原 则

一、法律原则的含义

在古代汉语中,没有"原则"一词,它可能是在中国近代才出现的。[①] 在现代汉语中,"原则"是一个合成词,是由"原"和"则"合成的。"原"的意思是水源、根本、最初的、开始的,具有起始和归宿之义。"则"的意思是法则、模范、规则。因此,"原则"的意思是规则的来源、本源或者根本的规则。在英语中,"原则"即"principle"一词来自于拉丁语 Principium,其基本意思是指开始、起源和基础,现在一般解释为:被用来作为推理或行动的基础的一个一般的真理或信念,或者作为某种技术、科学等基础之一般规则。由此可见,在东西方的语言中,原则都具有作为规则的起源或基础的一般规则或根本规则之义。这里,我们尝试着将法律原则定义为:法律原则是为法律规则提供某种基础或本源的综合性的、指导性的原理或价值准则的一种法

---

① 徐国栋:《民法基本原则解释》,中国政法大学出版社1992年版,第7页。

律规范。它是具有高度的一般化层别的规范。① 既然法律原则位于高度一般化的层别,它的确定性与可预测性的程度就相对的低。因而,它不能直接用来对某个裁判进行证立,还需要进一步的规范性前提。②

法律原则作为一种法律规范,与法律规则一样,也是关于"什么应该是这样",也是用命令、许可和禁止等这样的基本的道义表达式来表达的,也可作为关于什么应该发生的具体判决的理由。③ 法律原则作为一种规范的独特性质是它要求其所规定的内容在相关的法律和事实的可能范围内得到最大程度的实现,因此,它是最佳化的命令(optimizing commands)。这就是说法律原则可以在不同的程度上被满足,它的实现程度不仅依赖于案件的事实,而且依赖于相关的法律规则,在本质上更依赖于与其相竞争的法律原则。这就意味着必须在法律原则的实现过程中进行平衡,即在该法律原则与和它相竞争的法律原则之间进行平衡。④ 一言以蔽之,法律原则具有分量或重要性面向(the dimension of weight or importance)。⑤

法律原则是立法者将其选择确定的基本价值规范化或法律化,体现了法律的主旨和精神品格,反映了一个社会的根本价值和社会发展趋势。而且法律原则和价值在适用上具有相似之处,即都需要平衡。但是,我们不能将法律原则与价值相等同。这是因为法律原则具有道义论的性质,它所关涉的是"应该是什么的问题";而价值具有价值论的性质,它所关涉的是"最好的是什么的问题"。⑥

虽然原则一词具有原理之义;但是,在用语上,法律原则与法律原理(doctrines of law)是有一定区别的:前者是法律规范之一,属于

---

① 〔德〕阿列克西:《法律论证理论》,舒国滢译,中国法制出版社2002年版,第301页。
② 同上书,第301、321页。
③ Robert Alexy, *A Theory of Constitutional Rights*, trans. by Julian Rivers, Oxford University Press, 2002, p.45.
④ Robert Alexy, *The Argument from Injustice*, trans. by Bonnie Litschewski Paulson and Stanley L. Paulson, Clarendon Press, 2002, p.70.
⑤ Ronald Dworkin, *Taking Rights Seriously*, Harvard University Press, 1977, p.26.
⑥ Robert Alexy, *A Theory of Constitutional Rights*, trans. by Julian Rivers, Oxford University Press, 2002, p.92.

正式的法的渊源;后者是对法律上的事理所作的具有说服力的、权威性的阐述,是法律的公理或法律的教义、信条,属于非正式的法的渊源,它只有在被实在法接受为法律规范内容的法律原理时才属于法律原则。另外,法律原则中所包含的政策性原则的内容,未必就全属于或符合法律原理。①

二、法律原则的分类

(一)公理性原则和政策性原则

按照法律原则产生的基础不同,可以将法律原则分为公理性原则和政策性原则。

所谓公理性原则是指由法律上的事理推导出来的法律原则即由法律原理所构成的原则,是严格意义上的法律原则。例如法律平等原则、诚实信用原则、一物一权原则、禁止近亲结婚原则、罪刑法定原则、无罪推定原则等。这类原则一般是关于正义或公平或其他一些道德面向的规定,或者说是关于个人权利的规定。②

所谓政策性原则是指特定的国家或政府为了实现一定时期内的任务或目标,基于政策考量而制定的一些原则。例如我国《宪法》中规定的"四项基本原则"、《婚姻法》中规定的"计划生育原则"、我国《民法总则》中规定的"民事主体民事活动,应当保护环境、节约资源、促进人与自然和谐发展"等。这类原则一般是关于共同体的一些经济、政治和社会的状况的改善,即集体的目标或利益问题。③ 政策性原则由于是根据特定国家一定时期内的政治、经济和社会的具体状况而制定的具有针对性的原则,所以它具有针对性、民族性和时间性。

(二)基本原则和具体原则

按照法律原则对社会关系的覆盖面的宽窄和适用范围的大小,

---

① 参见舒国滢:《法律原则适用的困境——方法论视角的四个追问》,载《苏州大学学报》2005年第1期。

② Ronald Dworkin, *Taking Rights Seriously*, Harvard University Press, 1977, p. 22, p. 90.

③ Ibid.

可以将其分为基本原则和具体原则。

所谓基本原则是指调整的社会关系领域比较宽广,体现了法律的基本精神和根本价值的原则。它是整个法律体系或某个部门法所适用的原则。例如,法律平等原则、人权原则、法治原则以及宪法原则。

所谓具体原则是指只调整某一具体社会关系的法律原则。例如,民法中的诚实信用原则适用于物权、债权、人身权等所有民事活动领域;而一物一权原则只适用于物权领域,而且在物权民事活动领域必须遵循诚实信用的原则。另外,基本原则和具体原则的划分是相对的,例如诚实信用原则相对于一物一权原则是基本原则,而相对于法律平等原则、人权原则、法治原则等是具体原则。

(三) 实体性原则和程序性原则

按照法律原则所涉及的内容与问题不同,可以将其分为实体性原则和程序性原则。

所谓实体性原则是指直接涉及规定和确认实体性方面的权利、义务或职权、职责的原则。例如,民法、刑法和行政法中所规定的法律原则大多属于此类。

所谓程序性原则是指涉及规定和确认保证实体性方面的权利、义务或职权、职责得以实现的程序性方面的权利、义务的原则。例如,诉讼法中的当事人法律地位平等原则、回避原则、辩护原则、立法程序中保障多数人和少数人有均等发言机会的原则等。

三、法律原则与法律规则的区别

自从美国法学家德沃金在 1967 年明确提出法律原则是一种不同于法律规则的法律规范之后,世界范围内的大多数法学家都接受了"法律规则与法律原则是两种类型的法律规范"的命题。但是,这两种法律规范到底有哪些方面的区别还没有最后的定论。我们认为法律规则与法律原则有以下几个方面的不同:

(一) 在性质上的不同

法律规则设定了明确的、具体的假定条件、行为模式和法律后果,也就是说法律规则在事实和法律的可能范围之中具有固定的意义。这就意味着如果一个有效的法律规则被适用,那么它就要求它所规定的内容得到确切的实现——不多也不少。① 在这个意义上,法律规则被阿列克西称为"确定性的命令"②。这就与法律原则不同。正如前述,法律原则是最佳化的命令。它要求它所规定的某种东西在特定的法律和事实的可能范围之内得到最大限度的实现。这就是说法律原则可以在不同的程度上被满足,这种被满足的适宜程度不仅依赖于事实上的可能性而且依赖于法律上的可能性。这是因为法律原则没有设定明确的、具体的假定条件和固定的法律后果,只是规定了一些比较笼统的、模糊的、概括性的要求,从而未能直接地告诉人们应当如何去满足或实现这些要求或标准。综上所述,法律规则和法律原则之间的区别不是程度上的不同而是质上的不同,每个法律规范要么是一个法律规则要么是一个法律原则。③

(二) 在适用范围上的不同

法律原则的适用范围比法律规则要宽广。法律规则由于内容比较具体明确,不仅规定了行为模式,而且规定了该行为模式适用的范围和条件,它只调整或适用某一类型的行为。法律原则是对从社会生活或社会关系中概括出来的某一类行为、某一部门法甚或整个法律体系均通用的价值准则,具有宏观的指导性,对人的行为及其条件有更大的覆盖面和抽象性,其适用范围比法律规则宽广。例如,我国《民法通则》第 92 条规定:"没有合法根据,取得不当利益,造成他人损失的,应当将取得的不当利益返还受损失的人。"这一条文所规定的规则只适用于不当得利的这类民事行为。而民法中的"诚实信用"原则适用于所有民事行为。

---

① Robert Alexy, *A Theory of Constitutional Rights*, trans. Julian Rivers, Oxford University Press, 2002, p.48.

② Robert Alexy, *The Argument from Injustice*, trans. Bonnie Litschewski Paulson and Stanley L. Paulson, Clarendon Press, 2002, p.70.

③ Robert Alexy, *A Theory of Constitutional Rights*, trans. Julian Rivers, Oxford University Press, 2002, p.48.

(三) 在初始性特征(the prima facie character)①上的不同

这就是说法律规则和法律原则有不同的初始性特征。初始性特征是相对于确定性或定义性特征(the definitive character)来说的。如果一个有效的法律规则所规定的假定条件和行为模式被某案件满足,那么该规则的法律后果就确定地适用于该案件,该案件的法律裁决就具有最后的决定性。这个法律规则就具有确定性的特征。初始性特征一般是指开始具有可行性,但可因其他理由,这种可行性可被推翻。法律原则只具有初始性特征,因为法律原则可以在不同程度上被满足,而且满足的程度依赖于事实上的可能性和法律上的可能性。一般来说法律规则具有确定性特征,但是在一个法律规则存在例外的情况下,法律规则就不具有确定性特征而具有初始性特征。这样法律规则和法律原则都具有初始性特征,但是它们的初始性特征是不同的。在一个法律规则存在例外的情况下,我们要么认为该规则有效,例外不成立;要么不适用此规则,支持例外,因为有原则支持例外的成立。在后一种情况下,我们就不仅要在支持该法律规则的原则与支持例外的原则之间进行衡量,而且要在支持例外的原则与支持该法律规则有效的形式原则(如由正当权威在其权力范围内制定的规则必须被遵守的原则)之间进行衡量。② 而法律原则的初始性特征就只需要在一个法律原则与和其相竞争的法律原则之间进行衡量。

(四) 规则的冲突与原则的竞争的解决方式不同

如果一个案件同时有两个法律规则可适用,而且它们的法律后果是相互矛盾的,那么该如何解决？第一种解决方式是上述的"规则—例外"的解决办法。如果不能通过"规则—例外"的办法解决两者的矛盾,那么这两个法律规则就不能同时适用,就必须判定其中一个法律规则是无效的。这就是德沃金所说的"全有全无的方式"③。

---

① "the prima facie character"在汉语中有不同的译法,有人译为"初步性",有人译为"初显性"。

② Robert Alexy, *A Theory of Constitutional Rights*, trans. by Julian Rivers, Oxford University Press, 2002, p.58.

③ Ronald Dworkin, *Taking Rights Seriously*, Harvard University Press, 1977, p.24.

判定法律规则是否有效的标准一般是一些形式化的规则如"后法优于前法""特别法优于一般法"等。① 而原则之间的竞争,正如前述法律原则法律实现的最大可能性就在于该原则是否受与之相对立的原则在具体案件上加以的限制,这种限制并未将不在具体案件中被适用的原则排除在法体系之外,而只是该原则在该案件中不具有优先性。因此,原则之间在具体案件中不是如法律规则那样是冲突的、矛盾的,而只是一种竞争关系、优先性的关系。原则之间的竞争关系的解决方式是通过在原则之间进行衡量,比较哪一个原则在特定的情形下更具有分量(weight)或具有优先性。总之,规则的冲突是在有效性的层面上被解决,而原则之间的竞争是在分量的维度下被解决。②

四、法律原则的功能

法律原则不仅可以作为规则的理由,也可作为具体判决的理由;而且其作为一种规范可间接地作为人们行动的理由。③ 鉴于此,我们认为法律原则具有如下的功能:

(一) 指导功能

法律原则的指导功能,是指法律原则可以作为法律解释和推理的依据,为法律规则的正确适用提供指导。法律适用的过程在某种程度上是在进行法律解释和法律推理的过程。对法律进行解释和推理时,法律适用者必须在整个法律框架下进行,所解释和推理的结果不能与整个法律的基本原理和根本价值相矛盾。法律原则作为法律的基本精神和价值的承担者以及法的内在体系的基本架构者,对法律解释和推理起着指导作用。另外,在针对一个特定案件进行法律解释和推理的过程中,法律适用者的"创造性"发挥着一定的作用;那么,怎样将法律适用者的这种"创造性"限定在一定的范围之内以及限定的标准是什么?法律原则也可发挥指导作用。

---

① Robert Alexy, *A Theory of Constitutional Rights*, trans. by Julian Rivers, Oxford University Press, 2002, p.49.
② Ibid., p.50.
③ Ibid., p.60.

(二) 评价功能

法律原则的评价功能,是指法律原则可以作为对法律规则甚至整个实在法的效力进行实质评判的标准,可以作为说明实在法及其规则是否正确、是否公正、是否有效的理由,揭示法律规则缺乏正当的根据,论证法律规则的例外情形,等等。在法律实践中,可能遇到这样的情形:法律规则具有一般性和刚性,而具体个案又很特殊,如果直接将该法律规则适用于该案件,就可能会产生极其不公正的结果,以至于无法使人们接受该结果。这时,适用作为法律精神和体现社会公认价值的法律原则,否定该法律规则,从而可以保证个案正义的实现,并使法律和社会发展保持和谐。另外,在极端的情形下,法律原则甚至可以否定整个实在法的效力。例如,第二次世界大战结束后,在对纳粹战犯的审判中,有的战犯为自己辩护时认为,自己当时的行为是按照纳粹帝国的法律进行的,因而是合法行为。但国际战犯法庭认为,纳粹帝国的一些法律(比如屠杀犹太人的法律和鼓励告密的法律)违背了基本的法律原则,因此这些法律不具有效力,执行这些法律的行为是违法行为。即使第二次世界大战后德国的宪法法院也是这样认为的,如在一个判决书中宪法法院认为,如果纳粹政权的法律与正义的基本原则相冲突,法官将认为这些法律具"无法性"(lawlessness),就不是法律。①

(三) 裁判功能

法律原则的裁判功能,是指法律原则直接作为个案裁判的依据或理由。由于立法者理性的有限性以及现代社会的社会关系纷繁复杂和变化速率的加快,法律实践中总会产生一些法律规则没有规定的新型案件或疑难案件。但是,现代民主和法治国家一般都要求:法官不能以没有明确法律规则可适用为由而拒绝审判案件。这种情形下,法官可以直接用法律原则作为个案裁判的依据。法律原则在这种情形下,可以起到弥补法律漏洞的作用。只不过法律原则自身从来不是个案裁判的明确依据(definitive reason),也就是说法律原则

---

① Robert Alexy, *The Argument from Injustice*, trans. by Bonnie Litschewski Paulson and Stanley L. Paulson, Clarendon Press, 2002, p.6.

作为个案裁判的依据需要具体化。[1]

五、法律原则的适用条件和方式

(一) 法律原则的适用条件

现代法理学一般都认为法律原则可以克服法律规则的僵硬性缺陷,弥补法律漏洞,保证个案正义,在一定程度上缓解了规范与事实之间的缝隙,从而能够使法律更好地与社会相协调一致。但由于法律原则内涵高度抽象,外延宽泛,不像法律规则那样对假定条件和行为模式有具体明确的规定,所以当法律原则直接作为裁判案件的标准发挥作用时,会赋予法官较大的自由裁量权,从而不能完全保证法律的确定性和可预测性。为了将法律原则的不确定性减小在一定程度之内,需要对法律原则的适用设定严格的条件:

(1) 穷尽法律规则,方得适用法律原则。

这个条件要求,在有具体的法律规则可供适用时,不得直接适用法律原则。即使出现了法律规则的例外情况,如果没有非常强的理由,法官也不能以一定的原则否定既存的法律规则。只有出现无法律规则可以适用的情形,法律原则才可以作为弥补"规则漏洞"的手段发挥作用。这是因为法律规则是法律中最具有硬度的部分,最大程度地实现法律的确定性和可预测性,有助于保持法律的安定性和权威性,避免司法者滥用自由裁量权,保证法治的最起码的要求得到实现。

(2) 除非为了实现个案正义,否则不得舍弃法律规则而直接适用法律原则。

这个条件要求,如果某个法律规则适用于某个具体案件,没有产生极端的人们不可容忍的不正义的裁判结果,法官就不得轻易舍弃法律规则而直接适用法律原则。这是因为任何特定国家的法律人首先理当崇尚的是法律的确定性。[2] 在法的安定性和合目的性之间,

---

[1] Robert Alexy, *A Theory of Constitutional Rights*, trans. by Julian Rivers, Oxford University Press, 2002, p. 60.
[2] 〔意〕登特列夫:《自然法——法律哲学导论》,李日章译,台湾联经出版公司1984年版,第119页。

法律首先要保证的是法的安定性。

(二) 法律原则的适用方式

如果说法律原则的适用条件是从外在方面保证法律的确定性,那么,法律原则的适用方式是从内在方面保证法的确定性。从整体上来说,法律规则的适用方式是涵摄(subsumption),法律原则的适用方式是衡量(balancing)。[1] 这就意味着如果法律人适用法律原则裁判一个具体案件,那么对该案件来说,就不只有一个原则可适用,往往是至少有两个法律原则都可适用于该案件,法律人的工作就是在这些相竞争的原则之间进行衡量。这是上述法律原则的特性的必然结果。

具体来说,法律人首先要确定有哪些法律原则可以适用于一个具体案件。其次要确定原则与原则之间的优先关系,譬如有两个法律原则 p1 和 p2,那么就有两种优先关系:p1 优先 p2(记为:p1 P p2),p2 优先 p1(记为:p2 P p1)。再次要确定原则之间的优先关系的条件,我们用 C 指称优先关系的条件,这样我们就得到:(p1 P p2)C 和(p2 P p1)C′。又次要确定具体案件符合哪一种优先性的条件。最后将优先性条件得到满足的法律后果适用于该案件。[2] 当然,在整个过程中,法律人必须进行充分的说理和论证。法律的最终权威是建立在充分说理和论证的基础之上,而且充分的说理和论证也是当事人、律师和其他法律职业人检讨法官裁判思路的过程。只有借助于这个说理和论证的过程,才能检验法官在运用法律原则所进行的价值判断是否合理。

本 章 要 点

1. 法律规范是国家制定或认可的关于人们的行为或活动的命令、允许和禁止的一种规范,它分为法律规则和法律原则。

---

[1] Robert Alexy, *The Argument from Injustice*, trans. by Bonnie Litschewski Paulson and Stanley L. Paulson, Clarendon Press, 2002, p.70.

[2] Robert Alexy, *A Theory of Constitutional Rights*, trans. by Julian Rivers, Oxford University Press, 2002, pp.52—54.

2. 任何法律规则在逻辑意义上是由假定、行为模式和法律后果等三个要素组成的。

3. 应该将法律规则和法律条文区别开来。法律规则是法律条文所表达的意义或内容,法律条文是法律规则的表达形式或载体。

4. 法律原则作为一种规范的独特性质是它要求其所规定的内容在相关的法律和事实的可能范围内得到最大程度的实现,因此,它是最佳化的命令。

5. 法律规则与法律原则在性质上、适用范围上、初始性特征上以及冲突或竞争的解决方式上有所不同。

6. 法律原则具有指导功能、评价功能和裁判功能。

7. 为了将法律原则的不确定性限缩在一定程度之内,需要对法律原则的适用设定严格的条件。

第六章 法律体系

第一节 法律体系与法律部门的概念

一、法律体系的概念

(一) 法律体系的含义和特征

所谓法律体系,又称部门法体系,是指由根据一定的标准或原则将一国制定和认可的现行全部法律规范划分成若干的法律部门所形成的有机联系的整体。

法律体系通常具有以下特征:

(1) 法律体系是由一国的法律规范所构成的体系,即它只包括一个国家调整本国社会关系和社会秩序的法律规范状况,而不包括与本国无关的适用于其他国家或地区的法律规范。

(2) 法律体系是一国全部现行有效法律规范所构成的体系,即法律体系只反映一个国家目前正在生效施行的法律规范状况,而不反映本国目前没有生效施行和已经废止的法律规范状况。

(3) 法律体系是由一定组织结构(法律部门)所构成的体系,即法律体系不是法律规范的简单相加所形成的整体,而是根据一定标准或原则对一国全部法律规范进行分类,继而由这些划分的类别或结构(法律部门)所形成的有机整体。

(4) 法律体系是一个有机联系的整体,即一国法律体系的各个组成部分之间既相对独立又协调统一,法律体系的这种统一性不仅要求法律部门之间协调一致,而且也要求法律规范之间不发生根本性的冲突。一国法律体系的统一程度对本国法律秩序的形成和稳定发展具有决定作用,尽管统一协调的法律体系不一定必然导致和谐的法律秩序,但如果法律体系处于不统一的紊乱状态则必然导致不和谐的社会状态。当然,在一定区域内,法律体系的协调统一是相对的,即使法律体系在形式上完备也难免出现法律规则的冲突缺陷,在此种情况下,法律体系的统一性往往系于法律原则的协调一致。

(二)法律体系与相关概念的区别

1. 法律体系和法系

法律体系与法系是两个不同的概念,法系是人们对世界范围内的国家或地区的法律按照一定标准所进行的分类。两者主要有以下区别:(1)法律体系只反映一个国家的法律状况,而法系则反映若干国家或地区的法律状况。(2)法律体系只反映一个国家现行的法律状况,即正在生效施行的法律内容,因此不包括历史上曾经存在但目前已经废止以及还没有生效施行的法律状况,而法系则不仅反映若干国家或地区的现行法律状况,而且还反映这些国家或地区历史上曾经存在的法律状况。(3)法律体系内部结构的分类标准是按照法律的调整对象和调整方法不同划分的,而法系的分类标准则是根据若干国家或地区法律的历史传统和外部表现形式不同划分的,因此两者反映问题的侧重点也是不同的。

2. 法律体系和法学体系

法律体系和法学体系也不相同,法学体系是由法学分支学科构成的有机整体。法律体系与法学体系的主要区别是:(1)划分标准不同。法律体系是以法律的调整对象和调整方法作为主要标准对一国现行全部法律规范进行的分类。法学体系是以人们对各种法律知识所研究的对象和范围不同作为标准所进行的分类。(2)反映的内容不同。法律体系反映的内容只涉及一个国家现行的全部法律规范状况。法学体系则体现对古今中外各国的法律现象进行研究所形成的法律知识状态。(3)范畴属性不同。法律体系是指一个国家现行的法律规范体系,其中心问题是解决对法律规范形成的法律部门的划分问题,其内容属于制度范畴。法学体系是由法学分支学科构成的体系,其中心问题是解决由法律知识形成的法学分支学科的分类问题,其内容属于理论范畴。

(三)法律体系的形成和研究意义

1. 法律体系形成的特征

伴随着法的形成和发展历史,各国也形成了各具特色的法律体

系。尽管各国学者关于法律体系的理解和解释不同,但各国法律体系亦具有共同特征,主要表现为以下几个方面:

首先,法律体系的形成具有主观性。法律体系在其形成的过程中和法一样是不能排除主观因素的,这主要表现为法律体系的组成部分在一定程度上要受立法者的世界观、政治立场、阶级目的、伦理道德观念、法律传统和文化等意识的影响。同时,一国法律体系的形成也与法学研究者的研究成果有着相当密切的联系,它是一国法学研究者对该国现行法律规范进行科学分类的结果,在此过程中,法学研究者们的观点还会有一定差异或多元化,这更体现出法律体系在形成过程中具有一定的主观性。所以,法律体系的形成是法律工作者与法学研究者共同智慧的结晶。

其次,法律体系的形成具有客观性。虽然立法者在制定和认可法律规范时直接表现为人的主观意识活动,但并非随心所欲地编造和杂乱无章,而是最终要受一定社会物质生活条件的制约,受一个国家立法状况的制约。所以,法律体系的形成不是法学研究者们凭主观愿望随心所欲编造出来的,受一定客观条件的影响和制约。

最后,法律体系的形成具有动态性。法律体系是随着立法者的立法活动以及法学研究者的研究成果状况发展变化的,随着社会的发展,各种社会关系日益复杂,社会问题不断增多,需要法律调整的内容也越来越多,这些都将导致法律规范的调整范围和具体内容不断向更广、更深的方向发展,从而也使得法律体系的形成经历了从简单到复杂的发展过程。

2. 法律体系研究的现实意义

法律体系的研究对于法学理论的发展以及国家法律体系的建构与完善都具有重要的意义,主要体现在以下几个方面:

第一,在立法方面,法律体系的研究有助于我们认识到现行法律结构和内容存在的缺陷,为国家立法工作的各个环节,如立法预测、立法规划和其他具体的立法工作以及科学地建构和完善国家法律体系提供理论依据。

第二,在法律实施方面,法律体系的研究有助于行政执法和司法人员系统地了解国家法律全貌,从而对具体事件或案件的性质和法律应用作出准确地判断和处理,正确地实施法律。

第三,在法学研究和法学教育方面,研究法律体系对法学分支学科的分类和法学课程的设置等具有重要的参考作用。

二、法律部门的概念

(一) 法律部门的含义和特点

所谓法律部门,亦称部门法,是指根据一定的标准或原则对一国现行的全部法律规范进行划分所形成的同类法律规范的总称。通常具有相同的调整对象或者兼具相同的调整方法的法律规范构成一个法律部门,如调整平等主体之间的财产关系和人身关系的法律规范构成民法法律部门;采用刑罚制裁方式惩罚严重违法者的调整方法的法律规范划归刑法法律部门。法律体系就是由若干法律部门构成的有机联系的整体,按照这一观点,法律部门是组成法律体系的基本单位。构成法律体系的法律部门通常具有以下特点:

(1) 法律部门是同类法律规范构成的整体。法律部门是按照一定标准和原则对一国现行全部法律规范进行合理分类的结果,因此法律规范成为法律部门的基本组织结构。法律规范包括法律原则和法律规则,同一法律部门所涵盖的法律规范是以具有相同属性为基本归类标准的,这种相同属性又是按照法律部门的划分标准来确立的。

(2) 法律部门具有相对独立性。法律部门是按照一定标准对一个国家的全部现行法律规范进行分类所形成的具有相同属性的法律规范,每个法律部门都应当具有不同于其他法律部门的独特属性,这是划分法律部门的重要标准。如果法律部门之间在内容上基本一致,缺乏独有的个性,也就没有必要将这些法律规范划分为不同的法律部门。当然法律部门之间也不是绝对独立、没有关联的,就一国现行的全部法律规范而言,法律规范的内容尽管千差万别,但在政治意义上最终体现了共同的主权者的意志,在经济上依赖于相同的经济基础,立法者通常有着相似的文化背景,因而不同法律部门的内容也往往具有一些共同的属性,正是法律部门之间既存在共同的属性又具有一定的区别才使得法律部门之间既相对独立又密切关联。

(3)法律部门之间具有协调统一性。法律体系不仅要求法律部门之间既相对独立又协调统一,而且法律部门内部的法律规范之间从本质上也应当是协调统一的,法律部门之间的协调统一往往以法律原则之间的协调统一为基准,而法律部门内部的法律规范之间除了以法律原则为协调标准以外,往往还需要以法律部门内部规范的效力等级来协调矛盾和冲突,以实现法律部门内部的协调统一。效力原则要求每个法律部门内部的法律规范应遵循下位法服从上位法、特别法服从一般法、普通法服从根本法的内容或原则,从而使一国的法律体系达到协调统一的状态。

(4)法律部门类别具有相对稳定性。法律部门的类别是一国法律体系结构划分得是否科学、合理与完备的重要体现。通常,法律部门的门类一经形成,得到各界的普遍认同,这些门类在一定时期会保持稳定。如大陆法系的国家习惯将法律体系划分为公法和私法的两元结构从古罗马开始直至现代都没有太大改变。当然,这种稳定性也不是绝对的、一成不变的,随着社会关系的发展变化、划分标准的改变和法学理论的深入研究,法律部门也会相应地发生变化。

(5)法律部门具有开放性。法律部门是由按照一定标准或原则划分的同类法律规范构成的整体,作为一国的法律规范虽然在一定时期应当保持稳定,避免朝令夕改、变动频繁,但从社会发展和社会关系的不断变化角度来看,社会及社会关系发展的动态性决定了法律规范也应当不断适应社会关系的发展变化,及时运用立法手段和正当程序制定和变动法律规范。法律体系和每个法律部门的内容不可能处于永久的封闭状态,法律规范需要适应和调整社会关系发展变化的客观属性使得法律体系内部的每个法律部门具有对外部开放、与外部环境及时沟通协调的特征。

在理解法律部门的含义时需要注意的是法律部门与规范性法律文件和法律规范之间的区别和联系。这三个概念既相互联系又有区别,规范性法律文件是表现法的内容的形式或者载体。在以制定法为主要法源的国家,构成法律部门的基本单位——法律规范通常由规范性法律文件来体现。因此,在许多教科书或文章中,人们往往将法律部门的构成要素——法律规范与表现该内容的规范性文件混为一谈。法律规范可以由不同的形式或载体来表达,规范性法律文件(以及法律条文)只是表达法律规范的若干方式的一种。例如,在我国,民法法律部门是以《民法通则》《合同法》《物权法》《侵权责任法》《婚姻法》《商标法》《专利法》《著作权法》《继承法》等规范性法律文件为载体来表达的。

(二) 法律部门的划分标准

划分法律部门不是随心所欲的,而要依据一定的标准,遵循一定的原则。对法律部门的划分标准问题,法学界一直有不同见解,概括起来主要有三种观点:一是多重标准说。认为法律部门的划分既要考虑法律的调整对象,又要考虑法律的调整方法,还要兼顾与此相关的其他因素。二是主辅标准说。认为划分法律部门以法律的调整对象为主要标准,以法律调整方法为辅助标准。三是唯一标准说。认为法律部门的划分只以法律的调整对象为标准,不需要考虑其他因素。目前学界普遍采用主辅标准说。

所谓法律的调整对象是指法律所调整的社会关系,这是法律部门划分的首要条件。法律是以主体间的社会交往关系为其调整对象和调整使命的,法律就是社会交往关系的调整器。[①] 社会关系是多种多样的,每个法律规范所调整的内容都可以归位于不同类别和性质的社会关系领域。按照不同标准,人们通常将社会关系分为政治关系、经济关系、文化关系、宗教关系、家庭关系等。由于各种社会关系的内容、性质不同,国家调整社会关系的方式也不同。这些不同性质和内容的社会关系由法律规范来调整时就成为同类法律规范划分的基础,从而也成为法律部门形成的基础。例如,平等主体之间的财产关系和人身关系,我们通常称为民事社会关系,这种民事社会关系由法律来调整时就成为民事法律关系,调整民事法律关系的法律规范就成为民法部门形成的基础。

所谓法律的调整方法是指法律对社会关系进行调整或保护所采用的调整机理或具体方式。根据法律规范调整的社会关系的性质来

---

① 参见罗玉中等编:《法律、社会关系的调整器》,时事出版社1986年版,第132页。转引自谢晖、陈金钊:《法理学》,高等教育出版社2005年版,第59页。

划分法律部门这个标准虽然重要,但是如果只是依照此种标准来划分也不能够将相互交融的社会关系截然分开,因此法律的调整对象——社会关系虽然是法律部门划分的主要标准,但并不是唯一标准。构成调整对象的社会关系是多种多样的,如果仅仅以法律调整的社会关系来划分则无法解释一个法律部门为何可以调整不同种类的社会关系(如刑法部门、宪法部门),也无法解释同一社会关系何以由不同的法律部门来调整的法律现象(如经济关系在宪法、民法、经济法、社会法部门中都可能涉及)。因此,还需要寻找其他的标准来作为划分法律部门的依据,目前大多数学者认为,在用法律调整的对象作为首要标准进行划分的基础上,将法律调整社会关系的方式、方法作为辅助标准是比较科学、合理的,最初的法律调整方法在划分标准上主要侧重于解决法律纠纷的手段或法律制裁的处理方式上的不同,如刑法部门与其他法律部门在法律制裁、处理纠纷的手段上有明显区别,这样就将刑法部门独立划分出来。现在法律的调整方法在标准上有所扩大,增加了诸如法律关系主体之间的关系性质、法律作用于人的行为的基本方式等不同角度的分类标准。

总之,我们在划分法律部门时,应首先以法律所调整的社会关系为标准,其次考虑法律的调整方法。但从发展趋势来看,随着立法内容的日益增多,社会关系的复杂程度越来越高,法律部门的划分标准也会发生变化,法律部门的类别也会越来越多,这就需要对法律体系的研究也更加深入。

第二节 当代中国的法律体系

一、当代中国的主要法律部门

在法律部门的划分问题上,不同国家的学者有不同观点或不同方案,如在英美法系国家没有明确的法律部门的划分,而大陆法系国家既有公法和私法的划分,又有公法、私法、社会法的划分,还有宪法、民法、行政法、商法、刑事诉讼法、民事诉讼法、行政诉讼法的划分。我国在古代社会长期保持"诸法合体"的法律样式,所以基本上没有法律部门的划分传统。直到清末沈家本修订法律后才开始采用大陆法系国家的一些划分模式。国民党统治时期我国更是受大陆法系国家的影响,将国家法律体系分为宪法、民法、刑法、商法、民事诉讼法、刑事诉讼法六个法律部门,通称"六法"。新中国成立后,受苏联法学理论的影响,我国的法学理论中一直存在法律体系及法律部门的划分标准的讨论和争议,我国学者对当代中国法律体系的划分有过不同方案,有的提出三分法,将法律体系分为公法、私法和社会法;有的学者提出六分法,将法律体系分为宪法、刑法、民法、行政法、商法和诉讼法;有的学者提出十分法,将法律体系分为宪法、行政法、民法、商法、经济法、劳动法与社会保障法、环境法、刑法、诉讼程序法、军事法。本教材认为当代中国法律体系主要分为七个法律部门:宪法及宪法相关法,民法商法,行政法,经济法,社会法,刑法,诉讼与非诉讼程序法。具体内容如下:

(1)宪法及宪法相关法

"宪法"在法学中有不同意义,如作为法的渊源的"宪法",又如作为特定国家法律体系的构成部分即部门法的"宪法"。[1] 作为部门法的宪法主要调整的是国家与公民之间的关系,它划分了国家的权力、义务与公民的权利、义务之间的界限,因此,它是由有关国家机关的组织与结构、公民在国家中的地位等方面的法律规范构成的。

宪法属于公法的一个组成部分,在特定国家的法律体系中处于非常重要的地位,因为任何国家机关包括立法机关都是根据它而组织,个人之间的相互关系以及个人与社会之间的关系都是根据宪法规范而被规定的。因此,由一个个规范构成的宪法使特定国家的社会结构规范化,人与人之间的关系不再是一种纯粹的事实状态。宪法是特定政治共同体的最基本的构成规范,也就是说,构成特定政治

---

[1] Michael J. Perry 认为,"美国宪法"这个术语有时是指美国宪法的那个文件即文本,有时是指构成这个国家的最高法的规范,第一个意义上的宪法由句子组成,第二个意义的宪法是由规范组成的。人们关于特定国家的宪法文本由哪些句子组成的一致意见并不意味着人们关于该国家的宪法是由哪些规范组成的存在着一致意见。Michael J. Perry, "What is 'the Constitution'?" in Larry Alexander(ed.), *Constitutionalism Philosophical Foundations*, Cambridge University Press, 2001, p. 99.

共同体的最基本规范是宪法规范。在这个意义上,宪法是特定国家的根本大法。

作为规范体系的宪法都是由两类基本规范组成的:构成和组织不同国家机关的规范与赋予宪法权利的规范。前者的核心命题是授权,即各种国家机构是怎样组织的、应该赋予什么权力以及这些权力如何行使。后者的核心命题是约束(constrain)和指示(direct)公共权利。赋予宪法权利的规范是最重要的规范。因为它不仅关涉个人的权利,而且关涉公共权力。①

在当代中国法律体系中,宪法居于核心和统帅地位。宪法及宪法相关法部门的法律规范主要体现在两类规范性文件中:一类是我国《宪法》及其修正案,另一类是与宪法规范内容相关的其他一些规范性文件,如各类组织法、代表法等规范性法律文件中涉及国家机构方面的法律规范;《民族区域自治法》、特别行政区基本法等规范性法律文件中涉及地方自治方面的法律规范;《选举法》《村民委员会组织法》《城市居民委员会组织法》等规范性法律文件中涉及民主权利的法律规范;《立法法》《全国人民代表大会议事规则》《全国人民代表大会常务委员会议事规则》等规范性法律文件中涉及立法体制和立法程序的法律规范;《领海及毗连区法》《专属经济区和大陆架法》《国籍法》《国徽法》等规范性法律文件中涉及国家主权和外交方面的法律规范等。

(2) 民法商法

民法商法是指调整平等主体之间的财产关系、人身关系和商事交往关系的法律规范的总称,主要包括民法和商法两大部分内容。

民法是调整平等主体之间的人身关系和财产关系的法律规范的总称。它是以人与人之间的权利平等和自我决定为基础来规定个人与个人之间的关系。② 它包括人身权、物权、债权、继承权和婚姻家庭等部分的内容。

---

① Robert Alexy, "Constitutional Rights, Balancing, and Rationality", *Ratio Juris* Vol. 16, No. 2, June, 2003, p.131.
② 〔德〕拉伦茨:《德国民法通论》,王晓晔等译,法律出版社2003年版,第65页。

民法属于私法而且是私法的一般法和核心部分。它所规定的原则与一般规则贯穿于整个私法领域。民法所调整的事物或社会关系是人作为私人的领域的事物或关系,而不涉及人作为特定政治共同体的成员的领域的公共事物或关系。人作为人首先是个理性的存在者,理性使得每个人有能力处理自己的事务并承担后果,每个人是有理性的人就意味着每个人是独立的人,既然每个人是独立的人就意味着人与人之间是平等的。因此,民法调整的关系是平等主体之间的关系,其基本原则是私人自治。如我国《民法总则》《物权法》《婚姻法》《继承法》《收养法》《著作权法》《合同法》等规范性法律文件中涉及平等主体之间人身关系和财产关系的法律规范。

商法是在民法基本原则的基础上建立起来的调整平等主体之间商事行为和商事关系的法律规范的总称。如我国《海商法》《公司法》《合伙企业法》《个人独资企业法》《票据法》等规范性法律文件中涉及私人领域商事行为和商事关系的法律规范。所谓商事行为或商事关系是指私人领域中的经济行为或经济关系,主要包括买卖、委托、承揽、仓储保管、运输、票据、证券交易、广告、破产等内容。在西方的理论中,人们往往认为从事这些行为或事务的是私人。

商法是私法的特别法。商事行为和商事关系是私人事务和私人关系中的特殊部分,其所遵循的原则、规则与一般的私人事务有所不同,强调效率和效益。民法与商法的关系是一般法与特别法的关系,如果商法有规定就优先适用商法的规定,如果商法没有规定的,民法可以作为它的补充法而适用。

(3) 行政法

行政法是调整国家行政管理关系的法律规范的总称。它规定了行政机构的组织、职能、权限和职责。行政法是公法的主要组成部分,是宪法的实施,是其动态部分。没有行政法,宪法就完全可能是一些空洞的、僵死的纲领。宪法是行政法的基础,没有宪法,行政法无从产生,缺乏指导思想,至多不过是一大堆零乱的细则。[①] 行政法

---

① 关于宪法与行政法的关系,请参见龚祥瑞:《比较宪法与行政法》,法律出版社1985年版,第5页。

部门分为一般行政法和专门行政法(或称部门行政法)两个方面的内容。一般行政法主要是有关行政法律关系的普遍原则和共同规则的法律规范的总称,适用于全部或者大多数行政关系领域的行政管理事项,如行政组织法、行政行为法、行政监督法等方面的法律规范。专门行政法是指有关国家行政机关在专门领域从事行政管理的特别规定的法律规范的总和,只适用于特定行政关系领域的行政管理活动。如我国《海关法》《药品管理法》《体育法》等规范性法律文件中的有关法律规范。

行政法与行政法规属于不同的范畴。行政法属于法律体系的构成部分,行政法规属于我国法的渊源之一,是指国家最高行政机关依照法定权限和程序制定的规范性文件的总称。行政法的内容有可能是由行政法规规定的,也有可能是由其他法的渊源规定的;而行政法规所规定的内容既有可能是行政法的内容,也有可能是其他部门法的内容。

(4) 经济法

经济法是指调整国家在对经济活动进行指导、控制、监督等宏观调控过程中所形成的经济管理关系的法律规范的总称。它涉及的领域比较广泛,既有国家对职业组织、竞争与垄断的控制,也有国家对金融、货币和贸易的指导和控制。如我国《反不正当竞争法》《拍卖法》《招标投标法》等规范性文件中涉及规范市场经济竞争秩序方面的法律规范;我国《商业银行法》《银行业监督管理法》《会计法》《证券法》《审计法》等规范性文件中涉及财政金融、税收监督管理方面的法律规范。

经济法是随着国家对经济事务的日益加强的干预与控制而产生的。它既涉及国家权力(主要是行政权),也涉及私人的经济活动,是公法和私法相互渗透的主要表现。既然这样,那么经济法与民法、行政法之间的界限何在?它能否成为一门独立的部门法?这些问题在中国法学中曾经被激烈地争论。

(5) 社会法

社会法是指调整有关劳动关系、社会保障和社会福利关系的法律规范的总称。该法律部门的主要目的是保障劳动者、失业者、丧失劳动能力的人和其他需要扶助的人的权益。它包括劳动用工、工资福利、职业安全卫生、社会保险、社会救济、特殊保障等方面的法律规范。社会法的法律规范主要被规定在我国《劳动法》《劳动合同法》《矿山安全法》《残疾人保障法》《未成年人保护法》《工会法》《安全生产法》《失业保险条例》《城市居民最低生活保障条例》等规范性法律文件中。

社会法中最为重要的是劳动法。它调整的对象是劳动关系即劳资关系,是基于劳动合同而产生的,因此属于私法。但是劳动法中又包含了大量国家行政管理机构和社会管理机构管理用人单位的规范,这些规范不仅仅是具有私法意义的规范,而且也是严格意义上的公法性质的规范。因此劳动法也是既具有私法性质也具有公法性质的法律。

(6) 刑法

刑法主要是规定犯罪与刑罚关系的法律规范的总称。刑法部门的划分标准主要是该部门的调整方法独特,以严厉惩罚各种刑事犯罪行为的手段达到保护法律调整的社会关系的目的。刑法的法律规范主要规定在1997年修订的我国《刑法》及其修正案中,此外也规定在一些单行法律、决定以及我国签订和加入的国际条约中,如《收养法》《行政监察法》《关于惩治破坏金融秩序犯罪的决定》《关于制止非法劫持航空器的公约》《反对劫持人质国际公约》等规范性法律文件中的有关法律规范。

(7) 诉讼与非诉讼程序法

程序法是相对于实体法而言的。诉讼与非诉讼程序法是指调整为保障实体法内容的实现而进行诉讼活动和非诉讼活动所遵循的程序以及由此产生的社会关系的法律规范的总称。其内容由诉讼程序法和非诉讼程序法两大部分构成。所谓诉讼程序法是规定为保障实体法内容的实现而进行诉讼活动所遵循的程序以及由此产生的社会关系的法律规范的总称,如我国《行政诉讼法》《民事诉讼法》《刑事诉讼法》《海事诉讼特别程序法》等规范性法律文件中涉及诉讼程序的法律规范。所谓非诉讼程序法是规定为保障实体法内容的实现而进行非诉讼活动所遵循的程序以及由此产生的社会关系的法律规范的总称,如我国《仲裁法》《律师法》《人民调解委员会组织条例》等规范性文件中涉及非诉讼活动程序的法律规范。

二、"一国两制"与当代中国法律体系问题

"一国两制"是根据邓小平同志关于一个国家实行两种制度的政治构想所制定的一项治国方略,是中国共产党和政府从中国的国情和中华民族的整体利益出发为完成祖国和平统一大业而提出的一个伟大而史无前例的战略方针。它符合了中华民族发展和世界历史发展的大趋势,有利于妥善解决历史遗留问题。这一政治构想的具体含义是:在坚持一个中国的前提下,祖国大陆实行社会主义制度,香港、澳门和台湾实行资本主义制度。随着1997年7月1日香港的回归和香港特别行政区的建立,1999年12月20日澳门的回归和澳门特别行政区的建立,我国"一国两制"的政治构想和战略方针开始进入实践性阶段。如今这一政治实践已经取得成功经验,为我国解决台湾问题和国际社会解决主权国家与地区间的争端及冲突提供了一个成功的范例。

"一国两制"的政治构想进入实践性阶段以后,虽然取得了阶段性的成功并为世界范围内解决国家与区域冲突问题提供了典型范例,然而这一政治实践对当代中国的法律体系及其理论也造成极大影响,使国内法律体系出现一些新的变化和特点,其中最突出的就是法律体系的统一性问题,主要表现为以下两个方面:

(1)"一国两制"下的法律状况打破了当代中国单一性质的法律体系格局。

随着1997年7月1日香港回归和1999年12月20日澳门回归以及两个特别行政区的建立,我国正式开始"一国两制"的政治实践,由于在"一国两制"情况下,香港、澳门的大部分法律规范保持原有的态势,而这两个地区的法律又分属于不同的法系,具有不同的法律文化背景,香港属于普通法系,澳门属于大陆法系。虽然这些地区的法律规范都是建立在资本主义政治和经济制度基础上,但其法律传统、法律结构和法的渊源都有一定差别,因此其法律体系的性质与中国内地也有一定区别,有待理论上的界定。

（2）"一国两制"下的法律状况导致法律体系内部产生更多冲突，法律体系的统一性和协调机理受到挑战。

如前所述，由于海峡两岸和香港、澳门分属于不同法系和社会制度，有着不同的法律文化背景、法律结构和法律渊源，其法律规范的创制和实施都有一定差别，这就难免造成法律规范之间的矛盾冲突，而适用于中国内地法律体系统一性的原则和协调矛盾冲突的机理又不能完全作为这些地区法律规范的协调统一原则，因此，中国目前的法律体系统一性原则和协调机理受到极大挑战，需要进一步来解决"一国两制"条件下法律体系的协调统一问题。

本章要点

1. 法律体系是指由根据一定的标准或原则将一国制定和认可的现行全部法律规范划分成若干的法律部门所形成的有机联系的整体。它在概念上与法系、法学体系有区别。

2. 组成法律体系的基本单位是法律部门(或部门法)。

3. 在划分法律部门时，应首先以法律所调整的社会关系为标准，其次考虑法律的调整方法。

4. 当代中国的法律部门主要有宪法及宪法相关法、民法商法、行政法、经济法、社会法、刑法、诉讼与非诉讼程序法等。

5. "一国两制"下的法律状况打破了当代中国单一性质的法律体系格局，法律体系的统一性和协调机理受到挑战。

第七章　法律行为与法律意识

第一节　法　律　行　为

一、法律行为的含义与特征

法律行为是法学的基本概念,在法学概念体系中居于关键的地位。与其他学科不同,法学(这里指狭义的"法学"或"教义学法学")则更强调在实在法意义上理解行为的含义、构成条件及其有效性,即从规范意义角度探讨法律行为的概念。应当说,历史上很早就开始形成法律行为制度①,但"法律行为"一词的出现,则是近代的事情。据考证,德国18世纪法学家丹尼尔·奈特尔布拉德于1748年出版的《实在法学原理体系》第1卷开始使用拉丁文"actus iuridicus"(法律行为)。1807年,德国"学说汇纂"体系创立人海泽(G. H. Heise)在《供学说汇纂讲授所用之普通民法体系概论》中明确使用了后被译作"法律行为"的德文名词"Rechtsgechaft"。著名法学家弗里德里希·卡尔·冯·萨维尼在1840—1849年间出版的8卷本《当代罗马法体系》(尤其第3卷)对此一概念作了系统论述,被认为是法律行为理论的集大成者。萨氏提出法律行为的"意思学说",将"法律行为"与"意思表示"相提并论。② 这一学说对后世民法理论及民事立法影响颇大。1896年公布、1900年施行的《德国民法典》"总则"第3章第2节把"意思表示"作为法律行为之构件予以规定。

但应当看到,民法上的"法律行为"(Rechtsgeschaft)只是在民法知识框架内的一个特定概念,其准确汉译应为"法律示意

---

① 参见董安生:《民事法律行为》,中国人民大学出版社1994年版,第1章。
② 参见徐国建:《德国民法总论》,经济科学出版社1993年版,第85—86页。

(表示)行为"①,与"事实行为"处于同一位阶。它不可能作为一个描述和解释一切法律部门(如刑法、行政法)的行为现象的概念。法理学上所讲的"法律行为"应是各法律部门中的行为现象的高度抽象,是各部门法律行为(宪法行为、民事法律行为、行政法律行为、诉讼法律行为等)与各类别法律行为(如合法行为、违法行为、犯罪行为等)的最上位法学概念。这个最上位概念的德文名词是 Rechtshandlung 或 Rechtsakt(英文 juristic act 或 legal act)②,它所描述的,是包括 Rechtsgeschaft 在内的一切具有法律意义的行为现象。

故此,所谓法律行为,就是人们所实施的、能够发生法律上效力、产生一定法的效果的行为。根据法律行为的定义,我们可以看出,法律行为具有下列特点:

(1) 法律行为是具有社会意义的行为。

法律行为不是一种纯粹自我指向的行为,而是一种社会指向的行为。法律行为的发生,一定是对行为者本人以外的其他个人或集体、国家之利益和关系产生直接或间接的影响,例如对原有的社会关系和秩序的破坏(违法行为),相互利益的交换(买卖行为)和增减(赠与、继承行为),权利义务和社会资源的重新配置(立法行为),等等。总之,人在社会中生活,其行为在主要方面都是社会指向的,它们与社会利益发生各种各样的联系,或者与社会利益一致,或者与社会利益产生矛盾和冲突。人的社会性本质决定了他/她的活动和行为的社会性,这种社会性既可能表现为社会有益性,也可能表现为社会危害性。正是由于这一点,它们才可能具有法律意义。纯粹自我

---

① 有学者主张将 Rechtsgeschaft 译作"权利行为",有一定的道理。此一德文概念,确实含有"主观法行为"之本意。参见黄建武:《法的实现——法的一种社会学分析》,中国人民大学出版社1997年版,第70—72页。1907年由我国学者王宠惠翻译在伦敦出版的《德国民法典》英文本将该词译作 juristic act;1975年由 Forrester、Goren 和 Ilgen 三人翻译出版的英文本则译为 legal transaction, 法文本译作 operation juridique(法律作业)。参见沈达明、梁仁洁:《德意志法上的法律行为》,对外贸易教育出版社1992年版,第43、50页。

② 法理学界和民法学界有关"法律行为"概念的分歧,乃在于混淆了 Rechtshandlung, Rechtsakt 和 Rechtsgeschaft。大家所谈论的,其实是不同位阶的法学概念。英文"juristic act"的解释,见 David Walker, *The Oxford Companion to Law*, Clarendon Press, 1980, p.684; *Black's Law Dictionary*, 5th edition, West Publishing Co., 1979, pp.24, 768.

指向的行为,一般是不具有法律意义的。

(2) 法律行为具有法律性。

所谓法律性,是指法律行为由法律规定、受法律调整、能够发生法的效力或产生法的效果。具体来说,首先,法律行为是由法律所调整和规定的行为。由于行为具有社会指向,并且可能造成社会矛盾、冲突和社会危害性,它们才有可能、也有必要受到法律的调整。而法律正是基于这一理由对那些具有重要社会意义的行为纳入调整范围之内,并对不同的行为模式及行为结果作出明确的规定。其次,法律行为能够发生法的效力或产生法的效果的行为。所谓能够发生法的效力,具有两层含义:一是法律行为往往是交互性的,处在一定的关系(法律关系)之中,或对其他行为有支配力(如行使权利的行为),或受其他行为的支配(如履行义务的行为)。二是法律行为一旦形成,就受法律的约束或保护。所谓产生法的效果,是指法律行为能够引起人们之间权利义务关系的产生、变更或消灭,它们可能会受到法律的承认、保护或奖励(如合法行为),也可能会受到法律的否定、撤销或惩罚(如违法行为)。

(3) 法律行为是能够为人们的意志所控制的行为,具有意志性。

法律行为是人所实施的行为,自然受人的意志的支配和控制,反映了人们对一定的社会价值的认同、一定的利益和行为结果的追求以及一定的活动方式的选择。或者说,正是通过意志的表现,行为才获得了人的行为(包括法律行为)的性质。在法律行为的结构中,只存在意志和意识能力强弱的差别,即有时候人们完全按照自我意志来实施法律行为,有时候则可能并不完全出于自由意志实施某种行为,但它本身并不是一个意志的有无问题。在法律上,纯粹无意识(无意志)的行为(如完全的精神病人所实施的行为),不能看作是法律行为。

二、法律行为的结构

(一) 法律行为的内在方面

1. 动机

行为是受一定动机支配的,法律行为也是如此。所谓动机是指直接推动行为人去行动以达到一定目的的内在动力或动因。现代社会学和心理学研究认为,人的行为是由需要引起的,行为的实施是为了实现对人的需要的满足。需要引起动机,动机产生行为,行为趋向目的,目的实现满足,满足导致新的需要。这就是行为的内在方面诸环节的系统循环。法律行为的动机本身不是法律所直接调整的对象,但由于动机不同,行为人对行为的选择不同,可能产生不同的后果,法律则必须根据行为的后果,来考察和评价行为的动机。这种动机的形成是一个复杂的过程,它除受需要的激励外,可能还取决于一定的行为情境和行为人的人格特性。在法律上必须对法律行为的动机作全面的、综合的考察,以便确定其是否正当、是否合法。从法律的角度看,行为动机的正当合法与否,与行为动机的善恶与否并非一一对应。一般而言,恶劣的行为动机既为道德所不尚,也为法律所禁止。然而,谈到善意的行为动机时,情况则较为复杂,有时候道德上善良的行为动机却在法律上可能受到否定的评价,例如出于善良的意图而从事的侵权行为则应承担相应的法律责任。在刑法中,动机是定罪量刑参考的情节之一。

2. 目的

目的是行为的本质要素。它是指行为人通过实施一定的行为达到或力求实现某种目标和结果的主观意图。在法律行为的结构中,目的构成行为的灵魂,并给予行为以规定性。考察法律行为,应当研究法律行为的目的。在刑法中,人们正是根据有无犯罪目的而区分行为人的行为到底属于犯罪还是不属于犯罪,是故意还是过失,是此罪还是彼罪。在民法中,行为人所表示的"意思",其实就是其要达到或力求实现某种目标和结果的主观意图,因而,意思表示成为民事法律行为的本质要素。有时候,法律行为的目的可能停留在行为人的心理层面,这需要通过从其行为的方式、情节或其他证据来推断其行为的目的。法律行为的目的往往采取表达的方式来体现。其表达可以采取明示的方式,也可以采取默示的方式,可以采取书面的方式,也可以采取口头的方式。在实际行为的过程中,行为人由于受动机、认识能力、态度、价值观或情势所迫等方面的影响,对自己行为的表达有时候充分,有时候不充分,甚至出现错误的表达,产生"目的

(或意思)"与"表达"之间的分离,这些情形都将决定着对法律行为的定性,是分析法律行为有效或无效,合法或违法的根据。应当指出,法律行为目的的表达并不是一切法律行为成立或有效的必备要件,例如民法中的"无因行为"(不当得利、无因管理等等)即不以原因(目的)存在作为成立或有效的前提条件。

3. 认知能力

法律行为的认定需要考察行为人对自己行为的法律意义和后果的认识能力。行为目的的形成并不完全是一个盲目的过程,它基于人的认知能力、水平,基于人对行为意义、后果的认识与判断。如果一个人根本无能力认识和判断行为的意义与后果,那么他/她的行为就不可能构成法律行为。在法律上,正是根据人的认知能力的有无和强弱,而将自然人分为有完全行为能力人、限制行为能力人和无行为能力人。

(二) 法律行为的外在方面

1. 行动(行为)

这是指人们通过身体或言语或意思而表现于外在的举动。行动①,是法律行为构成的最基本的要素,它是法律行为主体作用于对象(包括其他主体、动物、物体、权利、关系、利益、秩序、整个社会)的中介及方式。没有任何外在行动的法律行为是不存在的。人的意志或意思只有外化为行动并对身外之世界(对象)产生影响,它才能成为法律调整(指引、评价、约束或保护)的对象。故此,西方法谚谓:"无行为即无犯罪亦无刑罚。"像任何其他行为一样,法律行为之外在行动(行为)也大体上分为两类:(1) 身体行为。指通过人的身体(躯体及四肢)的任何部位所作出的为人所感知的外部举动。这一类行动(如杀人放火、货物买卖)可以通过自身的外力直接作用于外部世界,引起法律关系产生、变更或消灭。(2) 语言行为。指通过语言表达对他人产生影响的行为。它又包括两种行为:① 书面语言行

---

① 行动(德文 Handlung)与行为(德文 Akt)是同义词,只不过"行动"更倾向于说明人的举动的内在意志和计划性,而行为则更强调对人的外在举动的客观描述。在法学上,首先应观察的是人的行为。

为,诸如书面声明、书面通知、书面要约和承诺、签署文件等。② 言语行为(speech act),即通过口语表达而在说者—语义—听者之语言交际中完成的言语过程。按照英国哲学家、"言语行为理论"创立者约翰·奥斯丁的观点,言语行为分三类:(a) 以言表意行为,即使用语句传达某种思想的行为;(b) 以言行事行为,即说出语句表达某种意图的行为,如许诺、命令、陈述、描述、警告等;(c) 以言取效行为,即说出语句产生一定效果、成功地使某人做某事的行为。① 显然,上述诸种语言行为作为人的特殊行为,均能产生法律上的效果,从而具有法律意义。在主要方面,所谓意思表示,都是通过语言行为来完成的。

2. 手段

这是指行为人为达到预设的目的而在实施行为过程中所采取的各种方式和方法。其中包括:行动的计划、方案和措施,行动的程式、步骤和阶段,行动的技术和技巧,行动所借助的工具和器械,等等。行为方式(手段)是考察行为的目的并进而判断行为的法律性质的重要标准,是考察法律行为是否成立以及行为人应否承担责任、承担责任之大小的根据。一般而言,行为人欲达到合法的目的,自然会选择合法的行动计划、措施、程式和技巧;否则就会选择违法(或犯罪)的方式和方法。而且,行为的法律性质和归属的法律部门不同,其方式、方法和手段则有所不同。例如,同样是合法行为,民事合法行为的方式就不完全等同于合法的行政行为的方式;同样是违法行为,刑事犯罪的方式就不能与一般的民事违法行为、行政违法行为的方式相提并论。除此而外,在法律上还必须对各种特定行为方式予以规定,以为法律行为性质和类别的判断提供具体的标准。这些特定的法律行为方式主要有:(1) 与特定情景相关的行为方式。指某些行为方式只在特定的情形下方能使用,如正当防卫、紧急避险。(2) 与特定主体身份相关的行为方式。指某些法律行为的成立只与具有特定法律资格的主体(个人或机关)相关联,其他主体无权采用此种法

---

① 参见涂纪亮:《英美语言哲学概论》,人民出版社1988年版;涂纪亮主编:《英美语言哲学》,中国社会科学出版社1993年版,第226页以下。

律行为的方式和方法,即使采用,也不能认定为该法律行为构成的要件,如父母对子女的监护,职务上的犯罪,等等。(3) 与一定的时间和空间相关的行为方式。指某些行为的实施以法律所规定的时间或空间作为条件,故此选择时间和空间就成为法律行为方式的特定内容,如入室盗窃、死亡宣告等。(4) 与特定对象相关的行为方式。指有些法律行为所实施的对象是特定的人或物,其行为方式由该特定对象的性质所决定,如奸淫幼女、挪用公款等。

3. 结果

法律行为必须要有结果,因此结果是法律行为事实的重要内容之一。没有结果的行为,一般不能视为法律行为。法律通常根据行为的结果来区分行为的法律性质和行为人对行为负责的界限和范围。在此,行为结果是行为过程和全部要素的综合体现。判断法律行为结果,主要有两个标准:(1) 行为造成一定的社会影响。这种影响或者是表现为对他人、社会有益,或者是表现为对他人、社会有害,即造成一定的损害。此外,结果可能是物质性的(有形的),也可能是精神性的(无形的),可能是直接的,也可能是间接的。无论如何,结果—行为—行为人之间的联系是确定其结果归属的重要线索,在这里离不开因果关系的考察。没有因果关系的法律行为也是不存在的。(2) 该结果应当从法律角度进行评价,即由法律根据结果确定行为的法律性质和类别;行为是合法还是违法? 是行政行为还是民事行为? 如此等等。不过,这里应当区别的问题是:行为的结果并不等于法律后果,行为结果只是行为人承担法律后果的依据之一,但并不是法律后果本身。

三、法律行为的分类

1. 个人行为与集体行为、国家行为

根据行为主体的特性不同,可以把法律行为分为个人行为、集体行为和国家行为。个人行为是公民(自然人)基于个人意志和认识所从事的具有法律意义的行为。集体行为是机关、组织或团体所从事的具有法的效果、产生法的效力的行为。国家行为是国家作为一个整体或由其代表机关(国家机关)以自己的名义所从事的具有法律意义的行为。

2. 单方行为与多方行为

根据主体意思表示的形式,可以把法律行为分为单方行为和多方行为。单方行为,又译作"一方行为",指由行为人一方的意思表示即可成立的法律行为,如遗嘱、行政命令。多方行为,指由两个或两个以上的多方行为人意思表示一致而成立的法律行为,如合同行为。

3. 自主行为与代理行为

根据主体实际参与行为的状态,可以把法律行为分为自主行为和代理行为。自主行为,是指行为人在没有其他主体参与的情况下以自己的名义独立从事的法律行为。代理行为是指行为人根据法律授权或其他主体的委托而以被代理人的名义所从事的法律行为。

4. 合法行为与违法行为

根据行为是否符合法律的内容要求,可以分为合法行为与违法行为。合法行为是指行为人所实施的具有一定的法律意义、与法律规范内容要求相符合的行为。违法行为是行为人所实施的违反法律规范的内容要求、应受惩罚的行为。

5. 公法行为与私法行为

根据行为的公法性质或私法性质,可以分为公法行为和私法行为。所谓公法行为,是指具有公法效力、能够产生公法效果的行为,如立法行为、行政法律行为、司法行为等。所谓私法行为,是指具有私法性质和效力、产生私法效果的行为,如民事法律行为、商事法律行为等。

6. 积极行为与消极行为

根据行为的表现形式不同,可以把法律行为分为积极行为和消极行为。积极行为,又称"作为",指以积极、主动作用于客体的形式表现的、具有法律意义的行为。消极行为,又称"不作为",指以消极的、抑制的形式表现的具有法律意义的行为。在法律上,这两种行为不能反向选择,即当法律要求行为人作出积极行为时他/她就不能作出消极行为,当法律要求行为人作出消极行为(禁止作出一定行为)时他/她也不能作出积极行为,否则就构成了违法行为。

7. 主行为与从行为

根据行为之主从关系,可以把法律行为分为主行为和从行为。主行为,是指无须以其他法律行为的存在为前提而具有独立存在意义、产生法的效果的行为。从行为,是指其成立以另一种行为的存在作为存在前提的法律行为。

8. (意思)表示行为与非表示行为

根据行为是否通过意思表示,可以把法律行为分为表示行为和非表示行为。表示行为,是指行为人基于意思表示而作出的具有法律意义的行为。非表示行为,指非经行为者意思表示而是基于某种事实状态即具有法的效果的行为,如民法上的先占、遗失物的拾得、埋藏物的发现,等等。这种基于事实而发生效力的行为,在法学上又被称为事实行为(Realakt)。

9. 要式行为与非要式行为

根据行为是否需要特定形式或实质要件,可以分为要式行为和非要式行为。要式行为,是指必须具备某种特定形式或程序才能成立的法律行为。非要式行为,是指无须特定形式或程序即能成立的法律行为。

10. 完全行为与不完全行为

根据行为之有效程度,可以把法律行为分为完全行为和不完全行为。完全行为,是指发生完全的法的效力的行为。不完全行为,是指不发生法的效力或仅有部分效力的法律行为,这其中包括无效的法律行为、效力未定的行为和失效的法律行为,等等。

第二节 法 律 意 识

一、法律意识的含义、结构及形成

法律意识是人们关于整个法律现象(特别是现行法)的观点、感觉、态度、信念和思想的总称。可以说,它是一个包含多种要素的复杂整体。法律意识的构成要素有:(1)法律观点,即人们对法律现象进行认识的主观看法;(2)法律感觉,指人们对法律现象基于感性认识而产生的知觉;(3)法律态度,指人们对法律现象所持的心理倾向;(4)法律信念,指人们对法律现象基于某种价值观而产生的较为稳定持久的心理确信;(5)法律思想,指人们对法律现象的理性认识。

从认识过程看,法律意识在结构上又可以分为法律心理和法律思想这两个认识阶段或认识层次。法律心理是法律意识中的感性阶段,或称低级阶段,是人们关于法律现象的感觉、知觉、情绪和意志等心理现象。它是对法律现象之不系统的、表面的和直观的认识。法律思想是法律意识的理性阶段,或称高级阶段,是人们关于法律现象系统化、理论化的思想观点。它在法律意识中居于主导的地位。法律心理和法律思想体系,是法律意识发展的两个阶段。它们既相区别又相联系。由于法律心理同法律现实有着直接的联系,它可以为法律思想的形成和发展提供丰富的材料。但是,由于法律心理是原始的、未经加工的,因此又有必要发展为法律思想体系。法律思想一旦形成体系,又会对法律心理的发展起指引作用。

人并非天生具有法律意识,毋宁说,法律意识是"习得的知识"。它的形成是一个复杂的过程,需要从客观和主观两个方面来考察。从客观方面看,法律制度的存在是法律意识形成的前提条件,人们在法律生活中的交往是法律意识形成的动力基础,民族的文化传统和民族语言的形成为法律意识的学习、传承和积淀提供了中介。从主观方面看,人类普遍的价值观和个体的价值观,个人的性格、气质、情感、意志、动机、兴趣、理想、认知能力、利益需求、想象力和意志力、心理状态等均对法律意识(尤其是个人法律意识)的形成产生影响。法律意识的产生就是上述客观条件和主观条件相互作用的结果。

二、法律意识的分类

1. 个人法律意识、群体法律意识和社会法律意识

从意识的主体出发可以将法律意识划分为个人法律意识、群体法律意识与社会法律意识。

个人法律意识是指社会中的个人有关法和法律现象的观点、感觉、态度和信念。这种法律意识的形成与个人的经历(特别是与个

人对有关法和法律现象的接触)、角色(包括先赋角色,如国籍、性别、民族、年龄、阶级;自致角色,如职务、职业)、学习或实践密切相关,也与个人所处的环境以及其对社会的一般看法相关。个人法律意识具有独特性和分散性的特点。

群体法律意识主要是指不同的社会群体,如政党、民族、阶级、集团、家庭等对法和法律现象所持的观点、感觉、态度和信念。这种法律意识的形成是群体内之个人法律意识的融合以及与其他群体法律意识相互影响的结果。在此过程中,个人法律意识与群体法律意识可能一致也可能不一致。

社会法律意识,实际上是指整个社会(共同体)的法律观点和法律思想的总和。社会法律意识的形成是各个个人和各种群体法律意识错综复杂、交叉重叠、相互影响的结果,是在综合反映各种法和法律现象以及与其他社会现象关系的基础上形成的法律意识体系。它在结构上极其复杂,其中包括整个社会共同体普遍的法律感知、法律认同、法律信念、法律态度,也包括反映人类普遍价值标准(如正义、公平)的法律思想或法律理论等。

2. 传统法律意识、现代法律意识和后现代法律意识

依据现代性为标准,我们还可以将法律意识区分为传统法律意识、现代法律意识和后现代法律意识。

传统法律意识泛指传统社会或具有传统社会特征的人们关于法和法律现象的观点、感觉、态度、信念和思想的总称。传统社会是相对于现代社会而言的,它是以农业为主的自给自足的自然经济占主导地位的社会。在这种社会中,其法律意识主要表现为团体本位的意识、权力的意识、身份的意识、义务观念等。

现代法律意识主要指现代社会或具有现代社会特征的人们有关法和法律现象的观点、感觉、态度、信念和思想的总称。在现代社会中,其法律意识主要表现为权利本位的意识、平等的意识、自由的意识、规则意识等。

后现代法律意识指具有后现代社会价值观的个人或群体有关法和法律现象的观点、感觉、态度、信念和思想的总称。其主要表现为对现代社会和制度的价值、原则(如理性、进步、普遍的公平、正义、

人权和民主)所持的批判意识。

3. 法律职业者的法律意识和非法律职业者的法律意识

依据是否从事法律职业为根据,可以把人们的法律意识分为法律职业者的法律意识和非法律职业者的法律意识。

法律职业者的法律意识是从事法律职业的人,如立法人员、司法人员(法官、检察官)、律师、法学教学与研究人员之类的专业法律工作者的法律意识。就具体的个人而言,每个具体的法律职业者的法律意识构成可能是有差别的,即每个人都有自己的法律心理和法律思想两个部分,但作为法律职业共同体,法律职业者的法律意识更多地表现为一种特殊的群体法律意识,一种建立在法学语言、范式、方法基础上的法律观点、感觉、态度、信念和思想,一种从"内部观察者"视角看待法律现象的"内部观点"。

非法律职业者的法律意识是那些未经法律专门训练、不从事法律职业的个人或群体对法律现象所持的观点、感觉和态度。这种法律意识往往是上述主体从"外部观察者"视角看待法律现象的"外部观点"。

4. 占统治地位的法律意识和不占统治地位的法律意识

按照不同主体在社会政治生活中的地位不同,可以将法律意识划分为占统治地位的法律意识与不占统治地位的法律意识。

占统治地位的法律意识即掌握国家政权的阶级、阶层或其他精英集团的法律意识。不占统治地位的法律意识主要是指不掌握国家政权的阶级、阶层、处在政治权力服从地位的集团对法律现象的心理、感觉、态度的总和。在一个社会或国家中,占统治地位的法律意识和不占统治地位的法律意识往往处于对立状态。

三、法律意识的功能

法律意识的功能是由法律意识的结构及特性所决定的。法律意识结构的复杂性和多样性,决定了其功能的复杂性和多样性。主要从以下方面考察:

1. 认识和评价功能

法律意识可以促使人们对法律的性质、特征、作用等问题加以认识、理解或掌握,在此基础上对上述问题进行评价,进而对人们行为的合法性、合理性或正当性作出判断。

2. 调整和指导功能

法律意识可以促使人们对自己的行为依据法律进行判断并自觉运用法律来调整和指导自己的行为。同时,法律意识(尤其是法律职业者的法律意识)在立法、司法过程中对立法者创制法律、司法者适用法律具有指导作用,影响一国立法制度、司法制度、法律技术的形成。

3. 传播和教育功能

法律意识是通过"社会学习的机制"产生和流传的。这意味着,法律意识可以通过语言、行为、情感等中介得以在个人、群体和整个社会共同体之间传播,进而对人们产生教育的效果。由此,一定民族、群体或地域的法律意识相沿成习,积淀为具有稳定性和持久生命力的法律文化,它们反过来影响国家法律制度的建构。

本 章 要 点

1. "法律行为"应是各法律部门中的行为现象的高度抽象,是各部门法律行为(宪法行为、民事法律行为、行政法律行为、诉讼法律行为等)与各类别法律行为(如合法行为、违法行为、犯罪行为等)的最上位法学概念。

2. 法律行为是具有社会意义的行为,具有法律性和意志性。

3. 动机、目的和认知能力构成了法律行为的内在方面,行动、手段和结果构成了法律行为的外在方面。

4. 法律意识是人们关于整个法律现象(特别是现行法)的观点、感觉、态度、信念和思想的总称,它在结构上又可以分为法律心理和法律思想这两个认识阶段或认识层次。

5. 法律意识具有认识和评价、调整和指导以及传播和教育的功能。

第八章 法律关系

第一节 法律关系的概念

一、法律关系的定义与特征

法律关系是一个基本的法律概念。其他的法律概念(如法、法律规范、法律行为、法律责任和法律制裁等),大多都直接或间接地同法律关系概念相关联:每一法律规范(规则和原则)的目的是要为法律关系的存在创造形式条件;没有对法律关系的操作就不可能对法律问题作任何技术性分析;没有法律事实与法律关系的相互作用就不可能科学地理解任何法律决定。故此,认识和研究法律关系问题,具有重要的理论意义。

在历史上,法律关系的观念最早来源于罗马法之"法锁"(法律的锁链,juris vinculum)观念。按照罗马法的解释,"债"的意义有二:债权人得请求他人为一定的给付;债务人应请求而为一定的给付。债本质上是根据法律,要求人们为一定给付的"法锁"。"法锁"的观念形象地描述了债作为私法关系存在的约束性和客观强制性,为近代法律关系理论的创立奠定了基础。然而,在罗马法上,法和权利、法律关系之间并没有明确的概念分界。因而,当时还没有"法律关系"这样一个专门的法律术语。直到19世纪,法律关系才作为一个专门的概念而存在。在法学上,德国法学家卡尔·冯·萨维尼在1840年出版的《当代罗马法体系》中第一次对法律关系(Rechtsverhältnis)作了系统的理论阐述。[①] 由此,法律关系就成为法

---

① 萨维尼在《当代罗马法体系》第2册(1840年版)分4章分别讨论了"法律关系的本质和种类""人作为法律关系的承担者""法律关系的产生和消灭""法律关系的违反"等问题。见 Friedrich Carl von Savigny, *System des heutigen Romischen Rechts* II, Berlin, 1840, Kap. I—IV.

学的专门理论问题之一。

所谓法律关系是在法律规范调整社会关系的过程中所形成的人们之间的权利和义务关系。根据这一定义可以看出，法律关系具有如下特征：

(1) 法律关系是根据法律规范建立的一种社会关系，具有合法性。

法律关系是根据法律规范建立的一种社会关系，这一命题至少说明三个问题：第一，法律规范是法律关系产生的前提。如果没有相应的法律规范的存在，就不可能形成法律关系。第二，法律关系不同于法律规范调整或保护的社会关系本身。例如，刑法调整各种违法行为关系，而其所保护的却是被违法行为所破坏的社会关系。第三，法律关系是法律规范的实现形式，是法律规范的内容在现实社会生活中的具体贯彻。换言之，人们按照法律规范的要求行使权利、履行义务并由此而发生特定的法律上的联系，这既是一种法律关系，也是法律规范在实际社会生活中的实现状态。在此意义上，法律关系是人与人之间的合法（符合法律规范的）关系。这是它与其他社会关系的主要区别。

确立"法律关系是合法的社会关系"这一观点，在法律实践中具有重要意义。在社会生活中，往往存在着大量的事实关系，它们没有严格的合法形式，甚至完全违背法律的，因此，不能看做是法律关系，但又可能与法律的适用相关联，是法律适用过程中必须认真处理的一类法律事实。举一个例子：孙某与李某签订购房合同规定，孙某将租借张某的房子于2004年10月1日前出卖给李某，李某支付人民币12万元。李某明知该房屋属于张某，仍于2004年9月将房款交给孙某。张某得知消息后，将孙某、李某二人告至法院。法院审理后确认孙某、李某两被告侵权成立，宣布其购房合同无效，并向张某支付赔偿金3000元。显然，在这个事例中，我们看到：孙某与李某签订购房合同是"无效的合同"，他们之间也就不存在合同法律关系。但他们签订的"无效合同"恰好证明了两人侵权行为成立，这就构成了张某与他们之间侵权法律关系形成的一个事实。也就是说，这个事例中，孙某、李某与张某之间的损害赔偿关系才属于法律关系的范畴。

（2）法律关系是体现意志性的特种社会关系。

从实质上看,法律关系作为一定社会关系的特殊形式,正在于它体现国家的意志。这是因为,法律关系是根据法律规范有目的、有意识地建立的。所以,法律关系像法律规范一样必然体现国家的意志。在这个意义上,破坏了法律关系,其实也违背了国家意志。

但法律关系毕竟又不同于法律规范,它是现实的、特定的法律主体所参与的具体社会关系。因此,特定法律主体的意志对于法律关系的建立与实现也有一定的作用。有些法律关系的产生,不仅要通过法律规范所体现的国家意志,而且要通过法律关系参加者的个人意志表示一致(如多数民事法律关系)。也有很多法律关系的产生,并不需要这种意志表示。例如,刑事法律关系(国家与犯罪人之间的刑罚处罚关系),往往由于违法行为而产生。我们不能简单地说,这种关系的形成体现了犯罪人的意志,毋宁说恰恰是违背其意志的。但刑事法律关系的建立必然反映刑法的要求,当然也就体现国家意志。

（3）法律关系是特定法律关系主体之间的权利和义务关系。

法律关系是以法律上的权利、义务为纽带而形成的社会关系,它是法律规范(规则和原则)之内容在事实社会关系中的体现。没有特定法律关系主体的实际法律权利和法律义务,就不可能有法律关系的存在。我们再回过头看事例,孙某和李某之间不存在法律关系,原因在于他们所签订的"购房合同"中所规定的不是法律所承认的"权利"和"义务"。在此,法律权利和法律义务不仅是法律关系与违法关系区别的标志,也是法律关系区别于其他社会关系(如经济关系、政治关系)的标志之一(除非其他社会关系经过法律调整,转化为法律关系,如经济法律关系,政治法律关系等)。

二、法律关系的种类

在法学上,由于根据的标准和认识的角度不同,可以对法律关系作不同的分类。例如,按照相对应的法律规范所属的法律部门不同,可以将法律关系分为宪法关系、民事法律关系、经济法律关系、行政法律关系、刑事法律关系、诉讼法律关系等。本书采用下列分类：

（一）纵向（隶属）的法律关系和横向（平权）的法律关系

按照法律主体在法律关系中的地位不同，可以分为纵向（隶属）的法律关系和横向（平权）的法律关系。纵向（隶属）的法律关系是指在不平等或不对等的法律主体之间所建立的权力服从关系（旧法学称"特别权力关系"）。其特点在于：（1）法律主体处于不平等或不对等的地位。如亲权关系中的家长与子女，行政管理关系中的上级机关与下级机关，在法律地位上有管理与被管理、命令与服从、监督与被监督诸方面的差别。（2）法律主体之间的权利与义务具有强制性，既不能随意转让，也不能任意放弃。与此不同，横向法律关系是指平权法律主体之间的权利义务关系。其特点在于，法律主体的地位是平等的，权利和义务的内容具有一定程度的任意性，如民事财产关系、民事诉讼当事人之权利义务关系等。

（二）单向（单务）法律关系、双向（双边）法律关系和多向（多边）法律关系

按照法律主体的多少及其权利义务是否一致为根据，可以将法律关系分为单向法律关系、双向法律关系和多向法律关系。

所谓单向（单务）法律关系，是指权利人仅享有权利，义务人仅履行义务，两者之间不存在相反的联系。例如：季某与杨某系多年交往的好友。季某生前立遗嘱，表示死后将所藏徐悲鸿画作一幅赠与杨某。杨某得知后表示接受赠与，并愿意将自己祖传的一对清代乾隆年间青瓷花瓶作为回赠。季某不允，而将自己的赠与遗嘱到公证处进行了公证。这是一个典型的不附义务的"赠与合同"，其中，季某与杨某之间所存在的赠与法律关系是单向的，而不是双向的。其实，一切法律关系无论多么复杂，均可分解为单向的法律关系来加以考察。在法律关系构成的分析上，单向的法律关系仅仅是一个逻辑分析单位，在现实的法律关系中，很少有实际的单向的法律关系。

双向（双边）法律关系，是指在特定的双方法律主体之间，存在着两个密不可分的单向权利义务关系，其中一方主体的权利对应另一方的义务，反之亦然。例如，买卖法律关系就包含着这样两个相互联系的单向法律关系。

所谓多向(多边)法律关系,又称"复合法律关系"或"复杂的法律关系",是三个或三个以上相关法律关系的复合体。举一事例:"阳光公司"欲出售"荷花"牌洗衣机40台给一国有企业(简称"A单位"),合同约定A单位支付货款4万元。在交货之前,40台洗衣机暂时寄放在临近"阳光公司"的一所福利工厂(简称"B单位")的废旧仓库,"阳光公司"委托个体运营者赵某将货物按时运抵A单位。这个事例涉及多重复杂的法律关系,其中包含"阳光公司"与"A单位"之间的货物买卖法律关系,"阳光公司"与"B单位"之间的货物仓储法律关系,"阳光公司"与赵某之间的货物运输法律关系等。

(三) 第一性法律关系(主法律关系)和第二性法律关系(从法律关系)

按照相关的法律关系作用和地位的不同,可以分为第一性法律关系(主法律关系)和第二性法律关系(从法律关系)。第一性法律关系(主法律关系),是人们之间依法建立的不依赖其他法律关系而独立存在的法律关系或在多向法律关系中居于支配地位的法律关系。由此而产生的、居于从属地位的法律关系,就是第二性法律关系或从法律关系。以上述事例来看,"阳光公司"与"A单位"之间的货物买卖法律关系是第一性法律关系,那么,"阳光公司"与"B单位"之间的货物仓储法律关系,"阳光公司"与赵某之间的货物运输法律关系就是第二性法律关系。

第二节 法律关系主体

一、法律关系主体的概念和种类

法律关系主体是法律关系的参加者,即在法律关系中一定权利的享有者和一定义务的承担者。在现实社会生活中,法律关系主体是多种多样的。从理论上讲,凡是能够参与一定的法律关系的任何个人和机关,都可以是法律关系主体。在每一具体的法律关系中,主体的多少各不相同,但大体上都归属于相互对应的双方:一方是权利的享有者,称为权利人;另一方是义务的承担者,称为义务人。在特定的法律关系中,到底谁是权利人,谁是义务人,则要看具体的情况。比如,上述事例中的"阳光公司"、"A单位"、"B单位"、赵某,既可能是义务人,也可能是权利人。

在中国,根据各种法律的规定,能够参与法律关系的主体包括以下几类:

(1) 公民(自然人)

这里的公民既指中国公民,也指居住在中国境内或在境内活动的外国公民和无国籍人。具有中华人民共和国国籍的中国公民,是多种法律关系的参加者,公民与公民之间、公民与社会团体、企事业组织、国家机关以及国家之间发生多种形式的法律关系。在中国,还有一类由公民集合的特定主体(如个体户、农户、个人合伙等),可以参与一定范围的法律关系。外国侨民和无国籍人,参与法律关系的范围是有限制的,以中国有关法律以及中国与有关国家签订的条约为依据。

(2) 机构和组织(法人)

这主要包括三类:一是各种国家机关(立法机关、行政机关和司法机关等);二是各种企事业组织和在中国领域内设立的中外合资经营企业、中外合作经营企业和外资企业;三是各政党和社会团体。这些机构和组织主体,在法学上可以笼统地称为"法人"。其中既包括公法人(参与宪法关系、行政法律关系、刑事法律关系的各机关、组织),也包括私法人(参与民事或商事法律关系的机关、组织)。中国的国家机关和组织,可以是公法人,也可以是私法人,依其所参与的法律关系的性质而定。

(3) 国家

在特殊情况下,国家可以作为一个整体成为法律关系主体。例如,国家作为主权者是国际公法关系的主体,可以成为外贸关系中的债权人或债务人。在国内法上,国家作为法律关系主体的地位比较特殊,既不同于一般公民,也不同于作为经济组织的"私法人",也不完全等同于普通的"公法人"。国家可以直接以自己的名义参与国内的法律关系(如发行国库券),但在多数情况下则由国家机关或授权的组织作为代表参加法律关系。

二、法律关系主体构成的资格

公民和法人要能够成为法律关系的主体,享有权利和承担义务,就必须具有权利能力和行为能力,即具有法律关系主体构成的资格。

1. 权利能力

权利能力,又称权义能力(权利义务能力),是指能够参与一定的法律关系,依法享有一定权利和承担一定义务的法律资格。它是法律关系主体实际取得权利、承担义务的前提条件。

公民的权利能力可以从不同角度进行分类。首先,根据享有权利能力的主体范围不同,可以分为一般权利能力和特殊权利能力。前者又称基本的权利能力,是一国所有公民均具有的权利能力,它是任何人取得公民法律资格的基本条件,不能被任意剥夺或解除。后者是公民在特定条件下具有的法律资格。这种资格并不是每个公民都可以享有,而只授予某些特定的法律主体。如国家机关及其工作人员行使职权的资格,就是特殊的权利能力。其次,按照法律部门的不同,可以分为民事权利能力、政治权利能力、行政权利能力、劳动权利能力、诉讼权利能力等。这其中既有一般权利能力(如民事权利能力),也有特殊权利能力(政治权利能力、劳动权利能力)。

法人的权利能力没有上述的类别,所以与公民的权利能力不同。一般而言,法人的权利能力自法人成立时产生,至法人终止时消灭。其范围是由法人成立的宗旨和业务范围决定的。

2. 行为能力

行为能力是指法律关系主体能够通过自己的行为实际取得权利和履行义务的能力。

公民的行为能力是公民的意识能力在法律上的反映。确定公民有无行为能力,其标准有二:一是能否认识自己行为的性质、意义和后果;二是能否控制自己的行为并对自己的行为负责。因此,公民是否达到一定年龄、神智是否正常,就成为公民享有行为能力的标志。例如,婴幼儿、精神病患者,因为他们不可能预见自己行为的后果,所以在法律上不能赋予其行为能力。在这里,公民的行为能力不同于其权利能力。具有行为能力必须首先具有权利能力,但具有权利能力,并不必然具有行为能力。这表明,在每个公民的法律关系主体资格构成中,这两种能力可能是统一的,也可能是分离的。

公民的行为能力也可以进行不同的分类。其中较为重要的一种分类,是根据其内容不同分为权利行为能力、义务行为能力和责任行为能力。权利行为能力是指通过自己的行为实际行使权利的能力。义务行为能力是指能够实际履行法定义务的能力。责任行为能力(简称"责任能力")是指行为人对自己行为的后果承担法律责任的能力。它是行为能力的一种特殊形式。

公民的行为能力问题,是由法律予以规定的。世界各国的法律,一般都把本国公民划分为完全行为能力人、限制行为能力人和无行为能力人。(1) 完全行为能力人。这是指达到一定法定年龄、智力健全、能够对自己的行为负完全责任的自然人(公民)。例如,在民法上,18周岁以上的公民是成年人,具有完全的民事行为能力,可以独立进行民事活动,是完全民事行为能力人。(2) 限制行为能力人。这是指行为能力受到一定限制,只具有部分行为能力的公民。例如,中国《民法总则》规定,8周岁以上的未成年人,不能完全辨认自己行为的精神病人,是限制行为能力人。中国《刑法》将已满14周岁不满16周岁的公民视为限制行为能力人(不完全的刑事责任能力人)。(3) 无行为能力人。这是指完全不能以自己的行为行使权利、履行义务的公民。在民法上,不满8周岁的未成年人,完全的精神病人,是无行为能力人。在刑法上,不满14周岁的未成年人和精神病人,也被视为无刑事责任能力人。

法人组织也具有行为能力,但与公民的行为能力不同。表现在:第一,公民的行为能力有完全与不完全之分,而法人的行为能力总是有限的,由其成立宗旨和业务范围所决定。第二,公民的行为能力和权利能力并不是同时存在的。也就是说,公民具有权利能力却不一定同时具有行为能力,公民丧失行为能力也并不意味着丧失权利能力。与此不同,法人的行为能力和权利能力却是同时产生和同时消灭的。法人一经依法成立,就同时具有权利能力和行为能力,法人一经依法撤销,其权利能力和行为能力就同时消灭。

第三节　法律关系内容

一、法律关系主体的法律权利和法律义务

法律关系的内容就是法律关系主体之间的法律权利和法律义务。它是法律规范所规定的法律权利与法律义务在实际的社会生活中的具体落实。例如,我国《合同法》第212条规定:"租赁合同是出租人将租赁物交付承租人使用、收益,承租人交付租金的合同。"村民黄某根据此条款将自己的房屋租借给邻居郑某用作豆腐房,两人约定:郑某每年向黄某支付租金1000元。在这个事例中,"出租人将租赁物交付承租人使用、收益,承租人交付租金"是我国《合同法》有关租赁"义务"内容的规定,它所针对的主体是不特定的,凡签订房屋租赁合同的人或单位都必须遵守该项规定,因而其效力是普遍的。村民黄某与郑某约定将房屋出租,郑某支付租金,这属于两人在这个特定的房屋租赁法律关系中之具体义务,其义务只对他们两个人有效,不具有普遍的法的效力。也就是说,如果没有其他的约定,别人不承担他们约定的义务。假如黄某与郑某一直遵守了他们之间的上述约定,那么实际上他们用实际行为实现了我国《合同法》第212条所规定的内容。正是在这个意义上,我们说:法律关系主体之间的法律权利和法律义务是法律规范所规定的法律权利与法律义务在实际的社会生活中的具体落实。

二、权利行使和义务履行之界限

必须看到,就法律关系主体之权利行使本身来讲,它在现实法律生活中总是表现为权利人的外在的行为,因而有一个适度的范围和限度。超出了这个限度,就不为法律所保护,甚至可能构成"越权"或"滥用权利",属于违法行为,必然招致法律的禁止甚或制裁。故此,法律对权利行使做适当的限制是完全必要的,严格地讲,限制是法律为人们行使权利确定技术上、程序上的活动方式及界限。但这种限制是以保障作为前提的,限制是为了更好地保障。诚然,权利行

使不是绝对无限制的,同样法律也不能绝对无限制地剥夺或取消人们的权利。因此,这里的限制应当有一个适度的平衡。

如同权利行使是有限度的一样,法律关系主体之义务的履行也是有限度的。要求义务人作出超出"义务"范围的行为,同样是法律所禁止的。义务的限度具体表现在:(1)实际履行义务的主体资格的限制。例如,某人虽然按照法律应承担义务,但由于其不具备履行义务的行为能力,则权利人不得强迫该义务人履行义务。(2)时间的界限。义务在大多数情况下都是有一定的时效或时间界限的,超过了时效或时间界限,义务就不复存在。例如,父母对子女的抚养义务通常应以子女达到成年为限。(3)利益的界限。在权利和义务的资源分配上,既然权利人不可能永远无限制享有社会的利益,那么义务人也就不可能永远承担社会的不利和损害。要求义务人对国家、社会和他人无限制尽义务,而漠视义务人所应有的正当权益,同样是违背事物的性质和正义原则的,也是非常错误的。正如权利人在享受权利时必须履行相应的义务一样,义务人在尽义务时,也同样有自己的权利。

第四节 法律关系客体

一、法律关系客体的概念

笼统地讲,法律关系客体是指法律关系主体之间权利和义务所指向的对象。它是构成法律关系的要素之一。上述各事例所提到的"徐悲鸿画作"、"荷花"牌洗衣机、4万元"货款"、出租的房屋以及1000元"租金"等等都属于法律关系的客体。

法律关系客体是一定利益的法律形式。任何外在的客体,一旦它承载某种利益价值,就可能会成为法律关系客体。法律关系建立的目的,总是为了保护某种利益、获取某种利益,或分配、转移某种利益。所以,实质上,客体所承载的利益本身才是法律权利和法律义务联系的中介。这些利益,从表现形态上可以分为物质利益和精神利益、有形利益和无形利益、直接利益和间接利益(潜在利益);从享有主体的角度,利益可分为国家利益、社会利益和个人利益,等等。

二、法律关系客体的种类

法律关系客体是一个历史的概念,随着社会历史的不断发展,其范围和形式、类型也在不断地变化着。总体看来,由于权利和义务类型的不断丰富,法律关系客体的范围和种类有不断扩大和增多的趋势。归纳起来,有以下几类:

1. 物

法律意义上的物是指法律关系主体支配的、在生产上和生活上所需要的客观实体。它可以是天然物,也可以是生产物;可以是活动物,也可以是不活动物。作为法律关系客体的物与物理意义上的物既有联系,又有不同,它不仅具有物理属性,而且应具有法律属性。物理意义上的物要成为法律关系客体,须具备以下条件:第一,应得到法律之认可。第二,应为人类所认识和控制。不可认识和控制之物(如地球以外的天体)不能成为法律关系客体。第三,能够给人们带来某种物质利益,具有经济价值。第四,须具有独立性。不可分离之物(如道路上的沥青、桥梁之构造物、房屋之门窗)一般不能脱离主物,故不能单独作为法律关系客体存在。至于哪些物可以作为法律关系的客体或可以作为哪些法律关系的客体,应由法律予以具体规定。在我国,大部分天然物和生产物可以成为法律关系的客体。但以下几种物不得进入国内商品流通领域,成为私人法律关系的客体:(1)人类公共之物或国家专有之物,如海洋、山川、水流、空气;(2)军事设施、武器(枪支、弹药等);(3)危害人类之物(如毒品、假药、淫秽书籍等)。

2. 人身

人身是由各个生理器官组成的生理整体(有机体)。它是人的物质形态,也是人的精神利益的体现。在现代社会,随着现代科技和医学的发展,使得输血、植皮、器官移植、精子提取等现象大量出现;同时也产生了此类交易买卖活动及其契约,带来了一系列法律问题。这样,人身不仅是人作为法律关系主体的承载者,而且在一定范围内成为法律关系的客体。但须注意的是:第一,活人的(整个)身体,不得视为法律上之"物",不能作为物权、债权和继承权的客体,禁止任何人(包括本人)将整个身体作为"物"参与有偿的经济法律活动,不得转让或买卖。贩卖或拐卖人口,买卖婚姻,是法律所禁止的违法或犯罪行为,应受法律的制裁。第二,权利人对自己的人身不得进行违法或有伤风化的活动,不得滥用人身,或自践人身和人格。例如,卖淫、自杀、自残行为属违法行为或至少是法律所不提倡的行为。第三,对人身行使权利时必须依法进行,不得超出法律授权的界限,严禁对他人人身非法强行行使权利。例如,有监护权的父母不得虐待未成年子女的人身。

人身(体)部分(如血液、器官、皮肤等)的法律性质,是一个较复杂的问题。它属于人身,还是属于法律上的"物",不能一概而论。应从三方面分析:当人身之部分尚未脱离人的整体时,即为所属主体之人身本身;当人身之部分自然地从身体中分离,已成为与身体相脱离的外部之物时,亦可视为法律上之"物";当该部分已植入他人身体时,即为他人人身之组成部分。

3. 精神产品

精神产品是人通过某种物体(如书本、砖石、纸张、胶片、磁盘)或大脑记载下来并加以流传的思维成果。精神产品不同于有体物,其价值和利益在于物中所承载的信息、知识、技术、标识(符号)和其他精神文化。同时它又不同于人的主观精神活动本身,是精神活动的物化或固定化。精神产品属于非物质财富。西方学者称之为"无体(形)物"。我国法学界常称为"智力成果"或"无体财产"。

4. 行为结果

在很多法律关系中,其主体的权利和义务所指向的对象是行为结果。作为法律关系客体的行为结果是特定的,即义务人完成其行为所产生的能够满足权利人利益要求的结果。这种结果一般分为两种:一种是物化结果,即义务人的行为(劳动)凝结于一定的物体,产生一定的物化产品或营建物(房屋、道路、桥梁等);另一种是非物化结果,即义务人的行为没有转化为物化实体,而仅表现为一定的行为(通常为服务行为)过程所产生的结果(或效果)。例如,肖女士为了改变自己的面部形象,到"芬芳"美容院要求为其美容,为此支付人民币5000元。美容院答应其提出的条件,派美容师郝某为其整容。郝某技术精湛,为肖女士完成整容手术,效果很好,得到肖女士的称赞。

这个事例中,肖女士和"芬芳"美容院之间所形成的是劳务合同法律关系。其中,郝某为肖女士整容,所履行的是美容院的一种义务。肖女士面容得到改善,则是郝某的行为结果,而这才是上述劳务合同法律关系的客体。应当看到郝某履行义务与其行为结果之间既有联系,也有区别。当然,在这个法律关系中,肖女士支付的5000元美容费也是其客体之一。

第五节 法 律 事 实

一、法律事实的概念

法律关系处在不断地生成、变更和消灭的运动过程。它的形成、变更和消灭,需要具备一定的条件。其中最主要的条件有二:一是法律规范(规则和原则);二是法律事实。法律规范是法律关系形成、变更和消灭的法律依据,法律事实是法律规范与法律关系联系的中介。

所谓法律事实,就是具有法律关联性的、能够引起法律关系产生、变更和消灭的客观情况或现象。也就是说,法律事实首先是一种客观存在的外在现象,而不是人们的一种心理现象或心理活动。纯粹的心理现象不能看做是法律事实。其次,法律事实是具有法律关联性的,即由法律规定的、具有法律意义的事实,它能够引起法律关系的产生、变更或消灭。在此意义上,与人类生活无直接关系的纯粹的客观现象(如宇宙天体的运行),或者虽然与人类生活有关系但却不具有法律关联性的事实(如本书"引论"所提到的张某与李某之"断交"的事例)就不是法律事实。

二、法律事实的种类

依是否以人们的意志为转移作标准,可以将法律事实大体上分为两类,即法律事件和法律行为。

1. 法律事件

法律事件是具有法律关联性的、不以当事人的意志为转移而引起法律关系形成、变更或消灭的客观事实。法律事件又分成社会事件和自然事件两种。前者如社会革命、战争等,后者如人的生老病死、自然灾害等,这两种事件对于特定的法律关系主体(当事人)而言,都不可避免,是不以其意志为转移的。但由于这些事件的出现,法律关系主体之间的权利与义务关系就有可能产生,也有可能发生变更,甚至完全归于消灭。例如,由于人的出生便产生了父母与子女间的抚养关系和监护关系;而人的死亡却又导致抚养关系、夫妻关系或赡养关系的消灭和继承关系的产生,等等。

2. 法律行为

法律行为可以作为法律事实而存在,能够引起法律关系形成、变更或消灭。因为人们的意志有善意与恶意、合法与违法之分,故其行为也可以分为善意行为、合法行为与恶意行为、违法行为。善意行为、合法行为能够引起法律关系的形成、变更和消灭。例如,依法登记结婚行为,导致婚姻关系的成立。同样,恶意行为、违法行为也能够引起法律关系的形成、变更和消灭。如犯罪行为产生刑事法律关系,也可能引起某些民事法律关系(损害赔偿、婚姻、继承等)的产生或变更。

在研究法律事实问题时,我们还应当看到这样两种复杂的现象:(1) 同一个法律事实(事件或者行为)可以引起多种法律关系的产生、变更和消灭。例如,工伤致死,不仅可以导致劳动关系、婚姻关系的消灭,而且也导致劳动保险合同关系、继承关系的产生。(2) 两个或两个以上的法律事实引起同一个法律关系的产生、变更或消灭。例如,男女结婚,除了双方自愿结合的意思表示外,还须向结婚登记机关办理登记手续,登记机关颁发结婚证书,双方的婚姻关系才能够成立。其中,"自愿结合的意思表示""向结婚登记机关办理登记手续""登记机关颁发结婚证书",都是婚姻法律关系形成的事实。在法学上,人们常常把两个或两个以上的法律事实所构成的一个相关的整体,称为"事实构成"。

本 章 要 点

1. 法律关系具有合法性,是体现意志性的特种社会关系,其内容为特定法律关系主体之间的权利和义务。

2. 由于根据的标准和认识的角度不同,可以对法律关系做不同的分类。

3. 公民和法人要成为法律关系的主体,享有权利和承担义务,就必须具有权利能力和行为能力,即具有法律关系主体构成的资格。

4. 法律关系主体之间的法律权利和法律义务是法律规范所规定的法律权利与法律义务在实际的社会生活中的具体落实。

5. 法律关系客体是一个历史的概念,随着社会历史的不断发展,其范围和形式、类型也在不断地变化着。主要分为物、人身、精神产品和行为结果等类别。

6. 法律事实是法律规范与法律关系联系的中介,分为法律事件和法律行为两类。

第九章　法律责任与法律制裁

第一节　法律责任的概念

一、法律责任的含义

责任的含义比较复杂,通常的含义有两种:一是应做的分内之事,从某种角度依某种标准,人们应该从事某种行为,如道义责任、政治责任、岗位责任等;二是没有做好应该做的事,要承担的某种后果。

从法律的角度看,所谓法律责任就是行为主体因为违法行为或违约行为,即没有履行法定义务或约定义务,或主体虽未违反法律义务、但仅仅由于法律规定而应承担某种不利的法律后果。

法律责任产生的原因有三种:一是违法行为,行为人没有履行法定义务,侵害他人的法定权利,破坏法律所保护的社会关系和社会秩序;二是违约行为,行为人没有履行合同中约定的义务,也要承担法律责任,因为契约具有法的效力;三是仅仅因为法律特别规定,行为人只要客观上侵害了他人的权利,尽管没有过错,也要承担法律责任,也就是说,虽未违反上述义务,但仅因法律规定所应当承担的某种不利的法律后果,这是无过错责任。

二、法律责任的特点

法律责任作为社会责任的一种,与其他社会责任相比,其特点在于:一是法律责任的法定性,即法律责任是法律明确规定的,体现为法律规范的否定性后果。二是法律责任的国家强制性,即法律责任的追究最终是由国家强制力保证,由有关国家机关按照法定的权限和程序以理性与和平的方式追究,当然这并不排除有些责任可以由责任人主动承担,国家强制力以潜在的方式存在。

法律责任与其他社会责任如道义责任、政治责任等相比较,有自己的特点,但是它们之间也有紧密的联系。从法律与道德关系上看,法律在某种程度上反映了道德要求,违反法律与违反道德是一致的,行为人在自己自由意志支配下,没有选择合法与善,而是选择违法与恶,违法行为人为此承担法律责任。法律对违法行为人的否定性评价,其实也是对违法者的道义责难。从法律和社会的关系上看,法律是对社会关系的调整,反映了社会关系的内在要求。社会是一个各种利益的互动系统,各种利益被法律肯定就表现为权利以及保障权利的法律措施。违法行为所侵害的是法律保护的合法利益系统,为此行为人要承担法律责任,其实也是对违法者的社会责难。从法律自身来看,法律是一个规范系统,合法行为会得到法律的肯定性评价,违法行为会得到法律的否定性评价。如果不探讨法律背后的深层因素,法律责任也就是对违法行为人的法律责难。法律责任的意义蕴含是丰富的、多方面的,从不同方面可以对它作出不同的分析,不同的法学流派也都就此作出了自己的解说。①

法律责任的设定,在于追究法律责任,保障有关主体的合法权利,维护法律所调整的社会关系和社会秩序,其作用在于:一是惩罚与教育。违反法律,侵害权利,法律给予否定性评价,其中包含有惩罚成分,即强制因素,也含有教育成分,即说理因素,责任追究过程也是一个说理过程,其结论有正当理由的支持。二是通过惩罚与教育,达到预防违法的目的。预防有个别预防和一般预防,既预防违法行为人再次违法,也起到一般预防的作用。三是救济和恢复,救济被违法行为人侵害的合法权利;恢复被违法行为人破坏的社会关系和社会秩序。

第二节 法律责任的分类与竞合

一、法律责任的分类

法律责任根据不同标准,有不同的分类,如根据责任的承担程度

---

① 参见张文显:《二十世纪西方法哲学思潮研究》,法律出版社1996年版,第467页。

可以分为有限责任和无限责任;根据责任是否可以联系或转移可以分为单一责任和连带责任;根据责任主体共同行为之间的联系可以分为共同责任和混合责任,等等。本书重点讲述以下几种分类:

(一) 民事责任、刑事责任、行政责任和违宪责任

根据责任行为所违反的法律的性质,可以把法律责任分为民事责任、刑事责任、行政责任和违宪责任。

民事责任是指由于违反民事法律、违约或者由于民法规定所应承担的法律责任。民事责任有违约责任、一般侵权责任、特殊侵权责任和公平责任。在法律允许的情况下,根据私法自治的精神,民事责任可以由当事人协商解决。

刑事责任是指违反刑法的犯罪行为所应承担的法律责任。刑事责任只有过错责任,不存在无过错责任。而且主观过错是故意还是过失及其程度,对刑事责任的有无、大小都有重要意义。

行政责任是指由于违反行政法规范或者因行政法规定而应承担的法律责任。行政责任大体上可以分为行政机关及其工作人员在行政管理中因违法失职而产生的法律责任,和公民、法人等行政相对人违反行政法律而产生的法律责任。

违宪责任是指因违反宪法而应承担的法律责任。

(二) 过错责任与无过错责任

根据主观过错在法律责任中的地位,可以把法律责任分为过错责任和无过错责任。

所谓过错责任,是指以存在主观过错为必要条件的法律责任。过错是责任的构成要件,而且是最终要件,无过错就无责任。过错责任是法律责任中最普遍的形式,是占主导地位的法律责任。过错是指行为人实施损害行为时应受非难的主观状态,它是通过行为人实施的违法行为表现出来的,过错的表观形态有两种:故意和过失。故意表现为行为人明知自己的行为会产生危害他人或社会的结果,而且追求这种后果的发生;过失表现为行为人应该预见自己的行为会产生危害他人或社会的后果,由于疏忽大意而没有预见,或者尽管预见到,但却轻信能够避免,即疏忽大意的过失和过于自信的过失。无论是故意还是过失,都是应该受到谴责的心理状态。违法行为人只

要有过错就应该对其违法行为造成的损害结果承担法律责任。

过错责任的理论前提是：人的主体性。人是理性的人，具有认识能力和判断能力；人是自由的人，具有意志自由和选择能力，在意志自由选择的范围内，用理性指导自己的自由选择，达到与他人和社会和谐一致的结果。反之，如果没有用理性指导自己的自由选择，而是用反理性的方式去从事自己的行为，造成损害他人和社会的结果，就是过错，为此就要承担责任。可见过错应从理性的范围和自由范围中去探求，它是对理性的违反，是对自由的滥用。法律责任是法律规范的构成部分，法律作为人的行为规范，对人的行为进行调整，规定人们可以做什么，应该做什么，不应该做什么，其不言而喻的前提是，人是具有行为能力的人，即具有认识能力、判断能力和选择能力，否则法律对人们的行为要求就是没有意义的，如果行为人的行为结果超出了理性认识和自由选择的范围，属于必然的范畴，无法认识，无力抗拒，即使造成了损害结果，也不负责任，因为他没有过错。如果一个人没有行为能力，也就没有责任能力，责任与自由紧密地联系在一起。

所谓无过错责任，是指不以主观过错的存在为必要条件的法律责任，在法律有特别规定的情况下，以损害结果为判断标准，只要行为人的行为与损害结果有因果关系，就要承担法律责任。它与过错责任的根本区别在于，行为人有无过错已经没有意义，即使没有过错，也要承担责任。无过错责任是对不幸损害的合理分配，它不具有一般法律责任的作用，如制裁、教育、预防，而只具有救济或恢复权利的作用。在发生损害的情况下，根据公共利益，权衡冲突双方的利益，以达到合理的损失分配。

无过错责任是从19世纪开始逐渐形成的。19世纪的工业化进程，伴随着不断发生的工业事故。在大量的工业事故中，受害的劳动者要求损害者赔偿，但依过错责任，往往很难获得赔偿，因为过错举证很困难，在很多情况下，双方都无过错。社会充满了各种各样的冲突和对抗，到处是损害，到处是要求赔偿的诉讼，和拒绝赔偿的抗辩。这种冲突和其他社会矛盾交织在一起严重冲击着整个社会及其安全，也冲击着私法自治原则和过错责任原则。为此，形成民事责任立法的两个目的参数：一是以受害人为考虑基点，加强对受害人的法律救济和社会救济，以缓和社会矛盾尤其是劳资矛盾；二是以社会利益为准则，对个人自由施加必要的国家干预，以维护社会关系的平衡。于是在过错责任之外，发展出无过错责任。

对无过错责任，不同的人有不同的看法，受害者认为，无过错责任是公平的，谁受益谁负责，理论上的解说则是，一个从他支配下的某物或某项活动中获取利益的人，应该对该物或该活动所致的损害承担责任；而风险解说认为，一个为自己利益而自愿经营某项事业的人，应当承担该事业性质所生的致损风险。而加害者则认为，无过错责任是不合理的，让我承担我无力控制的责任，违反了"法律不得强迫人们做不可能做到的事"这一原则，工业化是社会的选择，整个社会都从工业化进程中获益，那么社会也要承担工业化的副作用风险责任。人的理性有限、自由有限，在人类的理性和自由的范围之外是未知领域，还有处于有知与无知之间的模糊领域。这些领域的因素存在着致人损害的风险，而且也不断地造成对人类的损害，对此由谁承担责任、由谁承担风险，的确是一个问题。另外，无过错责任加重了企业的赔偿责任，增加了企业开支，可能使中小企业陷入灾难性的破产境地，这样又影响了社会发展利益，受害人也可能因为加害人的资力缺乏而无法获得充分的赔偿。要克服社会安全利益和社会发展利益在这个问题上的某种冲突，就必须超出损失要么由"加害人承担，要么由受害人承担"这样的眼界，不是把损害赔偿看做一个单纯的私人纠纷问题，而是同时把它看成是一个社会问题。[①] 于是无过错责任逐渐与保险制度联系在一起，保险是把风险分散、转移、化解的制度，在私法领域有责任保险，在公法领域有社会保险，社会保险属于社会保障范畴。它把风险和损失分散于社会，实现损害赔偿的社会化。由此，我们可以看到这样一种趋势：在个人自由领域之内的责任，由个人承担；在自由之外领域的损失责任，由社会承担。

---

① 参见王卫国：《过错责任原则：第三次勃兴》，中国法制出版社2000年版，第97页。

（三）职务责任和个人责任

根据行为主体的名义，法律责任可以分为职务责任和个人责任。

所谓职务责任是指行为主体以职务的身份或名义从事活动时违法所引起的法律责任。职务责任，由该行为主体所属的组织来承担。无论是国家机关还是企业事业组织，只要是该组织成员在代表该组织履行职务时违法，就要承担其成员由此导致的法律责任。比如国家机关工作人员在履行职务时违法导致损害赔偿责任，承担职务责任，这有利于保护受害人的合法权利。当然该机关可以对其工作人员追究责任。所谓个人责任，是指行为主体以个人的身份或名义从事活动时违法所导致的法律责任，它由该行为主体个人承担。

二、法律责任的竞合

法律责任竞合是指由于某种法律事实的出现，导致多种法律责任的并存或相互冲突。法律责任竞合可以发生在同一法律部门内部，也可以发生在不同法律部门之间。发生在同一法律部门内部，如民法部门，产品缺陷致人损害可能会导致违约责任与侵权责任的竞合；发生在不同法律部门之间，如民事责任与刑事责任、民事责任与行政责任的竞合。

为了便于区别，一般把不同法律部门之间的责任竞合称作广义的责任竞合，又称责任聚合，是指同一违法行为导致多种法律责任并存的现象，而将同一法律部门内部发生的责任竞合，称为狭义的责任竞合，同一部门的不同法律责任的并存和相互冲突，如违约责任与侵权责任的并存与冲突。

法律责任竞合来自法律规范竞合。法律规范的抽象规定，从各种不同角度对社会关系加以规范调整，因此引起法律规范竞合，即某种法律事实的出现引起多种法律关系的产生，符合数个法律规范的要件致使数个法律规范都可适用的现象。同样法律规范竞合既可以发生在同一法律部门内部，也可以发生在不同法律部门之间。法律规定竞合导致法律责任竞合，只是两者关注点不同。规范竞合关注的是行为模式，责任竞合关注的是否定性后果。实质上，责任竞合也是规范竞合的表现形态。

对于发生在不同法律部门之间的责任竞合,不同责任并存,可以同时追究,因为同一行为造成了性质不同的违法后果,这一行为也同时具有不同性质的违法性,如同一行为既是民事违法又是刑事犯罪,对其追究责任的方式可以采取刑事诉讼附带民事诉讼,责任人同时承担刑事责任和民事责任。对于发生在同一法律部门的责任竞合,不同责任的并存与冲突如侵权责任与违约责任,由受害人任选一种,选择一种责任,另一种责任就消失;因为同一行为具有同一性质的违法性,如侵权责任与违约责任都属于民事责任,选择一种责任就可以救济和恢复权利。顺便指出,同一法律部门的同一责任的不同形式与同一法律部门的责任竞合不同,它是同一性质的法律责任的多种责任形式,如侵害名誉权要承担的侵权责任,受害人可以同时要求侵权人停止侵害、恢复名誉、消除影响、赔礼道歉和损害赔偿;如刑法部门的某项犯罪,可以同时处以自由刑、资格刑或财产刑。

第三节 法律责任的归结和免除

法律责任的归结,简称归责,是指对因违法行为所引起的法律责任,进行判断、认定、追究及减免的活动。责任是由特定的国家机关根据法定权限和程序进行的,有些责任也可由法律授权的社会组织如仲裁机构、调解组织等进行归结。

一、一般法律责任的构成

法律责任的构成是指构成法律责任的必要条件,只有具备了全部的必要条件,才能追究行为人的法律责任。因此法律责任的归结,首要的就是要考察法律责任的构成要件,判断行为人是否具备这些条件。法律责任构成要件的分析是法律责任归结过程中的一项重要内容。由于过错责任是一种基本的责任种类,违法行为和违约行为是引起法律责任的主要的原因(违约行为在广义上也可视为一种违法行为,因为契约具有法的效力),而违法行为又是和过错联系在一起的,所以我们分析违法行为人承担过错责任应具备的必要条件。

(一) 违法行为

这里的违法行为是指行为人在客观上违反了法律规定,行为具有违法性。违法行为作为责任构成要件之一,表明承担责任必须有行为,而且是违反法律的行为。外在行为是由内在思想指导的,但是仅仅有思想而没有表现为行为,是不可能承担责任的,因为法律是行为规范而不是思想规范,调整行为而不调整思想,只有行为违法而没有思想违法。违法行为没有履行法律义务,可以是作为违法,也可以是不作为违法。

(二) 损害事实

损害事实是指违法行为侵犯他人或社会的权利和利益所造成的损害结果,侵害对象既可以是他人的个人权益,也可以是社会的公共利益,包括对人身的损害、财产的损害、精神的损害,社会公共利益和公共秩序的损害等。

损害结果应当具有确定性,必须是一个客观存在的事实。当然,这并不排除有些损害是可能发生但尚未发生,同样要承担责任,如犯罪未遂承担的法律责任。

(三) 因果关系

违法行为与损害事实之间存在因果关系。因果关系是引起和被引起的客观联系,违法行为是引起损害事实的原因,损害事实是违法行为引起的结果。引起和被引起的关系是必然的联系还是偶然性的联系,对责任的承担关系重大。有些情况,引起损害发生的原因并不是单一的行为,有可能与其他行为或事件相互作用产生某种结果。在引起损害发生的多个因素中,可能有些因素起决定作用,有些因素起促进作用。行为对结果的发生起决定作用,二者之间存在必然联系,是为原因;行为对结果发生只起一定作用,是外在的偶然联系,是为条件。作为原因的行为,要承担法律责任,是没有疑问的,但作为条件的行为是否要承担责任,根据具体情况要承担相应的责任。因为条件是变化的外因,只是原因力较弱而已。条件也可视为间接原因,其距离结果越远,则原因力越弱。在判定法律责任时,面对长长的因果联系的链条,要恰当地截取因果关系的环节。

（四）过错

如前所述，过错是指行为人在实施违法行为时的主观心理状态，这种心理状态应该是受到谴责的，包括故意和过失。过错作为责任的构成要件而且是最终的构成要件，它内含着责任主体的因素，即有认识能力、选择能力的主体。无论是"已经预见"的故意，还是"应该预见而没有预见"或"已经预见而轻信能够避免"的过失，表明过错都是存在于理性范围之内的状态，在理性范围之外不存在过错问题。因此具有主观过错的，一定是特定的主体，即有理性能力、选择能力的人。反之，没有这种能力，也就没有过错，当然也就不承担责任。过错要件吸收了责任主体的因素，二者不可分离。

作为特殊法律责任的无过错责任与作为一般法律责任的过错责任的构成要件不同，无过错责任不存在过错要件。无过错责任的构成有四个必要条件，即法律特别规定、损害行为、损害事实和因果关系。

二、法律责任的归结原则

法律责任的归结原则（简称归责原则）是追究法律责任的过程中必须遵循的基本准则，它是保证归责本身合法合理的一个基本条件。一般把归责原则总结为下列几方面：

（一）责任法定原则

责任法定原则，其肯定性的表述为：对违法行为的责任主体，追究什么责任，追究多大责任，由谁追究，如何追究，都要按照法律的规定，既要按照有关实体法规定，又要按照有关程序法规定。法律责任作为否定性法律后果，是法律规范明确规定的。法律责任作为否定性法律后果，是法律规范明确规定的，追究法律责任严格按照法律规定，既是保证法律的可预测性和权威性的需要，也是防止国家权力滥用的需要。其否定性的表述为：排除无法依据的责任，即责任擅断和法外责罚。国家任何机关都无权向一个责任主体追究法律明文规定以外的责任，任何责任主体都有权拒绝承担法律明文规定以外的责任。刑法上的"法无明文规定不为罪"严格体现了责任法定原则，在民法上，这一原则有例外，如允许类推填补法律漏洞。

(二) 责任相称原则

责任相称原则,其含义包括法律责任的定性与定量,即法律责任的性质与轻重。(1) 法律责任的定性。法律责任的性质与违法行为的性质相适应,只有先确定违法行为的性质,才能确认法律责任的性质,违法行为引起法律责任。如民事违法引起民事责任,行政违法引起行政责任。(2) 法律责任的定量。法律责任的轻重应考虑三方面的因素:一是法律责任的轻重应当与违法行为的损害后果相适应,权衡违法行为造成的损害后果的大小,确定法律责任的轻重。如民事损害赔偿责任的轻重,要考虑到损害后果的大小,如对刑事犯罪量刑的轻重,同样考虑到犯罪所造成的社会危害性。二是法律责任的轻重与行为人主观过错程度相适应,权衡违法行为人的主观过错程度,确定法律责任的轻重。如对刑事犯罪的量刑轻重,主观过错起重要作用。这与法律责任的惩罚与教育作用紧密联系。三是法律责任的轻重与行为人违法行为的原因力相适应,原因行为距离损害事实越远,原因力越弱,承担的法律责任就应越轻,反之,原因行为距离损害事实越近,原因力越强,承担的法律责任就应越重。责任相称原则体现了法律的正义精神和适度的威慑力。

(三) 责任自负原则

责任自负原则,一方面的含义为:谁违法,谁负责,违法行为人应当对自己的违法行为负责,承担相应的法律责任;另一方面的含义则是,不违法不负责,不能让没有违法行为的人承担法律责任,无辜者不受处罚,反对株连或变相株连。既要保证责任人受到法律追究,又要保证无责任者不受法律追究。强调这一原则有着重要的现实意义,中国传统社会是家族本位的社会,法律上存在株连制度。现代社会,个人是独立自主的主体,为自己的行为选择负责,在法律上则是独立的法律主体,自己对其违法行为承担法律责任。

三、法律责任的免除

法律责任的免除是指由于出现某种法律上规定的条件或法律上允许的条件,部分免除或全部免除行为人的法律责任。法律上规定的免责条件是法定的免责条件,法律上允许的免责条件是当事人意定的免责条件。私法上的免责条件与公法上的免责条件是有差别的。私法上的免责条件有法定的条件与意定的免责条件两种。

法定的免责条件包括:(1) 时效免责。责任人的法律责任超过一定的期限,就被免除,权利人不及时行使自己的诉权,经过一定期限,其权利主张则不再具有法的效力。时效免责是为了督促权利人及时地行使自己的权利,恢复自己的权利;同时也是为了维护社会关系和社会秩序的稳定。(2) 人道主义免责。在追究责任人的法律责任时,应考虑责任主体的财产状况,出于经济原因,应适当减轻或者免除责任,以保证责任人及家庭必要的生活条件,不能使之处于无法生活的状态。(3) 不可抗力、正当防卫、紧急避险免责。不可抗力是指不能预见、不能避免并且不能克服的客观情况;正当防卫是为了使公共利益、本人或其他人的人身和其他权利免受正在进行的不法侵害而采取的防卫行为;紧急避险是为了使本人或者第三人人身或财产或者公共利益,免遭正在发生的实际存在的危险而不得已采取的加害于他人人身或财产的损害行为。出现这三个条件,行为人可以全部或部分免除法律责任。但应该指出,这三个条件的免责和前两个条件的免责不同。前两个条件的免责,是法律责任已经产生,由于这两个条件的出现而被全部或部分免除。后三个免责条件则是法律责任并没有产生,只是出现了损害行为和损害事实,由于这三个条件的存在而被全部或部分免除法律责任,或者说不承担法律责任或只承担部分法律责任。

私法的意定免责条件包括:(1) 自愿协议,在法律允许的范围内,双方当事人可以协商同意,免除责任。(2) 受害人放弃,受害人不起诉,责任人的责任也就被免除。(3) 有效补救,责任人实施违法行为造成损害后果,但在国家机关追究责任之前,主动采取有效补救措施,可以免责,但严格地说这是责任的主动实现。

公法的免责条件中有不可抗力、正当防卫、紧急避险和超过时效,此外还有自首或立功,对于有自首或立功表现的责任人,根据情况,可以免除其全部或部分法律责任。公法免责中也有当事人不诉免责,如轻微的自诉刑事案件,当事人不起诉的,责任人责任则被免除;行政机关违法行政造成行政相对人权益损失的,当事人不起诉,行政机关的赔偿责任也可以被免除。

第四节 法律制裁

一、法律制裁的概念

法律制裁是指特定国家机关按照法定权限和程序,对违法者依其法律责任而实施的强制性惩罚措施。

法律制裁与违法行为、法律责任紧密地联系在一起,违法行为引起法律责任,法律责任导致法律制裁,没有法律责任就没有法律制裁。法律责任与法律制裁是保护性法律关系的内容,法律责任是违法行为人应承担的义务,法律制裁是国家机关依法行使职权,是法律国家强制性的客观体现,是强制违法行为人承担否定性法律后果。当然,法律责任并不一定都导致法律制裁,也有的责任可以由责任人主动实现,责任主体自觉承担法律责任,没有介入国家强制力,如民事责任主体主动给受害人以赔偿,行政机关撤销自己的违法行为,并给受害人以赔偿,这种法律责任的主动实现,不能称之为法律制裁,但是如果介入了国家强制力,由特定的国家机关强制违法者承担责任,则是法律制裁。

二、法律制裁的种类

(一) 民事制裁

民事制裁是由人民法院对民事责任主体依其承担的法律责任而实施的强制性惩罚措施。承担民事责任的主要方式包括停止侵害、排除妨碍、消除危险、返还财产、恢复原状、修理、重作、更换、赔偿损失、支付违约金、消除影响、恢复名誉、赔礼道歉。以上不同形式可以分别适用,也可以合并适用。

民事责任主要是一种财产责任,其主要方式是损害赔偿,从责任人与受害人的关系上看,损害赔偿是填补性的损害赔偿。责任人给受害人造成多大损失,就要承担多大责任,以恢复造成损害前的状态，赔偿责任与损害后果相适应。民法是调整市场经济的法，法律责任的设置应该首先遵循市场经济交换正义的法则，填补性损害赔偿体现了等价交换的精神。其次，从法律制裁遏制违法行为的作用上看，还要有惩罚性损害赔偿。对那些恶意侵权，在填补性之上还要再处以惩罚性赔偿，法律责任要考虑与主观过错程度相适应的问题，恶意侵权，侵权人往往事先周密计划并采取防范措施，被发现和处罚的概率降低，加大了诉讼和司法成本。惩罚性损害赔偿体现了对主观恶意的谴责程度，增加了制裁的威慑力，增强了受害人追诉维权的动力。更进一步，从法律制裁否定和遏制违法行为的作用上看，损害赔偿如何才能有效地遏制民事违法行为？既然民法是市场经济的法，市场经济中人们遵守的根本经济法则是成本/收益法则，即人们总是试图以最小成本获得最大收益，行为的根本动力是追求利益的最大化。对违法行为进行民事制裁，表明法律上对这种行为是否定的、遏制的。在民法上有效地否定与遏制违法行为，必须要符合市场经济中成本/收益的经济法则，即民事法律中否定的行为也是市场经济法则中否定的行为。经济法则中否定某个行为，就是使这个行为的成本大于收益，人们会自动不从事这个行为。因此，应按照经济学的效率法则思考损害赔偿的轻重。任何违法行为人都不能从自己的违法行为中获得利益，要剥夺违法行为的收益部分，从而消除违法行为的动力。否则经过法律制裁的某个违法行为仍然是有收益的，收益大于成本，经济法则肯定它，那么民事法律否定它是没有意义的，也是否定不了的，无法遏制其行为。同时，还要考虑设置违法行为的阻力，使违法行为人为自己的违法行为付出成本。如果民事赔偿的衡量，使得行为人只有成本，没有收益，那么也就有效体现了民事制裁对违法行为的否定。现代社会中，损害赔偿又从物质损害赔偿发展到精神损害赔偿。民法既调整平等主体之间的财产关系，又调整平等主体之间的人身关系。侵害人身权利致使受害人遭受精神痛苦，要求侵权人用财产赔偿的方式进行救济。精神损害用物质赔偿，但问题是，精神和物质之间如何换算，用货币如何衡量精神痛苦？货币是一般等价物，是商品交换的媒介，货币是无法给精神及其痛苦标价的，否则是货币职能的僭越。早期人们认为，精神痛苦用金钱赔偿，可以和商品一样用货币标价,这是人格的商品化,是对人的价值的贬低,对精神赔偿持否定态度,后来人们逐步改变了这种观念。的确,精神痛苦是无法用货币计算的,但可以对精神损害进行物质赔偿。不是填补性的,而是抚慰性的,转换一下看待问题的角度,一方面物质赔偿可以在某程度上抚慰受害人的精神痛苦,另一方面对侵权人则是惩罚性的,有利于保护人身权利。

(二) 刑事制裁

刑事制裁是人民法院对犯罪者根据其刑事责任而实施的强制性惩罚措施。根据我国《刑法》规定,刑事制裁即刑罚,分为主刑和附加刑两类,主刑包括管制、拘役、有期徒刑、无期徒刑和死刑,附加刑包括罚金、剥夺政治权利和没收财产。刑事制裁与民事制裁有区别:民事制裁的主要载体是财产,刑事制裁的主要载体是自由,即限制人身自由;民事制裁由受害人主动向法院提起诉讼,刑事制裁一般是由检察机关以国家的名义提起公诉;民事制裁的主要目的在于赔偿受害人的损失,遏制违法行为,刑事制裁的主要目的是惩罚犯罪、改造犯罪、预防犯罪。这就涉及为什么要给犯罪者以刑事制裁,基于什么考虑的问题。理论上有各种解说,如报复论、功利论、复归论,等等。[①] 报复论认为作恶者该受惩罚,善有善报,恶有恶报,伤害社会的人,反过来也应该受到伤害,只有那些作恶者才应当受到惩罚,惩罚无辜者是不公正的,惩罚的轻重应同罪责的大小相适应,罚当其罪。执法机关只应考虑该不该对罪犯实施惩罚,而不应该考虑犯罪率是否因此而上升或下降。功利论认为,刑罚是基于功利的考虑。根据功利主义思想,一个行动或措施是否合理,取决于它是否比别的行动和措施更能促进幸福,对幸福和痛苦进行衡量,某种行为措施产生的幸福大于痛苦才是合理的,因为惩罚包含着痛苦,所以只有能够实现足够的超越痛苦的良好的效果,这种惩罚才是合理的。在这里,社会利益是合理惩罚的依据,社会利益包括一般预防和个别预防,加强法律规范以及改造罪犯等。复归论则认为,刑罚的目的是使罪犯

---

① 参见张文显:《二十世纪西方法哲学思潮研究》,法律出版社1996年版,第481页。

再社会化,再社会化是一种强制的教化过程,监禁罪犯等于给国家一个机会,去帮助罪犯改变原有的价值观和行为方式,克服反常的道德性格和反社会的心理定向,重新成为一个合格的社会成员,回归社会。由于复归论者相信人是可以再社会化的,并认为刑罚的目的是使罪犯再社会化,所以他们毫不保留地反对死刑,因为死刑截断了罪犯重新回归社会的道路。尽管在理论上对为什么要有刑罚有各种观点,但在实践上其效果并不是单一的,而是综合的,功利的、复归的甚至报复的因素都存在。

(三) 行政制裁

行政制裁是指国家行政机关或人民法院对违法者依其行政责任所实施的强制性惩罚措施。行政制裁包括行政处分、行政处罚,是由有关国家行政机关确认并实施的。行政处分是指对违法失职的国家公务员或被授权委托的执法人员所实施的惩罚措施,主要有警告、记过、记大过、降级、撤职、留用察看、开除等措施;行政处罚是由有关国家行政机关对违反行政法律的公民、法人等行政相对人所实施的惩罚措施,主要有警告、罚款、拘留、没收非法所得、责令停产停业、暂扣或吊销许可证等;劳动教养则是由专门的行政机关对有违法行为但不够追究刑事责任的、有劳动能力的违法者实施的一种强制性教育改造的措施。行政制裁还包括由人民法院实施的对有关责任主体的强制性惩罚措施,如人民法院通过行政诉讼,对违法的行政机关,强制其撤销违法的行政行为,对遭受损失的公民损害赔偿等。

(四) 违宪制裁

违宪制裁是根据宪法规定对责任主体依其违宪责任实施的强制性措施。在我国,监督宪法实施的机关是全国人民代表大会及其常委会,违宪制裁的主要方式有撤销同宪法相抵触的法律、行政法规、地方性法规,罢免国家机关的领导成员等。宪法是有关公民基本权利的法,有权利就要有救济方法,从法的可诉性或权利的可诉性上看,建立一个有效的公民基本权利救济机制,以使宪法具有法律性。

本 章 要 点

1. 从法律的角度看,法律责任是行为主体因为违法行为或违约行为,或主体虽未违反法律义务、但仅仅因法律规定而应承担某种不利的法律后果。

2. 法律责任具有法定性和国家强制性。

3. 过错责任是法律责任中最普遍的形式,是占主导地位的法律责任。无过错责任,是指不以主观过错的存在为必要条件的法律责任,它是从19世纪开始逐渐形成的。

4. 由于某种法律事实的出现,可能导致多种法律责任的并存或相互冲突。对于发生在不同法律部门之间的责任竞合,不同责任并存,可以同时追究。

5. 违法行为人承担过错责任应具备违法行为、损害事实、因果关系和过错等必要条件;无过错责任不存在过错要件。

6. 法律责任的归结须遵循责任法定、责任相称、责任自负等原则。

7. 由于出现某种法律上规定的条件或法律上允许的条件,可以部分免除或全部免除行为人的法律责任。

8. 法律制裁与违法行为、法律责任紧密地联系在一起,违法行为引起法律责任,法律责任导致法律制裁,没有法律责任就没有法律制裁。

第二编　法的运行

第十章 立 法

第一节 立法与立法体制

一、立法的含义与特征

"立法"一词在我国古代典籍中早已有之。战国时代的《商君书·更法》中记载:"伏羲、神农教而不诛,黄帝、尧、舜诛而不怒,及至文、武,各当时而立法,因事而制礼。"西汉司马迁所著《史记·律书》上说:"王者制事立法。"东汉班固所撰《汉书·刑法志》也有"圣人制礼作教,立法设刑"之说。虽然当时的立法和现在的立法在内涵上不完全一样,但在本质上都是订立法度,设立规范,是一种权威意志的体现。

在我国当代法学中,"立法"通常有广义和狭义两种理解。狭义的立法,是专指国家权力机关依照法定职权和程序制定规范性法律文件的活动,包括中央权力机关立法和地方权力机关立法两大部分。广义的立法是所有有权制定规范性法律文件的机关依照法定权限和程序制定法律、法规和规章的活动。它既包括国家最高权力机关修改宪法的活动,也包括其制定普通法律的活动;既包括国家行政机关制定行政法规的活动,也包括各行政部门或地方行政机关制定规章的活动;还包括被授权机关制定规范的活动。本章所说的立法,是广义上的立法。

立法是有权机关依照法定权限和程序制定规范性法律文件的活动。这里所说的制定既包括创制新法和立法认可,还包括对规范性法律文件的补充、修改和废止。因此,作为一项国家活动,立法具有如下特征:

(1)立法是有权制定规范性法律文件的国家机关进行的活动。

首先,立法是由国家机关进行的活动。特别是在当代的中国,任何个人、社会组织或社会团体都不得进行立法活动。其次,也不是所有的国家机关都可以进行立法,只有法律确认的有权立法的国家机关才能立法。这些国家机关既包括立法机关,也包括宪法赋予特定制定规范职责的行政机关以及其他机关。至于哪些机关可以在哪些范围内立法,是由宪法和法律明确加以规定的。

(2) 立法是依法定程序进行的活动。

民主、公正、公开、科学是对现代立法的基本要求。要达到这样的要求,就必须把立法纳入程序化、规范化的轨道。立法程序就是对立法活动进行限定和规范的法律规定,它是制定法律的机关在立法过程中必须遵守的。如果违反,则会对立法的有效性产生影响。因此,它是立法这项国家专门活动区别于其他国家活动的重要标志。

(3) 立法是有权立法的国家机关创制、补充、修改、认可或废止法律、法规的活动。

首先,立法是创制规范的活动,即原本没有某一法律,通过一系列的活动,法律得以产生。创制法律是立法的一个基本功能,是国家意志得以体现的一种基本方式。现代立法中大多数法律都是创制的结果。

其次,立法也是补充、修改和废止法律的活动。补充既可以是在已公布的法律文件之外另行做补充性规定,也可以是在原来的法律中增加一些新的内容,使之更加完善。修改是将法律中部分不适宜的内容加以改变后继续适用。废止则是指某些法律已完成本身的使命,或已不适合社会的需要,须通过法律程序完全取消其效力。因这种取消是一定意志的表达,所以,废止法律也是立法活动,是形式上的废,实质上的立。

最后,立法还包括认可规范的活动。立法认可,是指国家立法机关通过特定的形式承认并赋予某些行为规范以法律上的效力,使之具有国家强制性。通常包括对习惯、判例、法理、政策等的认可。1990年4月4日第七届全国人大第三次会议通过的《中华人民共和国香港特别行政区基本法》第8条规定:"香港原有法律,即普通法、衡平法、条例、附属立法和习惯法,除同本法相抵触或经香港特别行政区的立法机关作出修改者外,予以保留。"这即是一种认可。

二、立法体制

（一）立法体制的含义

立法体制是有关立法权限的划分所形成的结构和制度。在一个国家中,不是所有的国家机关都有权立法。在有权立法的国家机关中,也不是所有的立法主体都拥有同样的立法权限。根据不同的立法主体,宪法和法律为其设定不同的权限范围,各主体在自己的权限范围内制定规范性法律文件,由此形成了国家立法的制度体系。

从立法体制的类型看,既有一元立法体制,也有二元或多元立法体制;既有单一立法体制,也有复合立法体制;既有一级立法体制,也有二级立法体制;既有民主立法体制,也有专制立法体制,等等。一个国家的立法体制通常同该国的国家性质和国家结构形式密不可分,同时也和国家的大小、历史传统的差异密切相关。在专制国家的立法体制中,君主享有最高立法权,虽然也可能采取二元或多元、二级或多级立法体制,但君主的权力范围是无所限制的,因此属专制立法体制。从国家结构形式看,小的单一制国家多采用单一立法体制,大的单一制国家有的采用单一立法体制,也有的采用复合立法体制。而在实行联邦制的国家中,立法体制都是二元或多元的。在这种立法体制下,一国内有两个或多个相对独立的立法系统拥有各自的或并行的立法权。如《美国宪法》第10条修正案规定:"本宪法所未授予中央或未禁止各州行使的权力,皆由各州或人民保存之。"《瑞士联邦宪法》规定:"各州的主权,未经联邦宪法限制者,都得自主。凡未委任联邦宪法的权力,概由各州行使。"这说明联邦制国家不但在宪法中明确划分中央与地方立法权限的范围,还确认地方独立于中央的自主立法地位,是具有独立核心地位的立法主体。

（二）我国现行立法体制

我国现行的立法体制既不同于联邦制国家,也和一般的单一制国家有所区别。在我国的立法制度中,全国人民代表大会是最高权力机关,代表全国人民行使国家立法权。各省、自治区、直辖市人民代表大会是地方权力机关,根据最高权力机关的法律制定适用于本地区的地方性法规。在省、自治区、直辖市所辖区域内又有不同级别的人民代表大会,分别依照全国人民代表大会,所在省、自治区、直辖市人民代表大会制定的法律法规,制定适用于本地区的法规,其内容不得超出法律所规定的范围,也不得与上位法相抵触。在权力机关的体系外,还有行政机关的立法、授权立法等。

行政机关的立法是国家行政机关根据宪法和法律,在行政管理领域制定行政法规和规章的活动。我国行政机关的立法规权虽然直接源于宪法的规定,但由于它只能根据宪法和法律在行政范围内对其行政管理领域的事项进行规范,因此,是从属于权力机关的,没有独立的核心地位。授权立法是有立法权的机关将属于自己立法权限中的某一部分或某一项的立法权授予其他机关。它最早起源于西方国家议会对行政机关的授权,以后又发展出多种形式。我国的授权立法主要有两种:一种是由立法机关作出一项专门决定,授权某主体制定某些本应由自己规定的事项,称之为"特别授权";还有一种是在某项法律条文中规定,其施行细则由立法主体的同级政府或该法所规范事项的主管机关制定,称之为"法条授权"。

我国现行立法体制可以简略地概括为"一元二级多层次多分支"的结构体系。所谓"一元"是指我国立法是在统一宪法下、统一由最高权力机关规范的活动,是一个统一的体系。全国只有这样一个立法核心,没有别的核心。所谓"二级"是指根据宪法规定,我国立法分为中央和地方两部分,它们之间存在等级关系,地方立法从属于中央立法。所谓"多层次"是指无论中央立法还是地方立法中又都存在不同层级的立法。所谓"多分支"是指在权力机关的立法之外,还存在着行政机关的立法、特别行政区的立法、经济特区的立法等。

根据我国现行《宪法》《立法法》和有关法律的规定,我国关于中央与地方、国家权力机关与国家行政机关在制定法律、法规和规章方面的不同职权大体划分如下:

(1)全国人大和它的常委会行使国家立法权,分别制定基本法和基本法以外的法律。

(2)国务院根据宪法和法律制定行政法规,国务院下属各部门根据宪法、法律和行政法规制定规章。

(3) 省、自治区、直辖市的人民代表大会和它的常务委员会在不同宪法、法律、行政法规相抵触的前提下,可以制定地方性法规。

(4) 设区的市和自治州的人民代表大会及其常委会根据本市的具体情况和实际需要,在不同宪法、法律、行政法规和本省、自治区的地方性法规相抵触的前提下,可以对城乡建设与管理、环境保护、历史文化保护等方面事项制定地方性法规;其人民政府可以根据法律、国务院的行政法规和本省、自治区、直辖市的地方性法规制定规章。

(5) 民族自治地方的人民代表大会依照宪法和民族区域自治法的规定,有权根据当地民族的政治、经济和文化的特点,制定自治条例和单行条例。

(6) 经济特区所在地的省、市的人民代表大会及其常务委员会根据全国人民代表大会的授权,可以制定在经济特区范围内实施的法规。

(7) 香港特别行政区和澳门特别行政区的立法会,在不同特别行政区基本法相抵触的前提下,享有独立的立法权。

三、立法原则

立法原则可分为立法的价值原则和立法的形式原则。立法的价值原则是立法者在立法中应贯彻的价值理念,它的功能在于确保法律正义或维护法的价值合理性,主要包括民主性、平等性、权利性和最大多数人的利益性等诸项原则。立法的形式原则是指立法者在形式上应遵守的原则,其功能在于使立法更加科学、规范、可行。立法的形式原则大体可归纳为五个方面:

(1) 位阶原则。立法必须遵守法的效力等级的规定,下位立法不能违反上位立法,所有立法不能违反宪法。这一原则使各级立法者的立法均有所依据,并统一于宪法,以保持法律的整体和谐。

(2) 明确性原则。作为一种行为规范,立法的内容应该是肯定的、明确的,而不能是含混的或模棱两可的。这就要求立法的概念应清楚,规则表达应明晰,语言无歧义,规范的逻辑关系应严密等。

(3) 稳定性原则。立法的稳定性并不是说立法不能变化,而是说立法不宜频繁变动,应在变化中保持一定程度的稳定。因为不稳定的法律会导致民众对法律的不信任,从而使法律失去权威。要保持法律的稳定就要求立法者在立法时要充分了解社会需求,掌握时代变化,并明确发展趋势,制定出与社会情势相适应的、有较高技术水平的法律。

(4)一致性原则。一致性原则亦称不矛盾原则,指法律规范之间不能有相互矛盾或抵触的规定。因为矛盾的立法使民众无所适从。虽然现代立法的庞大数量使规范之间保持绝对一致是比较困难的,但作为一种理性要求,一致性是立法者应坚持的原则。

(5)公开性原则。公开性原则是指立法活动必须公开进行,不得由少数人私下操作。具体要求是立法过程要公开,从项目确定到制定规范都应让公众了解、参与。特别是立法程序中的提案、审议及表决,应公布提案,展开公开辩论,表决结果"两面俱呈"。只有公开才便于监督,监督就有利于民主。[①]

第二节 立法程序

一、立法程序的含义与特点

立法程序是指有权立法的机关在进行立法活动时必须遵守的法定次序、步骤和方法。就立法活动来说,从立法准备开始,到完成立法,再到对立法加以完善,其中包含大量的次序、步骤和方法的内容。但并不是所有与立法有关的次序、步骤和方法都是立法程序。只有那些法律明确规定,立法主体在立法时必须严格遵循,否则将对立法的有效性产生影响的次序、步骤和方法才是立法程序。因此,立法程序主要有以下三方面含义:

(1)它是有关立法活动次序、步骤和方法的规定。所谓次序、步骤是进行立法活动时的先后顺序和行动安排。方法则是对立法活动方式的规定。立法是一项科学性、技术性很强的活动,在很多情况下都有顺序的要求和行动的特别安排。特别是一些关键的次序、步骤

---

① 参见周永坤:《法理学——全球视野》,法律出版社2000年版,第341—351页。

和方法,如果发生改变,会对立法结果产生重要影响。所以,立法程序是对立法活动中关键的次序、步骤和方法的规定,是对立法活动中重要内容的安排,具有确定顺序和固定步骤的功能。

(2) 它是所有的立法主体在进行立法时必须遵循的。有人认为,立法程序是立法机关进行立法时必须遵循的程序。这样的概括对实行单一立法体制的国家是适宜的,但对于实行复合立法体制的国家却是不适宜的。在我国,立法主体不仅仅是立法机关,还有行政机关等其他立法主体。这些主体在进行立法时,也必须遵循相应的程序。所以,立法程序是所有有权立法的主体都必须遵循的程序。

(3) 它的内容是由法律明确规定的。虽然在整个立法过程中,每一个环节中都有大量的程序性安排,但大多数程序是不需要由法律加以规定的。在具体操作过程中,根据具体情况可以对有关次序或步骤进行调整甚至省略。而立法程序是法律明确规定的,在立法中不能有任何违反。立法程序的法定性是它区别于立法活动中其他程序的主要特征。

二、当代中国制定法律的程序

我国立法体制的独特性决定了立法主体类型的多样化,从而也决定了立法程序的多样性。在我国,几乎每一个有权立法的主体都有自己的立法程序,比较重要的立法还要制定专门的程序。通常行政机关的立法程序相对简单一些,而权力机关的立法程序则严格一些。虽然全国人大、全国人大常委会以及地方人大的立法程序并不完全一样,但大体上都要经过以下四个主要阶段,因此被认为是我国立法的基本程序。

(一) 立法议案的提出

立法议案,亦称法律案、法律议案,是具有立法提案权的国家机关和人员向立法机关提出的关于法律的创制、补充、修改、认可或废止的书面提议或建议。这种议案一经提出,立法机关必须进行审议并决定是否列入议程。可见,它不同于一般公民提出的立法建议。提出法律议案不等于提出法律草案。前者主要是提出题目和理由,不一定附带草案,其内容比较原则和概括。后者是指有关立法的动议被列入议事日程后,提交审议的法律原型,其内容比较具体和完整。但在实践中,享有立法提案权的机关在提出法律议案之前,往往要通过调查研究、协商讨论等一系列的准备工作,拟出法律草案。我国国家机关提交的法律议案一般都附有草案。法律议案的提出是立法程序中的第一个步骤。其中最主要的问题是哪些机关和个人享有立法提案权的问题。对此,世界各国的规定有所不同。我国《全国人民代表大会组织法》和《立法法》规定:全国人大主席团、全国人大常委会、全国人大各专门委员会、国务院、中央军事委员会、最高人民法院、最高人民检察院、全国人大的一个代表团或30名以上的代表联名均可以向全国人大提交立法案,是全国人大的提案主体。全国人大常委会的立法也有特定的提案主体。

(二) 法律案的审议

法律案的审议是指立法机关对已经列入议事日程的法律案进行审查和讨论。实际上是对为该法律案所拟定的立、改、废的草案进行正式审查和讨论。这个步骤是立法民主化的重要环节。会议组成人员能否充分行使审议权是立法民主化的重要标志。为此,世界上多数国家都规定,必须经过立法机关全体组成人员的讨论并按一定的程序进行。在我国,为了保证人民代表在审议法律时能够充分发表自己的意见,《全国人民代表大会组织法》第43条特别规定:"全国人民代表大会代表、全国人民代表大会常务委员会的组成人员,在全国人民代表大会和全国人民代表大会常务委员会各种会议上的发言和表决,不受法律追究。"为了保证充分行使审议权,人大代表在审议过程中可以行使了解权。为此,《全国人民代表大会组织法》在第17条中还明确规定:"在全国人民代表大会审议议案的时候,代表可以向有关国家机关提出询问,由有关机关派人在代表小组或者代表团会议上进行说明。"

对法律案的审议形式和程序各国的规定有所不同。一般由立法机关全体会议、立法机关的领导机构、专门委员会和法律委员会共同行使审议权。根据我国《立法法》的规定,对于列入全国人大立法议程的议案,一般是这样进行的:首先是大会全体会议听取提案人的说明,之后由各代表团进行审议。同时有关的专门委员会也要对议案进行审议,并向主席团提出审议意见,印发会议。然后是法律委员会根据各代表团和有关的专门委员会的审议意见,对法律案进行统一审议,向主席团提出审议结果报告和法律草案修改稿,对重要的不同意见在审议结果报告中予以说明,经主席团会议审议通过后,再印发会议。必要时,主席团常务主席可以召开各代表团团长会议或召集代表团推选的有关代表进行讨论,就法律案中的重大问题听取各代表团的审议意见,进行讨论,并将讨论的情况和意见向主席团报告。审议会议的形式有多种,代表小组会议是基本形式。此外还有代表团会议、专门委员会会议、法律委员会会议、主席团会议、代表团团长会议、代表全体会议等。全国人大常委会的审议程序与全国人大略有不同。

(三) 法律案的表决和通过

这是立法程序中具有决定意义的一个步骤。表决是有立法权的机关和人员对议案表示的态度:赞成、反对或弃权。表决是通过的前提,通过是表决的一种结果。所谓通过,是经过表决,议案获得了法定数目以上人的赞成、同意。表决还可能出现另一种结果,就是没有获得法定数目以上人的赞成、同意,即不通过。

关于通过法律的法定人数,世界各国有不同的规定。多数国家规定,普通法律为出席立法会议的全体议员或代表的过半数通过;宪法则需要出席会议的议员或代表的 2/3 或 3/5 以上多数通过。我国《宪法》第 64 条规定:"宪法的修改,由全国人民代表大会常务委员会或者五分之一以上的全国人民代表大会代表提议,并由全国人民代表大会以全体代表的三分之二以上的多数通过。法律和其他议案由全国人民代表大会以全体代表的过半数通过。"

表决的方式可以分为公开表决和秘密表决两种。公开表决包括举手表决、起立表决、口头表决、行进表决、记名投票表决、记牌表决、电子表决等多种形式。秘密表决主要是无记名投票的形式。目前世界各国对立法议案的表决普遍采取公开表决的方式。秘密表决较多运用于选举中。

(四) 法律的公布

法律的公布亦可称为公布法律,是指立法机关或国家元首将已通过的法律以一定的形式予以公布,以便全社会遵照执行。法律的公布是立法程序中不可缺少的最后一个步骤,它是法律生效的前提。法律通过后,凡是未经公布的,都不能发生法的效力。

法律的公布必须由特定的机关或人员采取特定的方式进行。许多国家为此都制定了专门法律。我国在《宪法》和《立法法》中对此做了规定:全国人民代表大会和全国人民代表大会常务委员会通过的法律由国家主席签署主席令予以公布;行政法规由总理签署国务院令公布。省、自治区、直辖市人大制定的地方性法规由大会主席团发布公告予以公布;其常委会制定的地方性法规由各常委会发布公告予以公布。公布法律的方式,一般都是在立法机关的刊物上或在特别规定的其他刊物上公布。我国全国人大和全国人大常委会公布法律的正式刊物是《全国人民代表大会常务委员会公报》。

立法程序问题从表面上看是个形式问题,实质上却体现着一个国家的决策过程是否民主和科学。所以,立法程序规定和执行的状况如何,是一个国家文明、民主和法制建设发展水平的标志之一。

第三节 规范性文件的系统化

一、规范性文件与非规范性文件

规范性文件是规范性法律文件的简称,指有权制定法律规范的国家机关所发布的、具有普遍约束力的法律文件。它是法的正式渊源。规范性法律文件有如下几个特点:

(1) 规范性法律文件只能由有权立法的国家机关或被授权的主体制定和发布,因此它体现的是国家意志。

(2) 规范性法律文件必须含有一定的行为规则或行为模式。

(3) 规范性法律文件具有普遍约束力,是国家适用法的机关进行个别性调整的规范性依据。

与规范性法律文件相对应的是非规范性法律文件,简称非规范性文件,主要指国家机关在适用法的过程中发布的个别性文件,如判决、裁定、行政决定等。在当代中国,这类文件的效力仅及于特定案件及相关的主体、客体及行为,没有普遍约束力,因而不是法的渊源。

二、规范性文件系统化的含义与意义

规范性文件系统化是指对已制定的规范性法律文件进行系统的整理、分类或加工,使之有序排列,便于实施的活动。之所以要对规范性法律文件进行系统化处理,是因为规范性法律文件作为一个多层次、多等级的庞大的规范体系,在各自的制定过程中,一般都是从制定该规范自身考虑,而很难估计规范性法律文件作为一个统一体系的相互协调、配合。因此,对其进行系统化整理、分类或加工,可以使其在类别上更加分明,整体上更加协调一致,便于施行。

具体地说,规范性文件系统化的意义主要有三个:(1)可以使不同机关在不同时期发布的各种规范性文件按一定标准分类集中,既方便查阅,又增强了法律文件的系统性,有利于法的适用和遵守。(2)可以及时发现并消除不同时期创制的规范性法律文件之间存在的矛盾和冲突,发现缺陷和空白,废止过时的规范,使现行法的体系保持和谐统一。因此,它不仅仅是立法的必要准备,也是立法工作的一个重要环节。(3)有助于总结立法工作中的经验教训,不断提高立法水平。目前,全国人大常委会法律工作委员会和国务院法制办公室等规范性文件制定机关的工作机构,已将规范性法律文件系统化工作作为他们的常规任务之一。实践证明,对已经制定生效的规范性法律文件进行定期的或集中的清理,编制法律汇编,以及在必要的时候及时制定部门法典,对成文法国家具有重要意义。

三、规范性文件系统化的形式

(一)法律清理

法律清理是指有权立法的国家机关对一定时期和范围内的规范性法律文件予以审查、整理并确认其法的效力的活动。清理法律的国家机关一般是制定或发布该项法律的主体,清理的对象是一定时期或范围内发生效力的规范性法律文件。法律清理不对法律文件的内容做任何变动,只是就法律文件从整体角度进行审查、清点和整理,以确定某项法律是否应继续适用,哪些法律需要修改,哪些法律应予废止等。对于该废未废、应改未改或应该延期的法律,通过法定程序作出修改、废止或延期的决定。

(二) 法律汇编

法律汇编是指将规范性法律文件按照一定的标准进行排列并汇辑成册的活动。它是对正在生效的法律的汇编,不能改变规范性法律文件的内容,因此不是立法活动,仅是一项技术性整理和归类活动。

法律汇编的种类很多,有官方法律汇编和非官方法律汇编,法律汇编和法规汇编等。官方法律汇编主要是指由各级法的制定机关对规范性法律文件进行的汇编;非官方法律汇编主要是指由非法律制定机关、大学、研究机构、社会团体或出版机构等因学习、研究或商业需要而进行的汇编。

(三) 法典编纂

法典编纂是指由国家最高立法机关制定的大型、完备的法律。即对某一部门法或某类法律的全部规范性法律文件加以整理、修改、补充,删除其矛盾、冲突、重叠的部分,增加适宜的内容,从而产生出一部新的、完整的法律。法典编纂不是对现有的法律规范作简单的技术整理和外部加工,而是重新审查某一法律部门或某一方面的全部法律规范,从而形成法典。法典编纂是国家的一项重要立法活动,只能由最高权力机关施行。

本 章 要 点

1. "立法"通常有广义和狭义之分。狭义的立法,专指国家权力机关依照法定职权和程序制定规范性法律文件的活动;广义的立法包括所有主体制定各类规范性法律文件的活动。

2. 立法包括创制、补充、修改、认可或废止法律、法规的活动。

3. 根据不同的立法主体,宪法和法律为其设定不同的权限范围,各主体在自己的权限范围内制定规范性法律文件。由此形成国家立法的制度体系。

4. 当代中国现行的立法体制可以概括为"一元二级多层次多分支"的结构体系。

5. 当代中国的立法大体上要经过立法议案的提出、法律案的审议、法律案的表决和通过以及法律的公布四个主要阶段。

6. 规范性法律文件系统化的主要形式有法律清理、法律汇编和法典编纂。

第十一章 法的实施

法的实施是指法在社会生活中的运用和实现的活动与过程。具体来说是指通过执法、司法、守法和法律监督等途径,把法律规范具体适用于社会生活,使法作用于社会关系的活动。国家制定法律的目的,就是要使法在社会生活中发挥作用,而法的实施就是实现立法目的,实现法的作用的前提,是实现法的价值的必由之路,也是建立法治国家的必要条件。制定好的法律并严格地实施这种法律,被古希腊思想家亚里士多德认为是法治的两个主要条件。美国当代法学家博登海默也指出:"如果包含在法律规则部分中的'应然'内容仍停留在纸上,而并不对人的行为产生影响,那么法律只是一种神话,而非现实。"①

法的实施的实质,就是将法律规范中规定的权利义务关系转化为现实生活中的权利义务关系,使法从抽象的行为模式变成人们的具体行为。以法律实施的主体和法的内容为标准,法的实施的基本方式主要分为法的执行、法的适用、法的遵守和法律监督。

第一节 执 法

一、执法的概念

(一) 执法的含义

执法有广义和狭义之分。广义的执法,是指一切执行和适用法律的活动,包括国家行政机关和法律授权、委托的社会组织及其公职人员以及司法机关及其公职人员依照法定职权和程序贯彻实施法律的活动。例如人们在讲到社会主义法制基本要求之一的"执法必

---

① 〔美〕E.博登海默:《法理学——法律哲学与法律方法》,邓正来译,中国政法大学出版社 2004 年版,第 255 页。

严"时,所指的就是广义的执法。狭义的执法,则专指国家行政机关和法律授权、委托的社会组织及其公职人员依法行使管理职权,履行职责,实施法律的活动,即"行政执法"。本章所讲的执法,仅指狭义的执法。

执法是法的实施的重要组成部分和基本实现方式。我国《宪法》明确规定,国家行政机关是国家权力机关的执行机关,国家权力机关制定的法律和其他规范性法律文件,主要通过国家行政机关的日常职务活动来贯彻执行。执法使大多数法律在社会生活中的各个领域发挥作用,使国家政治、经济、文化、社会公共事务等都依法进行。所以,执法在我国是最普遍、最广泛的实施法律的活动,是实现法律的主要途径。因此高度重视执法,是现代社会实现法治国家的必然要求。

(二) 执法的特征

(1) 执法主体具有特定性。

执法主体的特定性是指只有那些依法享有执法权,能够以自己的名义对外行使该项权力并对行为的效果承担法律责任的组织才能成为执法主体。在我国,国家行政机关和法律授权、委托的社会组织享有执法权,是我国的主要执法主体。

(2) 执法内容具有广泛性。

执法是以国家名义对社会实行全方位的组织和管理,它涉及国家、社会、经济生活的各个方面,包括政治、经济、外交、国防、财政、文化、教育、卫生、科学、工业、农业、商业、交通、治安、社会福利、公用事业等各个领域,内容十分广泛。随着现代社会事务愈加复杂,行政管理的范围更为广泛,执法的范围也日益扩大,执法对社会生活的影响也日渐深刻。

(3) 执法活动具有主动性和单方面性。

执法权既是行政机关进行社会管理的权力,同时也是行政机关的职责,这是由行政机关的特殊性质所决定的。因此,行政机关在进行社会管理时,一般都采取积极主动的行为去履行职责,而不一定需要行政相对人的请求和同意。如税务部门征税,卫生行政部门进行食品卫生检查等。如果行政机关不主动执法并因此给国家或社会造成损失,就构成失职,要承担法律责任。当然,有一些行政司法行为,必须由当事人申请后才能去执行,行政机关不得主动去执法,例如行政许可行为。

二、执法主体

执法主体,是指依据法律规定或法律授权、委托,享有行政执法权的行政机关、组织。

根据宪法和法律的有关规定,目前我国的行政执法主体主要有以下三类:

(一) 行政机关(包括国务院和地方各级人民政府)

我国《宪法》第85条规定,国务院即中央人民政府,是最高国家权力机关的执行机关,又是最高国家行政机关。其执法范围涉及全国,其执法权主要包括制定行政法规,规范行政行为,从而贯彻执行宪法和法律。

地方各级人民政府是地方国家权力机关的执行机关。地方人民政府由四级构成,即省、自治区、直辖市人民政府,自治州和设区的市人民政府,县人民政府,乡、镇人民政府,它们负有执行宪法、法律、行政法规和地方性法规的重要职能。

(二) 行政职能部门

行政职能部门是各级人民政府的下属机构,它们具体负责法律的贯彻执行,具体履行各项行政职责,实行对社会的全面管理。因此,行政职能部门的执法活动对社会的影响极大,是我国最主要的执法主体。

根据有关法律的规定,有执法权的行政职能部门主要包括:工商、公安、税务、物价、金融、食品卫生、海关、交通、技术监督、土地管理、外汇管理、教育、科学技术、文化、新闻出版、广播电视、审计、专利、林业、农业、电力、铁路、民航等。

(三) 法律、法规授权的社会组织和行政机关委托的组织

根据法律、法规的具体授权而行使特定行政职能的社会组织,可以在一定范围内执行法律。例如,我国《行政处罚法》第17条规定:"法律、法规授权的具有管理公共事务职能的组织可以在法定授权

范围内实施行政处罚。"

法律、法规授权的组织的范围,在实践中是非常广泛的,但常见的被授权组织主要是行政机构、社会团体和特定的事业组织,如律师协会、体育协会、红十字组织等,它们依法律的授权执行有关法律,管理本行业的某些行政事务。

另外,行政机关有时将自己行使职权的部分依法委托给某个机关、人员或其他组织,接受委托的机关、人员或组织也便享有了一定的行政权,以行政机关的名义履行某些行政职能。

三、执法的基本原则

执法的基本原则是指行政执法主体在执法活动中应遵循的基本准则。在我国,执法应遵循合法性原则、合理性原则和效率原则。

(一) 合法性原则

执法的合法性原则又叫依法行政原则,是指一切行政行为都必须符合宪法、法律。合法性原则是现代法治国家对执法的基本要求,也是执法的最重要的一项原则。贯彻合法性原则,实行依法行政,最根本的目的就是要限制行政权力的滥用,保护公民的权利。

具体来说,合法性原则包括两方面的内容:(1) 法律优位原则,是指立法机关制定的法律的位阶高于其他行政法规,无论是行政立法活动,还是执法活动都不得与现行法律相抵触。我国的《行政处罚法》第3条对此原则作了具体规定:"公民、法人或者其他组织违反行政管理秩序的行为,应当给予行政处罚的,依照本法由法律、法规或规章规定,并由行政机关依照本法规定的程序实施。没有法定依据或者不遵守法定程序的,行政处罚无效。"(2) 法律保留原则,是指行政机关只有在法律明确授权的情况下才可以实施某种行政行为。比如,某些重要事项只能由法律规定,行政机关未经授权不得为其立法。没有法律、法规和规章的规定,行政机关不得作出影响公民、法人和其他组织合法权益或者增加公民、法人和其他组织的义务的决定。

(二) 合理性原则

执法的合理性原则,是指执法主体在执法活动中,特别是在行使自由裁量权时,必须客观适度,合乎理性。合理性原则是合法性原则的补充和发展。

合理性原则的内容包括:(1) 公平、公正原则。我国在很多的法律中都提出了公平、公正的要求,比如《行政处罚法》第 4 条第 1 款规定:"行政处罚遵循公正、公开的原则。"《行政许可法》第 5 条第 1 款规定:"设定和实施行政许可,应当遵循公开、公平、公正、非歧视的原则。"(2) 平等原则,指公民在法律面前一律平等。其基本内涵是相同案件相同处理,不同案件不同处理,不能因为当事人的社会地位、经济状况或者性别等原因,而区别对待。(3) 正当裁量原则,是指行政机关在作出行政裁量决定的过程中,所追求的目的是适当的,或者行政机关在作出行政裁量决定的时候应该考虑相关因素,不能考虑不相关因素。(4) 比例原则,是指执法主体在从事侵害公民权利的行为时不仅要有法律的依据,而且必须选择对公民权利侵害最小的方式行使之,行政行为应该是合乎比例的、是恰当的。

合理性原则的存在是基于行政机关等执法主体裁量权的存在和广泛运用。从形式上看,执法主体基于法律规定的范围行使裁量权是合法的,但是由于执法活动涉及范围十分广泛,法律并不能预料可能发生的所有情形和产生的所有后果。当执法严重不当,侵犯了公民的权利或违背社会公共利益时,就必须对其行政裁量权进行控制,在坚持合法性原则的前提下,使执法行为做到客观、公正、适当。

(三) 效率原则

执法的效率原则是指在依法行政的前提下,行政机关对社会实行组织和管理的过程中,以尽可能低的成本取得尽可能大的收益,取得最大的执法效益。

由于执法要处理较多急迫的问题,如果拖延耽搁,就会给国家利益、社会公共利益或行政相对人合法权益造成重大损害,因此,与国家立法机关的立法行为和司法机关的司法行为相比,行政机关的执法行为更要强调效率。要求执法主体主动积极履行行政职责,对行政相对人的各项请求及时作出反应,对各种行政事务及时通过执法作出反应,有效地实现国家的行政职能。

第二节 司 法

一、司法的概念

(一) 司法的含义

司法,又称法的适用,是指国家司法机关依据法定职权和程序,具体应用法律处理案件的专门活动。在法律的实施的基本形式中,司法属于特殊的形式,它通常伴随判断和裁量活动,在法律可以通过守法和一般执法活动正常实现的情况下就无须启动司法程序。

司法主体即行使司法权的司法机关,在不同的社会和不同的法律体制下有所不同。在实行三权分立的西方国家里,司法权由法院来行使,法院便是司法机关,也就是司法的主体。在我国,司法权一般包括审判权和检察权,审判权由人民法院行使,检察权由人民检察院行使。因此,人民法院和人民检察院是我国的司法机关,也是司法的主体。

(二) 司法的特征

司法,作为国家司法机关的一项专门活动,不同于其他国家机关、社会组织和公民实施法律的活动,有其自身的特征,主要表现在：

(1) 司法主体具有特定性和专属性。

司法的主体是特定的,按照宪法和法律规定享有司法权的专门的国家机关才能成为司法主体。在我国,按照现行法律体制和司法体制,人民法院和人民检察院是代表国家行使司法权的司法机关,是司法主体,其他任何组织和个人都无权行使司法权。司法机关依照法律独立行使职权,不受行政机关、社会团体和个人的干涉。

(2) 司法的内容具有特定含义。

司法的内容是将法律规范适用于具体案件和对象(人和组织),包括确认、变更或解除特定的权利义务关系;对违法犯罪行为施加法律制裁;解决纠纷或进行法律救济,其目的是保证法律规范的实施和法律的实现。

(3)司法过程具有严格的程序性。

司法具有程序法定性。司法是司法机关按照法定职权和法定程序所进行的专门活动,因此,程序性是司法的最重要、最显著的特点之一。司法机关处理案件必须遵循法定的程序,诉讼程序法是保证司法公正、公平的重要条件。离开了这些法定程序,就难以保障诉讼当事人的合法权益,也难以保证法律的正确适用。

(4)司法裁判具有权威性。

司法是国家专门机关的专门活动,以国家强制力为后盾,因此,这些机关在司法过程中所作出的判断具有极大的权威性,任何组织和个人都必须执行,不得随意更改、废除。

二、司法的基本原则

司法有其基本要求,可归结为正确、合法、及时。这是衡量司法工作的质量和效率的标准,而司法的基本原则是达到这一标准必须坚持的指导方针。

司法的基本原则是指在司法过程中必须遵循的基本准则。这些基本原则主要有:司法平等原则、法治原则、司法权独立行使原则、司法责任原则。

(一)司法平等原则

司法平等原则,是指同样的事物同样的对待,相同的案件相同的处理。这是公平、正义的基本要求之一。在我国,司法平等原则是宪法中"公民在法律面前一律平等"基本原则在司法中的具体体现。我国《宪法》第33条第2款规定:"中华人民共和国公民在法律面前一律平等。"它要求各级司法机关在处理案件、行使司法权时,对于任何公民,不论其民族、种族、性别、职业、宗教信仰、教育程度、财产状况、居住期限等有何差别,也不论其出身、社会地位、政治地位有何不同,在适用法律上一律平等。这一原则不仅适用于公民个人也适用于法人和其他社会组织。

具体来说,司法平等原则的基本含义是指:

(1)任何公民都必须平等地遵守我国的法律,平等地享有法定权利和承担法定义务,不允许任何人有超越法律之上的特权;

(2) 任何公民的合法权益,都必须平等地受到法律的保护,他人不得侵犯;

(3) 任何公民的违法犯罪行为,都应当平等地受到法律的制裁。

在司法过程中,正确理解贯彻司法平等原则具有重要意义,司法平等是实现权利平等的重要环节和保障。坚持这一原则,对于切实保障公民在适用法律上的平等权利,反对一切特权思想和行为,惩治司法腐败行为,维护法制的权威和尊严,有着十分重要的意义。

(二) 法治原则

法治原则是指在司法过程中,要严格依法办事。在我国,这条原则具体表述为"以事实为根据,以法律为准绳"。其基本含义为:

以事实为根据,是指司法机关处理案件时,只能以案件事实为根据,重证据,不轻信口供,实事求是,以发现客观事实作为办案目标和法律适用的基础。因此,所谓"以事实为根据"中的"事实",并非等同于客观事实,而是司法机关以发现客观事实为目标通过特定的法律程序所认定的"法律事实"。所以"法律事实"是一种接近客观事实的"裁判事实",它有可能符合客观事实,但也并不尽然。

以法律为准绳,是指司法机关处理案件时,要严格按照法律规定办事,把法律作为处理案件的唯一标准和尺度。从定性、量刑到民事审判,都要以法律为依据。需要注意的是,"以法律为准绳"中的"法律"既包括实体法律规范,也包括正当的法律程序。在查办案件的全部过程中,都要按照法定权限和法定程序,依据法律的有关规定,确定案件性质,区分合法与违法、一般违法和犯罪等,并根据案件的性质,作出恰当正确的裁决。以法律为准绳,意味着在整个司法活动中,法律是最高的标准,这一原则是保证司法公正的根本。

(三) 司法权独立行使原则

司法权独立行使原则,是指司法机关在办案过程中,依照法律规定独立行使司法权。这是我国宪法规定的一条根本原则,也是我国有关组织法和诉讼法的一个基本原则。我国《宪法》第131条规定:"人民法院依照法律规定独立行使审判权,不受行政机关、社会团体和个人的干涉。"

司法权独立行使原则的基本含义是指:

（1）国家的司法权只能由国家的司法机关独立行使,其他任何组织和个人都无权行使此项权力；

（2）司法机关依法独立行使司法权,不受其他行政机关、社会团体和个人的干涉；

（3）司法机关处理案件必须按照法律规定,准确地适用法律。

在我国,坚持司法权独立行使原则,并不意味着司法机关行使司法权可以不受任何监督和制约。司法权如同其他任何权力一样,都要受到监督和制约。不受监督和制约的权力(包括司法权)会导致腐败。在我国,对司法权的监督主要来自以下几个方面:其一,司法机关要接受党的领导和监督,这是司法权正确行使的政治保证。其二,司法机关要接受国家权力机关的监督。按照我国现行的政治体制,司法机关对国家权力机关负责,接受国家权力机关的监督。其三,司法机关内部的上、下级之间以及同级之间也存在监督和约束,这种监督和约束是通过完善的司法制度来体现和实现的。其四,司法权也要接受企事业单位、社会团体、法律职业共同体、民主党派和人民群众的监督,还要接受社会舆论的监督。这些种类广泛的监督形式和监督机制,是司法判决获得正当性的根本原因和程序上的保证,同时也能有效地防止司法权的滥用。

司法权独立行使原则,实际上是司法独立原则在我国现行体制下的体现,其意义在于使司法机关依法独立行使司法权,依法办案,不受干涉,以保障司法公正。

（四）司法责任原则

司法责任原则,是指司法机关和司法人员在行使司法权的过程中,由于侵犯公民、法人和其他社会组织的合法权益,造成严重后果而承担相应责任的一种责任制度。

司法责任原则是权力与责任相统一的法治原则在司法领域的体现。司法责任,既包括司法机关的责任,也包括司法人员的责任。司法机关和司法人员享有事关公民切身利益的司法权力,为了防止司法权被滥用,必须强化司法机关和司法人员的责任。一方面对司法机关和司法人员行使国家司法权给予法律保障；另一方面也要对司法机关及其司法人员的违法和犯罪行为给予严惩。只有将司法权力和责任结合起来,才能更好地增强司法机关和司法人员的责任心,防止在司法过程中偏离法律的轨道,出现违法或渎职行为,并通过追究违法或渎职行为人的法律责任,更好地维护司法的威信以及法治的权威和尊严。在我国,已颁布实施的《国家赔偿法》《法官法》《检察官法》等法律都明确规定了相应的司法责任制度。

第三节 守 法

一、守法的概念

（一）守法的含义

守法,又称法的遵守,是指国家机关、社会组织和公民个人依照法律规定,行使权利(权力)和履行义务(职责)的活动。

守法是法的实施的一种基本形式。国家制定法律的目的,就是要使法律在社会生活中得到实施。如果法制定出来了,却不能在社会生活中得到遵守和执行,那必将失去立法的目的,也失去了法的权威和尊严。

守法意味着一个国家和社会主体严格依法办事的活动和状态,因此,守法从内容上讲,不仅仅是不做法律禁止做的事,或者去做法律要求必须去做的事情,即所谓禁令遵守和积极义务的履行,守法还包括法律权利的行使,尤其在我们这样一个长期缺乏法治传统、长期以义务为本位思想主导的国家里,更要强调守法包括行使法律权利的内容,进一步增强人们守法的积极性和自觉性。

（二）守法的构成要素

守法包括守法主体、守法范围、守法内容等构成要素。

1. 守法主体

守法主体是指在一个国家和社会中应当遵守法律的主体,即要求谁守法。

守法主体在不同性质的国家和不同类型的法律制度中,存在着明显的差异。

在我国,法律明确规定了守法主体的范围及其在守法活动中的地位。我国《宪法》第 5 条第 4 款、第 5 款规定:"一切国家机关和武装力量、各政党和各社会团体、各企业事业组织都必须遵守宪法和法律。一切违反宪法和法律的行为,必须予以追究。""任何组织或者个人都不得有超越宪法和法律的特权。"《宪法》第 53 条规定:"中华人民共和国公民必须遵守宪法和法律……"

按照宪法的规定,在我国,守法的主体是指一切组织和个人。具体来说包括以下三类:首先,一切国家机关、社会组织必须守法。任何违法行为都会对社会造成危害,但一般说来,社会成员的个别违法行为带来的社会危害性是局部的、有限的,而国家机关和各种社会组织的违法行为容易在更大范围内对社会造成严重的危害。因此,国家机关、社会组织的守法尤为重要。其次,全体公民必须守法,这是社会中最广泛、最普遍的守法主体。公民的各项活动必须守法,是现代法治社会的基本要求,同时,公民守法状况的好坏也是衡量一个社会的法治建设是否完善的重要标准之一。最后,在我国领域内的外国组织、外国人和无国籍人也必须守法。这是维护国家主权和利益的体现,同时也符合国际条约和国际惯例。随着国际交往的增加,来华的外国组织和人员也日益增多,这些组织和人员在我国领域内就必须遵守我国法律,在我国法律允许的范围内从事各种活动。

2. 守法范围

守法范围,是指守法主体必须遵守的法律种类及范围。守法范围直接取决于一个国家法的渊源。在我国,守法的范围主要是各种制定法,包括宪法、法律、行政法规、地方性法规、自治法规、特别行政区的法、经济特区的规范性法律文件,以及我国缔结和参加的国际条约和我国承认的国际惯例等。此外,我国守法的范围还包括有关国家机关作出的非规范性法律文件,如人民法院的判决书、调解书、裁定书等,它们是由法所明确授权的特定机关依其法定职权和程序对具体事件所作出的具有法律效力的决定,所以也属于守法的范围。

3. 守法内容

守法内容包括行使法律权利和履行法律义务,两者密切联系,不可分割。守法是行使法律权利和履行法律义务的有机统一。

其一,行使法律权利。

行使法律权利是指人们通过自己作出一定的行为,或者要求他人作出或不作出一定的行为来保证自己的合法权利得以实现。行使法律权利是人们遵守法律规范中的授权性规范,它既可以是权利享有者自己作出一定的行为,也可以是权利享有者要求他人作出或不作出一定行为。人们只有依法行使权利才是守法。具体地说,首先,人们所行使的权利必须是法所授予的权利,即合法的权利;其次,权利的行使必须具有正当性,即守法主体行使权利时必须采取正当、合法的方式和手段;最后,不得滥用权利,即守法主体不得在行使自己的权利时损害他人的合法权利。

其二,履行法律义务。

履行法律义务是指人们按照法的要求作出或不作出一定的行为,以保障权利人的合法权益。履行法律义务分为两种不同的形式:一是履行消极的法律义务,即人们遵守法律规范中的禁止性规范,不作出一定的行为。人们只要依照法律的要求,不作出一定的行为,便是履行了相应的法律义务,即是守法。二是履行积极的法律义务,即人们遵照法律规范中的命令性规范的要求,作出一定的行为。在履行积极法律义务的情况下,人们只有依法作出一定的行为才能构成守法;反之,如果无视法律所规定的积极义务,拒不作出一定的行为,或者所作行为不符合法律的要求,都不是守法行为,而是违法行为。

在守法上,我们必须强调履行法律义务和行使法律权利的有机统一,这有助于增强人们守法的积极性和自觉性,促进法的实现。

二、普遍守法的条件

守法作为一种社会行为,是人们有意识、有目的的活动。人们守法的程度和状态,往往受到多种因素的影响和制约。同时,守法是主体(社会成员)与客体(现行法律)、主观(主体内在需求)与客观(外在法律要求)的对立统一,两者的和谐造就良好的守法,反之则不然。所以,守法也是有条件的,归纳起来,对守法有重大影响的条件主要有以下几个方面:

(一) 良好的法律品质

守法首要的一个前提条件就是法律自己必须具有优良品质,是良好的法律。品质优良的法律对人们会产生良好的影响,相反,质量低下的法律则只会对人们产生消极的、不良的影响。

什么样的法律是品质优良的法律呢?一方面,从实体内容上说,品质优良的法律是指能够反映和满足社会的共同需要,符合社会生活实际和客观规律的法律。这样的法律,才能得到全体社会成员的支持、信任和遵守。另外,品质优良的法在实体内容上还应充分体现现代社会对法的一些价值要求,如民主、自由、人权、正义、效率等。另一方面,从形式上说品质优良的法律必须是科学的,应该具备语言的明确性、法条的具体性、结构的合理性、体系的完整性和逻辑的严密性等特征。只有这样的法律才能够为社会成员提供明确的、具体的和完整的行为模式,才能成为社会成员的行为标准、依据和准绳,才能为社会成员实际遵守。

(二) 良好的法律意识

法律要在社会生活中得到遵守,除了法律本身是品质优良的法律以外,还取决于社会成员的法律意识状况。良好的法律意识使社会成员能够充分认识到法在现代社会生活中所发挥的重要功能和作用,有助于他们理解法律的精神实质,树立对法律的尊重和信仰,从而积极、主动地遵守法律。

在现代社会,良好的法律意识首先是社会成员自觉的"守法意识",即尊重法律、遵守和服从法律、严格依法办事的意识;其次这种法律意识应当是与现代法治精神相一致的一系列法意识,即法律面前人人平等意识,权利义务相统一意识,民主自由人权意识,等等。

(三) 良好的法制环境

有了良好的法律和社会成员良好的法律意识,并不一定能保证法律会被很好地遵守,还应有守法所需要的良好的法制环境。法制环境是影响和制约守法状况的重要的、不可缺少的客观条件。

法制环境是由立法、执法、司法和法律监督等多个环节组成的、内容复杂的系统,其中各个环节也是互相作用、互为条件的。如果某个环节出了问题,其他环节也不会正常运转。因此,要保证良好的守法状况,首先在立法上要制定出良好的法律;其次在执法和司法上,国家行政机关及其工作人员必须依法行政,严格执法,国家司法机关及其工作人员必须以事实为根据,以法律为准绳,公正司法;最后在法律监督上,必须对社会成员(包括国家机关)法律活动的合法性进行监督,监察和督促社会成员积极遵守法律,严格依法办事。

(四) 良好的社会环境

社会成员的行为方式反映和体现了其所处的环境,社会成员是否认同和选择守法这种行为方式,在很大程度上与其所处的社会环境有关。社会环境包括经济环境、政治环境、历史文化传统、社会道德观念、科技发展水平等内容。良好的社会环境会形成一种良好的社会风气,形成一种积极、进步的社会推力,这种推力就会促成社会成员遵守社会基本的行为规范,其中就包括遵守和服从法律,严格依法办事。相反,在一个经济落后、政治腐败、道德败坏、世风日下的国度里,社会成员绝不可能有守法的积极性。

第四节 法律监督

一、法律监督的含义

法律监督,通常有狭义和广义两种理解。狭义上的法律监督,是指专门国家机关依照法定职权和程序对法律实施所进行的监督。广义上的法律监督是指一切国家机关、社会组织和公民,对各种法律活动的合法性所进行的监督,它包括了狭义上的法律监督。本章所论述的法律监督是指广义上的法律监督。

法律监督是对法律活动的监察、督促和控制,其目的在于预防和纠正立法、执法、司法、守法活动中可能发生或已经发生的各种偏差和错误,督促各级国家机关及其公职人员依法办事,制约国家权力,维护法律的统一和尊严。所以,法律监督是法治的要求。它的最终目的是保证法的实现。

二、法律监督的构成要素

任何一种法律监督关系都是由特定的要素构成的。构成法律监督的要素一般有三个:法律监督的主体、客体和内容。三个要素显示和说明了法律监督的三个基本问题:谁监督、监督谁和监督什么。三个要素共同构成完整的法律监督概念。

1. 法律监督的主体

法律监督的主体,是指行使法律监督权的人或机构,也就是法律监督活动的实施者。就我国目前的情况来看,法律监督的主体十分广泛,包括国家机关、社会组织和公民三类。不同的监督主体在监督的方式、监督的效力和具体内容上各有不同。

2. 法律监督的客体

法律监督的客体就是法律监督的对象。在当代中国,法律监督的客体主要是指所有国家机关和武装力量、各政党和社会团体、各企事业单位、全体公民所进行的各种法律活动。也就是说,人人的法律活动都必须接受监督。其中对国家机关及其公职人员的各种公务活动的监督尤为重要,是国家实现法治的重要条件。因为国家机关及其公职人员的公务活动是否合法,直接关系到法律的尊严、权威能否得到维护。

3. 法律监督的内容

一般来说,法律监督的内容是指法律监督对象行为的合法性问题,主要指向国家机关及其公职人员的职务活动的合法性,这是法律监督的主要内容。

三、法律监督的分类

对法律监督可以从不同的角度进行分类。

(1) 依监督主体的不同,可分为国家监督和社会监督。国家监督是由国家机关所实施的监督。它又可依国家机关性质的不同,分为权力机关的监督、行政机关的监督、司法机关的监督和监察机关的监督。社会监督是由国家机关以外的社会主体所实施的监督,又可分为社会组织的监督、社会舆论的监督和人民群众的监督。

(2) 依监督主体与客体所处地位和相互关系的不同,可分为系统内部监督和系统间监督。系统内部监督,指的是某个确定的系统内实行纵向的自我监督,这种监督可以是自上而下的,也可以是自下而上的。系统间监督是指不同系统相互之间进行的交互监督,这种监督来自外部,与系统内部监督相比,更能充分地发挥监督的效能,是监督体制建设和完善中尤其要重视的方面。

(3) 依监督所处的阶段不同,可分为事前监督、事中(日常)监督和事后监督,它们在不同的阶段上体现了法律监督的预防、控制、矫治功能。

四、当代中国的法律监督体系

法律监督体系,是一国不同种类的法律监督有机结合的统一体。它受到一个国家的国家形式、性质、政治体制、历史传统等因素的影响,我国法律监督体系呈现出纵横交错、多层次的特点,依监督主体不同可分为国家监督和社会监督两大系统。

(一) 国家监督

国家监督是指由国家机关以国家名义依法定职权和程序进行的具有直接法律效力的监督。国家监督在整个法律监督体系中占有重要的、特殊的地位。根据具体实施监督的机关的不同,国家监督可以分为权力机关的监督、行政机关的监督、司法机关的监督和监察机关的监督。

1. 国家权力机关的监督

在我国,权力机关的监督是指各级人大及其常委会所进行的监督。这种监督在国家监督中居于主导地位,其中全国人大及其常委会的监督在整个国家监督中居于最高地位,具有最高的法律效力。

根据现行宪法和法律,国家权力机关的监督职能主要有两种:

(1) 合宪性和合法性监督,指国家权力机关对享有立法权的国家机关的立法活动及其结果的合法性所进行的监督。在监督内容上,既要对立法活动的结果即规范性法律文件本身的合法性进行监督,又要就立法活动过程在权限和程序上的合法性进行监督。在监督对象和范围上,不同层级的人大及其常委会监督的对象和范围各不相同。

全国人大的监督对象和范围:一是全国人大常委会在人大闭会

期间对基本法律所做的补充和修改;二是全国人大常委会制定和修改的基本法律以外的其他法律。全国人大有权撤销全国人大常委会制定的不适当的法律,有权撤销全国人大常委会批准的违背宪法和立法法关于变通限制规定的自治法规。

全国人大常委会的监督对象和范围:一是国务院制定的行政法规;二是同外国缔结的条约和协定;三是地方性法规;四是自治法规;五是授权性立法;六是特别行政区立法机关的立法。

地方人大及其常委会的监督对象和范围:省、自治区、直辖市的人大有权改变或撤销它的常委会制定和批准的不适当的地方性法规;地方人大常委会有权撤销本级人民政府制定的不适当的规章。

(2)工作监督。全国人大监督宪法的实施,全国人大常委会监督宪法和法律的实施,有权处理违宪事件,包括宣布违宪的法律、法规和其他决定、命令无效,也包括罢免违宪失职的国家领导人。此外,还通过听取和审议最高行政机关和最高司法机关的工作报告,向有关机关提出质询案,对重大问题组织调查委员会进行调查处理等方式,对宪法和法律的实施进行监督。地方各级人大监督宪法和法律在本行政区域内的实施,享有广泛而层次有别的对宪法和法律实施的监督权。监督方式包括:听取和审议同级行政机关和司法机关的工作报告,组织视察和检查,进行质询和询问,进行选举和罢免,受理申诉和意见,改变或撤销不适当的决定、命令等。

2. 国家行政机关的监督

行政机关的监督是以各级国家行政机关为主体所进行的监督,其监督的重点是行政机关的行政行为。行政机关的监督一般分为两种:

(1)一般行政监督。指依行政管理权限和行政隶属关系进行的上级机关对下级机关的监督。在监督内容上包括对行政立法的监督和对日常行政工作的监督。

(2)专门行政监督。指行政系统内部的专门监督机关以特定的监督形式对国家行政机关及其公职人员违法违纪情况所进行的监督。具体包括行政监察监督、行政复议监督和审计监督。行政监察监督是专门的行政监察机关对国家行政机关及其工作人员执行法律、法规、政策和决定、命令的情况及违法违纪行为所进行的监督。行政复议监督是行政复议机关依照行政相对人的请求对具体行政行为的合法性、合理性所进行的审查监督。审计监督是国家专门审计机关对下级行政机关及财政金融机构和企事业组织的财务收支、经济效益和财政违纪的情况所进行的监督。

3. 国家司法机关的监督

司法机关的监督是以审判机关和检察机关为主体所进行的监督。

(1) 检察机关的监督。根据宪法规定,检察机关是国家专门法律监督机关,其监督称检察监督。检察监督是人民检察院依法对国家机关及其公职人员执法、司法活动的合法性和刑事犯罪活动所进行的监督。具体内容包括:法纪监督,即人民检察院对国家机关工作人员渎职和侵犯公民权利的犯罪的监督;经济监督,即人民检察院对国家机关工作人员利用职务便利从事经济犯罪行为的监督;侦查监督,即人民检察院对公安机关刑事侦查活动合法性的监督;审判监督,即人民检察院对审判机关审判活动合法性的监督;监所、劳改监督,即人民检察院对刑事案件判决、裁定的执行和监狱、看守所、劳改机关的活动合法性的监督。

(2) 审判机关的监督。又称审判监督,是人民法院依法对法律适用过程进行的监督。主要表现在:一是审判机关对行政机关进行的监督,表现为通过行政诉讼的审判活动,对行政机关的法律适用过程进行监督;二是审判机关对自身司法活动的监督,表现为上级人民法院对下级人民法院依审判监督程序进行的监督,人民法院院长和审判委员会对本院审判活动的监督;三是审判机关对检察机关的监督,由于人民法院、人民检察院、公安机关三者之间是一种"分工负责、互相配合、互相制约"的关系,因此,人民法院对人民检察院的活动应该说也有监督。如对"主要事实不清,证据不足"的案件,退回检察机关补充侦查,等等。

4. 国家监察机关的监督

国家监察机关的监督是指以各级监察委员会为主体所进行的监

督。根据我国《宪法》和《监察法》的规定,各级监察委员会是行使国家监察职能的专责机关,依法对所有行使公权力的公职人员进行监察,调查职务违法和职务犯罪,开展廉政建设和反腐败工作,维护宪法和法律的尊严。因此,与其他国家机关的法律监督不同,监察机关的法律监督实现了对所有行使公权力公职人员监察全覆盖,使公权力始终置于人民监督之下,保障公权力不被滥用。

(二) 社会监督

社会监督是指公民个人、社会团体和社会组织依照宪法、法律和法规,运用各种方式对各种法律活动的监督。社会监督的状况,直接反映出一个国家民主和法治的程度。社会监督的重要特点在于广泛性和自发性。虽然这种监督不具有直接的法律效力和强制性的法律后果,但对社会的影响非常巨大,是法律监督体系中不可缺少的重要组成部分。

根据社会监督主体的不同,可以将社会监督分为执政党的监督、其他社会组织的监督、社会舆论的监督和人民群众的监督。

1. 执政党的监督

中国共产党作为执政党,在国家生活中居于领导地位,因此其监督在整个法律监督体系中具有十分重要的地位。党的监督主要通过两种方式进行:一是通过行使政治领导权,督促所有国家机关、社会组织及企事业单位严格依法办事;二是通过党的纪律检查机关和党组织系统对党员和党的组织活动的合法性进行监督。

2. 其他社会组织的监督

在我国,人民政协的监督、民主党派和社会团体的监督也具有重要意义。

人民政协是由社会各界人士组成的,具有不可替代的监督作用。人民政协的监督包括:监督立法,参与重大决策、重要法律的协商讨论,提出修改意见;以考察、调查研究的方式监督法律的实施。此外,人民政协的监督还包括对行使政治领导权的中国共产党和行使某些国家权力的社会组织的行为合法性的监督。

民主党派作为参政党,既参与法律、法规、重大决策的制定、执行,也以各种方式参与对国家法律实施的监督。它们还以批评建议的方式对党制定的大政方针及行使政治领导权的行为进行监督。

工会、共青团、妇联等社会团体对涉及自己组织和工作范围的法律的贯彻执行情况进行具体的监督。

3. 社会舆论的监督

社会舆论的监督主要指新闻舆论组织借助传媒手段进行的监督。舆论监督的重要任务是把各种违法乱纪行为予以"曝光",对国家机关工作人员中某些违法犯罪现象进行批评和揭露,监督国家机关有法必依、执法必严、违法必究的情况。这种监督速度快、范围广、影响大,特别是在当今信息时代,更具有特殊的威力。需要注意的是,舆论监督需要遵循一定的界限,必须把握好监督与"非法干预"之间的界限。

4. 人民群众的监督

人民群众的监督是由人民群众通过行使民主权利,督促国家机关依法办事。如通过对国家机关及其工作人员在工作中的缺点和错误提出批评意见,通过对违法失职的国家机关及工作人员的检举揭发,行使民主监督权利。人民群众的监督有广泛的群众性,是社会监督体系中重要的一环,完善人民群众的法律监督对于促进我国的民主政治、督促国家公职人员勤政为民、防止腐败具有重要意义。

本 章 要 点

1. 以法律实施的主体和法的内容为标准,法的实施方式主要分为法的执行、法的适用、法的遵守和法律监督等。

2. 执法具有主动性和单方面性。

3. 当代中国的行政执法主体主要有各级政府、各级政府中的职能部门以及法律、法规授权的社会组织和行政机关委托的组织。

4. 行政执法要求遵循合法性原则、合理性原则和效率原则。

5. 司法是国家司法机关依据法定职权和程序,具体应用法律处理案件的专门活动。

6. 在司法过程中必须遵循平等原则、法治原则、司法权独立行使原则和司法责任原则。

7. 从内容上看,守法是行使法律权利和履行法律义务的有机统一。

8. 在我国,守法的范围主要是各种制定法以及非规范性法律文件,如人民法院的判决书、调解书、裁定书等。

9. 我国法律监督体系呈现出纵横交错、多层次的特点,依监督主体不同可分为国家监督和社会监督两大系统。

第十二章 法律推理

第一节 法律推理概述

从法学方法论的角度看,司法过程的重要环节是法律推理。故此,研究和掌握法律推理的知识和技术无论在法学理论还是在司法实践上均具有重要的意义。

推理是人类必须依赖的工具。推理是由一个或几个命题作为出发点得到另一个命题的程序、过程或方法。在推理中,用做推理根据的命题或命题集叫做前提,经过推理得到的那个命题叫做结论。当我们基于我们依赖的前提出发进行判断时,这种工具就变得非常有力。当然,习惯在很多情况下也是我们行动的有效向导,但它的作用是有限的,也是不可靠的,在复杂情况下更是如此。从"前提的真"对"结论的真"提供支持的角度看,我们可以把推理分为必然性推理和或然性推理。如果前提真,结论不可能假,该推理就是必然性推理。如果前提真,结论可能真,也可能假,该推理就是或然性推理。演绎推理就是必然性推理,类比推理、归纳推理、统计推理和回溯推理等是或然性推理。

每一门科学,不管是自然科学、社会科学还是人文科学都要进行推理。波普尔有言,逻辑定理就像交通规则或象棋规则一样,我们的思维必须遵守它们,不能违反它们。

当推理用于法律上时,就有法律推理问题。逻辑是对推理的研究,包括形式和内容两方面。纯粹逻辑学家可能仅仅研究推理形式,应用逻辑的人不仅仅关心推理形式,而且也要关注推理的前提。同样,法律推理不只是关注推理规则或者推理形式,而且要关注推理的前提:法律规范与案件事实。

司法工作的核心是司法判决的正当性证明。法官根据法律规则和案件事实作出判决,在这里,法律规则和案件事实是法律推理的前提,根据这一前提作出的判决是结论。如果对于案件能够直接找到适用的法律规则,那么司法判决的结论就可以通过逻辑演绎的方法得出。然而,法律规则经常是有待发现或确定的大前提,此时得到法律规则的过程就是一个法律推理或者法律解释的过程。同时,对案件事实的法律认定也有一个发现或者推理的过程。所以严格说来,法律推理包括三方面:法律规范推理、事实推理和司法判决推理。法律规范推理和事实推理在司法中所占比重较大,但我们一般所指法律推理是狭义的法律推理,实际上是指司法判决推理,也就是法律适用的推理,是法律论证活动。它是以确认的具体案件事实和援用的法律规范这两个已知判断为前提运用推理为司法判决提供正当理由。另一点必须说明的是,我们比较多地强调司法中的推理,而实际上立法和法典化过程中法律推理也是经常性的。

  法律推理中的推理规则仅仅是形式,一种形式就像一只空瓶子,它的用处在于其空无一物的空间。如同一只空瓶子可以装载酒和水,一种形式则可以负载有意义或无意义的东西。法律判决的正确性取决于法律形式是如何加以充实的,具体而言,法律规则与事实的内容是如何充实到法律推理的过程之中的,这一点非常重要。

  法律推理主要采取两种形式,一种是演绎法律推理,另一种是类比法律推理。两种法律推理都是将抽象的法律规范与复杂而具体的案件事实相互联系起来的方式。一般认为,类比推理是判例法体系(英美法系)中进行法律适用的方法,其特征是从案件到案件,坚持同样的案件同样判决。而演绎推理为成文法体系(制定法体系、大陆法系)所推崇,它强调从法律规范到案件的三段论式推演,其特征是从大前提和小前提出发,推导案件结论。美国法学家伯顿对法律推理的研究表明,两种推理方式尽管有区别,但关于案件基点的判断却是二者无法回避的,任何案件都存在一个判断的基点或争论点。类比推理与演绎推理的区别主要表现在寻找基点(案件可以援引的规则)的方法不同。类比推理遵循三个必要步骤:(1)寻找判例;(2)发现案件事实上的相同点和不同点;(3)判断相同点与不同点的重要程度。演绎法律推理的基点是指成文法适用于案件时要确立的法律规范,相当于判例法中寻找到的可以援引的先例。实际上分为三个必要步骤:(1)识别一个权威性的大前提即基点;(2)明确表述一个真实的小前提;(3)推出一个可靠的结论。在演绎法律推理的过程中,要确定作为基点的规范与案件事实之间关联性的重要程度,以便作出判决结论。①

第二节 演绎法律推理

演绎法律推理与从成文法(制定法)出发的推理最为密切。成文法(制定法)通常由一般规范组成,这种规范存在于各种官方法律文件之中,如宪法、法律、行政法规、地方性法规等。司法判决就是通过案件适用一般规范得到判决的过程。

法律适用是指将特定事实(S),置于法律规范的要件(T)之下,以获致一定结论(R)的一种思维过程,即认定某特定事实是否符合法律规范的要件,从而确定其中的权利义务关系,明确其中的法律责任。法律适用过程实际上是逻辑上的三段论推理:两个命题作为前提,而且这两个前提借助于一个共同词项联结起来,从而推出另一个命题。其中法律规范 T 是大前提,特定的案件事实 S 是小前提,结论是一定的法的效果 R 的发生。法律适用的逻辑结构,可以表示如下:

T→R(当具备 T 的要件时,即适用 R 的法的效果)
S = T(特定的案件事实符合 T 的要件)
S→R(特定案件事实 S 适用 T 得到法的效果 R)

该推理是形式推理,从前提到结论的推理是有效的。如果前提真,结论就必定真。

由于上述公式在司法推理中特别突出,所以很多法学家将形式推理基本就限定于这个三段论推理,称为"司法三段论"。事实上,现代逻辑已经将我们在推理中应该遵循的有效的推理规则进行了研究,例如,命题逻辑、谓词逻辑和规范逻辑中的定理都是有效的推理

---

① 〔美〕伯顿:《法律和法律推理导论》,张志铭、解兴权译,中国政法大学出版社 2000 年版,第 30—69 页。

规则,进行法律推理时都必须遵守。

司法三段论表现了法官对法律规范的服从。一般认为,司法三段论是所有法律适用的最普遍的基石。在此,法官的职能似乎仅限于将立法者制定的规范适用于他所受理的具体个案。在司法三段论推理中,尽管法律事实的确定是从"证据"推理得到的,并非简单的事情,但在假定法律事实已经确定时,法官要做的是寻找正好适用于此案件事实的法律规范,这时有两种情况:第一,找到了适用的法律规范,由此得出合法的判决。第二,找不到正好适用的法律规范。这里又有四种情况:(1)可以找到相近的法律规范勉强适用;(2)出现了法律空隙;(3)法律规范含糊不清;(4)有两个以上的法律规范可用,但它们之间相互抵触,甚至矛盾。上述情况的产生,是因为"我们总会遇到两个相关联的障碍。第一个障碍是我们对于事实的无知;第二个是我们对于目标的不确定"①。

所以,司法三段论并非表面上那么简单,而是一项严谨、精致、艰难的法律思维过程。一方面须从法律规范去认定事实,另一方面亦须从案件事实去探求法律规范,剖析规范所规定的构成要件,来回穿梭于二者之间。而且,必须达到完全确信,即案件事实完全符合法律规范的要件时,法律适用的工作才告完成,从而确定当事人之间的权利义务关系。对事实的确认和定性,对相关法律规范的选择,在事实与法律规范适用中的往返运动,以及对大前提和小前提的选择在一定程度上取决于法官的自由裁量。② 请看下例:

> 1994年6月30日晚,被告人宋某酒后回到自己家中,因琐事与其妻李某发生争吵厮打。李某说:"三天两头吵,活着还不如死了。"被告人宋某说:"那你就死去。"其后,李某在寻找准备自缢用的凳子时,宋某喊来邻居叶某对李某进行规劝。叶某走后,二人又发生吵骂厮打。在李某寻找自缢用的绳索时,宋某采取放任态度,不管不问不加劝阻,致使李某于当晚在其家门框上

---

① [英]哈特:《法律的概念》,许家馨、李冠宜译,台湾商周出版社2000年版,第169页。
② 王泽鉴:《法律思维与民法实例》,中国政法大学出版社2001年版,第207页。

自缢身亡。经技术鉴定,李某系机械性窒息死亡(自缢)。

一审法院经审理认为:被告人宋某目睹其妻李某寻找工具准备自缢,应当预见李某会发生自缢的后果而放任这种后果的发生,在家中只有夫妻二人这样的特定环境中,被告人宋某负有特定的义务,其放任李某自缢身亡的行为,已构成故意杀人罪(不作为)。被告人不服一审判决,提起上诉,二审法院审理后维持原判决。为什么法院作出这样的判决呢?

事实上,在宋某一案中没有明确的法律规范条文可以援引,解决本案被告人宋某刑事责任的问题,需要"解释"法律规范,寻求该案裁决的根据。法官在刑法规范中找到了本案的基点,即以"不作为方式故意杀人者构成犯罪"。如果认为宋某的行为与"不作为方式故意杀人"含义相同,那么,就可以认定宋某的行为构成故意杀人罪;如果确认宋某的行为与"不作为方式故意杀人"的通常含义不相同,宋某的行为就不构成故意杀人罪。用法律推理的理论来表述,关键是要判断,是宋某的行为与推理的基点相同更为重要,还是宋某的行为与推理的基点不相同更为重要。

这种关于重要性的论证还需要深入一步,不作为犯罪必须以行为人负有特定的"作为义务"(积极义务)为前提。在司法实践中,通常意义上的特定作为义务主要产生于以下几个方面:(1)法律直接规定的作为义务;(2)职务和业务上要求的特定作为义务;(3)在特定场合下,公共秩序和社会公德要求履行的特定义务;(4)先行行为引起的作为义务。在作为义务不明确的情况下,如何推导出宋某是否具有作为义务?关于本案法律推理中重要性的判断就转化为,是宋某的作为义务与通常意义上的作为义务相同更为重要,还是宋某的作为义务与通常意义上的作为义务不相同更为重要,这种关于重要性的判断事实上贯穿了法官裁判的全过程。

判断这种重要性可以选取多个角度,有人从现行《婚姻法》规定的夫妻间有相互扶养义务为出发点加以论证,也有人从先行行为(宋某在争吵中用言语刺激李某)引起作为义务来论述本案。从这些观点出发,论证不够有力。如果采用常人标准来进行判断,在宋某家中没有第三人在场的特定环境中,宋某与其妻子发生口角并引起厮打,在言语相激后李某上吊,宋某发现后也未采取有效措施或呼喊邻居,而是"采取放任态度不管不问不加劝阻"。在这种特定情境之中,被告人有能力、有条件实施救助行为的情况下,竟然对于被害人的生命视而不见,没有采取任何救助行动,而致被害人死亡,这就构成了"不作为方式故意杀人"。

  法律并非只解决眼前的纠纷,它重在塑造一种秩序,通过对已经发生的纠纷的处理为今后的纠纷与冲突确立规范。从法律经济学角度看,事故已成定局,是"沉淀成本"。法律经济学家感兴趣的是预防未来事故、降低事故总量和事故预防成本。法律的首要目标是通过提供一种激励机制,诱导当事人事前采取"最优的行动"。本案是通过法律解释找寻法律推理的前提条件的。其中,最根本的一点是探求刑事法律规范的目的。在本案中,解释的关键是要确定:究竟宋某的作为义务与通常意义上的作为义务相同更为重要,还是二者不同更为重要?如果承认后者,那么就意味着宋某将不承担刑事责任,也就是承认类似情况下对生命的漠视在刑法上是可以许可的,这种观点无疑会产生消极的示范效应。基于这种理由,从法律追求塑造社会秩序的目的来考虑,认定宋某的作为义务与通常意义上的作为义务相同更为重要,这样,宋某的行为就具备了实施不作为犯罪的前提。因此,一、二审法院的判决是有道理的。

  我们发现,司法三段论并非自足的、自我支持的法律论证模式。实际上,司法三段论经常被塞进一个由外部推理和内部推理织就的复杂网络中。司法三段论只是一种内部正当性的证成,在法律规范与事实之间建立一种具体的有效的推导关系,而外部正当性的任务在于对所使用的前提进行说明。①

第三节 类比法律推理

  类比推理是这样一种非演绎推理:根据两个或两个以上事物在某些属性上相同,从而推出它们在其他属性上也相同。我们只讨论

---

① 〔德〕魏德士:《法理学》,丁晓春、吴越译,法律出版社2005年版,第300页。

两个事物,其他可以类推。若用 A 和 B 分别表示两个不同的事物,用 $a_1, a_2, \cdots, a_n$ 和 b 分别表示事物的不同属性,类比推理的形式可以表示为:

A 有属性 $a_1, a_2, \cdots, a_n, b$

B 有属性 $a_1, a_2, \cdots, a_n$

所以,B 也有属性 b

类比推理的根本特点在于它的前提不蕴涵它的结论,从真的前提并不必然推出真的结论。当前提真时,结论仍然存在着两种可能:可能真,也可能假。但是这种推理形式在现实生活中应用广泛。英国哲学家休谟认为,在现实生活中,所有来自经验的论证都是基于我们所发现的自然现象的相似性,通过这种相似性,我们期望与那些已经发现的来自这些自然现象产生的结果相似的结果。而且,我们可以提高类比推理得出结论的可靠性:(1)前提中事物间相同属性或相似属性越多,结论可靠性越大。因为类比对象间相同属性越多,类比对象的类别越接近。(2)前提中事物间相同属性($a_1, a_2, \cdots, a_n$)与类推属性(b)之间关系越密切,结论可靠性程度就越大。

在遵循先例的英美法系,司法判决的法律推理采用的是类比法律推理。类比法律推理必须将问题案件与先例进行比较,找出其相同点与不同点,并且判断其重要程度。①

生活现实中的相同点和不同点有待于认识。绝对不存在任何两个案件在所有的方面都同一的情形。古希腊哲学家赫拉克利特就曾说过,"一个人不能两次踏进同一条河流"。任何两个人、两个行为或两个事物都不会在所有的方面相同,宣称两个人、两个行为或两个事物相同,并非宣称它们同一。假如同一,它们就不成其为二,就根本无法进行比较和对比。也永远不会有任何两个人、两个行为或两个事物在所有事实方面都不相同,假如在所有事实方面都不相同,它们两个就不会都是人、行为或事物;对它们进行比较和对比,就毫无意义。因此,类比推理对于两种情况的相同点和不同点都需要细致

---

① 本节以下部分,主要参考〔美〕伯顿:《法律和法律推理导论》,张志铭、解兴权译,中国政法大学出版社 2000 年版,第 2 章。

地考虑。关键之处在于判断是相同点还是不同点更为重要。哈特说:"尽管'等者等之,不等者不等之'是正义观念的核心元素,它自身还是不够完备,在没有补充原则的情况下,它无法为行为提供决定性的指示。这是因为任何族群的人类和其他人在某些方面可能相似,而在其他方面又相异,在我们明定哪些相似性、差异性和个案相关之前,'等者等之'就只能是空洞的形式。如果我们要使它更具体一些,就必须知道,在什么时候,哪些案子被认为是相同的,哪些差异和该案有关联。"① 所以,类比法律推理的过程包括三个步骤:寻找判例;发现事实上的相同点和不同点;判断重要程度。

类比法律推理的第一步是"识别",即确定相关管辖范围中最高一级法院在以往判决的某个法律案件作为一个特殊的基点。在美国,联邦法院对于涉及国家利益的案件负主要责任,州最高法院对占多数的其他案件承担主要责任,这些法院在过去判决的案件,对于各自管辖范围内以后案件的判决来说,是最具权威的判例。当然也可以运用任何其他法院(包括外国法院)的判例,甚至于运用学者著作中假设的案件作为判决的基点,即使不是具有约束力的判例,也是有说服力的。

类比法律推理的第二步是"区别",即当一个判例的事实与一个问题案件的事实相似到要求有同样的结果时,法官的判决必须依照判例(除非这个早先的判决被否决)进行;而当一个判例的事实不同到要求有不同的结果时,法官的判决必须区别于判例。同样案件应该同样判决这一理念意味着:如果在某种情形下不同点更为重要,那么不同的案件应该有不同判决。遵循先例原则要求法官依照相似的判例,同样也要求他们区别不相似的判例。

法官在一个法律案件中并非随意确定任何理由的重要程度。法官的义务是依照正义观念、社会政策等因素决定这个问题,同时必须给出论证。

请看下例:

---

① 〔英〕哈特:《法律的概念》,许家馨、李冠宜译,台湾商周出版社 2000 年版,第 208—209 页。

案件1:A为马的所有者;B盗窃;C善意购买;A起诉C以便要回马。

案件2:A为马的所有者;B欺诈;A起诉B以便要回马。

案件3:A为马的所有者;B欺诈;C善意购买;A起诉C以便要回马。

案件4:A为马的所有者;B欺诈;C善意购买;D购买,并且D曾听说此欺诈;A起诉D以便要回马。

判例1:如果出卖人不具有出卖物的所有权,那么购买人并不取得该物的所有权,而且应当把该物返还给出卖物的合法所有人。所以,A胜诉。

判例2:如果一个人通过欺诈的购买行为取得某财产,则其不能获得财产的所有权,而且必须把该财产返还给合法所有人。所以,A胜诉。判例2的法律目的强调对合法财产所有人的财产安全保障。

法官在判决第三个案件时,可以援引判例1和判例2。

综合判例1和判例2的规则来看,似乎A应该胜诉,因为:如果财产的合法所有人因另一个人的过错行为而失去对该财产的占有,如果该过错行为是盗窃时,那么其有权从盗窃者或购买盗窃财产的第三方收回该财产。但是,法院的决定是,欺诈与盗窃之间的差异是相当重要的,欺诈只是一种民事过错,其不负刑事责任;而盗窃是一种刑事过错,要负刑事责任。以至于必须有不同的结论,所以法院作出新的裁决,判决C胜诉。判例3的法律目的强调促进财产的交易和增值。

我们在判决第四个案件时,可以援引判例1、判例2和判例3。

如果D是"从善意购买人手中购买"这一事实比D曾听到"欺诈的传闻"这一事实更重要的话,所争议案件更像判例3;如果D曾听到"欺诈的传闻"这一事实比D是"从善意购买人手中购买"这一事实更重要的话,所争议案件更像判例2。在所争议案件中,法律应该加强对财产所有人A和善意购买人C的保护,以寻求增加社会财富。当这两种目标冲突时,法律就应当偏向于善意购买人C的安全保障,即使原财产所有人A曾经被骗。对善意购买人的侧重保护原则适用于该争议案件,所以,判决D胜诉。因为D是从善意购买人手中购买这一事实比 D 曾听到欺诈的传闻这一事实更为重要。况且,如果让其他购买者负担查清出卖物的所有权瑕疵义务,这就完全可能损害贸易。此外,A 处于比 D 和 C 更便于防止欺诈的地位。因而,通过这种类比和判断,D 和 C 更需要法律保护。

从上面关于演绎法律推理和类比法律推理的论述可以看出法律推理有以下共同特征:

第一,法律推理是一种寻求正当性证明的活动。法律推理为司法实践中的法律问题提出必要而充分的理由。遵循着"理由优先于结论"的规则。司法逻辑的根本目的是进行说服。律师要尽力说服法官。法官则要说服自己,然后向律师和当事人解释他的决定,最后还可能要向受理上诉的更高级的法官说明为何要如此作出决定。这种结论的形成需要由众多的个人和集团参与交谈、论辩,寻求讨论和理解的前提和方法。司法判决中只有坚持论证和说理,才能确保个人和集团在法律问题上做到自我理解以及其他个人和集团对此问题的相互理解,直至达成共识,达到"定分止争"的目的。麦考密克说,司法文书中的推理,实际上是用来为所发布的法庭指令提供理由的,这类指令只有在确认事实和相关法律规则以及参酌其他考量因素之后才能得以成立。[①]

第二,法律推理必须遵循推理规则。推理之所以是推理,是因为从前提到结论是遵循推理规则得到的。法律推理如果是演绎推理,应该严格遵守有效的推理规则。如果是论辩的论证,即法律论证,即使前提与结论之间没有必然的联系,也要遵循或然性推理的推理规则,尽可能提高结论的可靠度。阿列克西认为,法律论证必须遵循一系列论证规则并且必须采取这些形式,以使其所提出的要求得到满足。当某个论证符合这些规则和形式时,由它所达到的结果才可以被称为是"正确的"。于是,法律论证的规则和形式就构成了司法判决之正确性的一个标准。[②] 因为非演绎推理没有有效性,任意性比较大。所以麦考密克坚持,某种形式的演绎推理是法律推理的核心

---

① 〔英〕麦考密克:《法律推理与法律理论》,姜峰译,法律出版社 2005 年版,第 13 页。
② 〔德〕阿列克西:《法律论证理论》,舒国滢译,中国法制出版社 2002 年版,第 361 页。

所在。①

第四节 法律推理的价值

一、法律推理与法治

我们在假定法治的积极价值前提下,论述法律推理与法治原则的密切联系,由此肯定法律推理的价值。按照哈耶克的观点,法治的意思就是指:政府在一切行动中都受到事前规定并宣布的规则的约束——这种规则使得一个人有可能十分肯定地预见到当局在某一情况下会怎样使用它的强制权力,以及根据对此的了解计划他自己的个人事务。② 按照亚里士多德的观念,法治包含两方面的含义:已经成立的法律获得普遍的服从,而大家所普遍服从的法律又应该是制定得良好的法律。制定得良好的法律必须在形式上是明确的、普遍的、可预期的、可遵循的、稳定的、无矛盾的,在内容上是符合国家利益的,法律推理对法律规则的逻辑一致性和无矛盾性提出最基本的要求;法律要得到普遍的服从,要求法律的适用必须同样案件同样处理,这是形式逻辑的要求。

首先,法律推理的逻辑推导功能是法治原则的要求。依据法律同等对待是法治的核心,不管是演绎法律推理还是类比法律推理都具有此功能,演绎法律推理是通过把不同的个案置于普遍法律规则之下来实现,类比法律推理通过严格遵循先例得以实现。形式逻辑的特征在此是作为平等和公正执法的重要工具起作用的。

其次,法律推理的逻辑推导功能使得社会和当事人对法律问题的预测成为可能。可预期性是支撑法治价值的一个较为关键的要素,从某种意义上讲,法治的要义是保证可预期性或为可预期性的

---

① 〔英〕麦考密克:《法律推理与法律理论》,姜峰译,法律出版社2005年版,第1页。
② 〔英〕哈耶克:《通往奴役之路》,王明毅、冯兴元等译,中国社会科学出版社1997年版,第73页。

实现。①

再次,法律推理或者法律论证为司法实践中的法律问题提供必要而充分的理由。司法中的法律推理的根本目的是进行说服。律师要尽力说服法官,法官则要说服自己,然后向律师和当事人解释他的决定,最后还可能要向受理上诉的更高级的法官说明为何要如此作出决定。

最后,法律推理为立法、司法提供正当性证明。这种证明在法的创制活动中已成为民主政治的重要体现;在司法活动中,法律推理(或者法律论证)增强了判决的一致性和正当性,可以为法律问题提供健全的、经过充分论证的答案,因而成为法治区别于人治的根本标志之一。法律推理是程序正义的体现和实现法治的手段,从这个意义上说,法治要依靠法律推理来实现。② 美国第二任总统杰斐逊认为,推理的艺术在民主法治国家是首要的,因为公民是通过正当化的理由被说服的,而不是通过武力被征服的。

二、法律中的逻辑与经验

一方面,严格的法律形式主义要求人工法律概念体系、法律公理体系以及案件与法律规则(规范)的完全对应。如果能够实现这一目标,那么法治的价值就能得到完全的实现。但是这三个方面的要求都是达不到的。首先,人工法律概念体系要求初始概念和明确的新概念形成规则。法律工作者无法自由选择有确定含义的初始概念,因为他们要受到实体法规则的约束,而实体法的法律规则是在各种不同的历史背景下通过一系列零碎的、暂时的决定形成的。大陆法系的大规模法典化实现了法律规则的简化和协调。英美的法律重述也强调要对法律概念进行系统的逻辑分析。但是,不管是大陆法的法典化,还是英美法的法律重述都只是对法律概念的严格的追求,但总是不完善的和暂时的,因为由于社会的发展,新的规则必然产生

---

① 参见夏勇:《法治是什么——渊源、规诫与价值》,载《中国社会科学》1999年第4期。

② 张保生:《法律推理的理论与方法》,中国政法大学出版社2000年版,第9页。

并不断沉积下来,它们可能与原有规则不一致。所以法律概念部分是实体法规则强加的,它不能构成形式系统要求的人工符号体系。

既然人工法律概念体系不可能,那么利用法律概念作出判断的法律命题组成的法律公理体系就是不可能的。而且即使这一公理体系是可能的,按照哥德尔"不完全性定理",包含"皮亚诺算术的系统"中存在不可判定的真命题。也就是说,无论涉及什么比皮亚诺算术复杂的系统,可证性总是一个比真理性弱的概念。法律规则系统肯定比皮亚诺算术复杂,如果一定要创立一个法律公理体系,那么这一体系里并不包含所有"真"的法律规则。即使法律公理体系建立起来了,那么总会有一些案件超出了法律公理体系的法律规则,出现没有办法直接依据法律来作出判决的情形。

霍姆斯对法律形式主义进行了猛烈的抨击。他在《普通法》一书开篇就说:"法律的生命不在于逻辑,而在于经验。……法律不能被当作由公理和推论组成的数学书。"[①]同时他在《法律的道路》中认为,在"决定法律的内容及其发展的力量"问题上,存在着一种谬误的观念,即"在法律发展中唯一发挥作用的力量是逻辑"。这种错误的观念主张法律制度"能够像数学那样从某些行为的一般公理中推导出来"。[②]

另一方面,我们也不应因严格的法律形式主义存在不足而否认法律推理在法律适用中的价值。

首先,我们一直强调的是法律推理只是法律的形式要件。按照美国学者塔麦洛(Ilmar Tammelo)的说法,逻辑学只会有助于法律内容问题的处理,因为逻辑原则和方法有助于把这些问题更好地列成公式、加以表达,有助于为内容问题的解决设计和构造出更加可靠的方法。真正的逻辑学从来就不能成为法律的一个来源;它只能当作从公认的各种法律来源中获取包含在它们之中的东西的一种工具。依靠法律推理,我们可以审查一个法律体系,以发现其不一致和脱节

[①] Holmes, *The Common Law*, Boston: Little, Brown and Company, 1923, p.1.
[②] 〔美〕伯顿编:《法律的道路及其影响》,张芝梅、陈绪刚译,北京大学出版社2005年版,第424—425页。

之处,制定处理现代文明中错综复杂问题的法规。事实上,霍姆斯也曾说过,为了表达普通法的一般观念,除了逻辑以外其他工具也是需要的。他反对的只是认为法律中唯一起作用的是逻辑的观念,而并不是反对逻辑的作用。

其次,我们所遵循的法律推理观并非只是演绎推理,而是包括类比推理、归纳推理、回溯推理等在内的广义法律推理观。霍姆斯所反对的仅仅是演绎推理,事实上,他认为"在法律发展中唯一发挥作用的力量是逻辑"在最宽泛的意义上的确是正确的。因为我们思考宇宙的基本前提就是认为每一现象中都存在前因后果关系。在最宽泛的意义上,法律的确像任何其他事物一样,是一个合乎逻辑的发展过程。①

最后,法治即规则之治的前提是社会的相对稳定性。在一个急剧变化的社会背景下,传统的法律概念和规则无法适应现实,以往的法律概念和法律理论可能已经无法直接运用到新的案件事实之中。法官严格利用逻辑推理进行判决可能会得出"合法不合理"的判决。此时,必须对案件事实进行分析,基于实质正义,作出自己的经验判断。我们赞成法律确实应该是实现社会福利的手段,但是社会在一个比较长的阶段内应保持稳定,所以,法律工作者的思维应该像在科学的常规时期那样,在特定的法律逻辑范式内工作,按照法律形式主义的观念行事。法律工作者必须在既定的法律规则下,追求法律的确定性目标,对同样案件同样处理。各种规则与程序是法官行为共同的保障,法官的基本工作就是忠实于法律,将自己的各种认识纳入合法性思维的框架之内。法律工作者应当按照法律形式主义的观念思维,追求美国法哲学家德沃金所主张的"唯一正确"的标准答案。尽管在美国,法律现实主义思潮、后现代法学和法律经济学运动等各种法学流派风起云涌。但是波斯纳在《法理学问题》中客观地描述了美国法律人的现状:他们将法律看做是一个逻辑概念的自主体,在法律职业中许多最强有力的思想者都是形式主义者,形式主义既是律师的也是普通人的官方法理学,既是实证主义者的也是自然法律

---

① 〔美〕伯顿编:《法律的道路及其影响》,张芝梅、陈绪刚译,北京大学出版社2005年版,第424—425页。

师的官方法理学。①

正如耶林、霍姆斯和卡多佐所揭示的,目的才是整个法的创造者,目的是由历史、社会和政治决定的,是不断变化的。从某种意义上说,法律规范制定和适用所重视的形式逻辑在法律实践中是目的论的仆人。② 但是法治预设了相对稳定的社会,这也是社会的常态。此时社会福利函数是相对稳定的。在每一个法律范式的发展与完善中,法律推理是基本的。所以我们可以说:法律的生命在于社会福利,法律的成长在于逻辑! 也可以用布宁(Leonard G. Boonin)的话说:法律的生命不是逻辑,而是由逻辑构造的经验。③

本 章 要 点

1. 从法学方法论的角度看,司法过程的重要环节是法律推理。

2. 法律推理不只是关注推理规则或者推理形式,而且要关注推理的前提:法律规范与案件事实。

3. 法律推理主要采取两种形式,一种是演绎法律推理,另一种是类比法律推理。

4. 演绎法律推理与从成文法(制定法)出发的推理最为密切。

5. 类比推理是这样一种非演绎推理:根据两个或两个以上事物在某些属性上相同,从而推出它们在其他属性上也相同。

6. 法律推理的逻辑推导功能是法治原则的要求,它使得社会和当事人对法律问题的预测成为可能,为司法实践中的法律问题提供必要而充分的理由,为立法、司法提供正当性证明。

7. 法律推理尽管存在不足,但我们不能否认其在法律适用中的价值。

---

① 〔美〕波斯纳:《法律的经济分析》,蒋兆康译,中国大百科全书出版社1997年版,中译本序言;〔美〕波斯纳:《法理学问题》,苏力译,中国政法大学出版社2002年版,第568页。

② 〔德〕魏德士:《法理学》,丁晓春、吴越译,法律出版社2005年版,第301页。

③ 转引自〔美〕博登海默:《法理学——法律哲学与法律方法》,邓正来译,中国政法大学出版社2004年版,第518页。

第十三章 法律解释

第一节 法律解释的概念

一、法律解释的含义与必要性

法律解释是指一定的人、组织以及国家机关对法律法规的内容所做的必要的说明。

法律解释作为法律实施活动中的一项非常重要的工作,目的在于使人们准确理解法律规范的内在要求,使法律的实施达到立法所预期的效果。法律解释的必要性体现在以下几个方面:

首先,法律解释是从法律制定到法律实施之间的桥梁。"法律解释是法律实施的前提,抽象的法律条文只有通过解释者的解释才能变得实际有效,才能与复杂多变的现实生活实现对接。"[①]因为,立法者制定的法律是"书本上的法"(law in book),这些法律主要是以文字的形式死板地体现在各种法律文本中,而执法者和司法者在用这些法律条文时经常发现社会现实是具体而丰富的,往往从法律条文中不能找到直接适用于具体案件的法律规范。这时,执法者、司法者通过法律解释,一方面使得法律条文可具体适用,另一方面使得已经发生的社会事实能够找到对应的法律规范的约束。也就是说,通过法律解释将概括的、抽象的"书本上的法"变成特定的、能具体适用的"行动中的法"(law in action)。

其次,通过法律解释可以改正、弥补立法的不足。再成熟的立法都可能存在着不完善的地方,这时法律解释就变成一种有效的解决立法缺憾的手段。比如,当出现法律规定用语模糊不清、法律规范之间存在矛盾、法律内容出现空白或重合的情形时,就给法律实施者造

---

① 张志铭:《法律解释操作分析》,中国政法大学出版社 1999 年版,第 4 页。

成适用的困境,必须通过法律解释来明确立法规范的含义,特别是通过立法机关的解释来消解立法内部本身的矛盾,通过有权的法律解释填补空白或解决法律规定的重合等。

再次,通过法律解释可以使人们取得对法律规定的统一认识。由于认识的动机、角度、水平等的差异,人们对同一法律规定往往会有不同的认识,特别是对那些法律规定中使用的日常用语会产生不同的理解。比如,我国《行政诉讼法》第13条规定:"人民法院不受理公民、法人或其他组织对下列事项提起的诉讼:(一)国防、外交等国家行为;(二)行政法规、规章或行政机关制定、发布的具有普遍约束力的决定、命令;(三)行政机关对行政机关工作人员的奖惩、任免等决定;(四)法律规定由行政机关最终裁决的行政行为。"但是,什么是"国家行为",什么是"具有普遍约束力的决定、命令",什么是"对行政机关工作人员的奖惩、任免等决定",什么是"法律规定由行政机关最终裁决的行政行为"中的"法律"。2018年2月6日最高人民法院发布了《关于适用〈中华人民共和国行政诉讼法〉的解释》,该解释的第2条规定:"国家行为",是指国务院、中央军事委员会、国防部、外交部等根据宪法和法律的授权,以国家的名义实施的有关国防、外交事务的行为,以及经宪法和法律授权的国家机关宣布紧急状态等行为;"具有普遍约束力的决定、命令",是指行政机关针对不特定对象发布的能反复适用的规范性文件;"对行政机关工作人员的奖惩、任免等决定",是指行政机关作出的涉及行政机关工作人员公务员权利义务的决定;"法律规定由行政机关最终裁决的行政行为"中的"法律",是指全国人民代表大会及其常务委员会制定、通过的规范性文件。

最后,通过法律解释可以解决法律的稳定性与社会生活发展的内在矛盾。法律从其本性上必须追求稳定性,因为只有面对相对静态的法律,人们才可能安排自己现在的行为、才能预测将来自己的和他人的行为,而当法律处于"朝令夕改"的情形时,人们就不会相信和维护法律,那么法律也就失去其存在的价值。同时,社会生活却是在每天发展着,尽管其速度有快有慢。但是,只要社会生活在不停地发展着就必然会或迟或早地与相对静态存在的法律发生矛盾。特别是我们今天处在一个快速发展的时代,比如基因技术、克隆技术、互联网技术、材料技术和航天技术等的发展,更是加剧了静态的法律与动态的社会生活之间的矛盾。而通过法律解释,延展、扩张或限缩法律规定的含义,使法律能够适应已经发生变化了的社会现实。比如,将因互联网技术而出现的网络上的"虚拟财产"通过法律解释纳入传统民法的财产定义的范围,就可以解决互联网技术的发展对我国现有民法规定的挑战。

二、法律解释的特点

法律解释具有以下特点:

(1)法律解释的对象是法律规定及其附随情况,即法律解释的对象是特定的。法律解释的对象最主要的是法律文本(Text),包括表达法律规范的条文或法律规定、立法文献等。同时,法律解释也必须研究法律制定时的经济、政治、文化、技术等方面的附随情况。通过对法律文本以及法律形成的时代背景的理解和阐释以探究它们所表现出来的法律意旨,即法律规定的意思和宗旨。

(2)法律解释具有实践性,或者说,法律解释主要是在确定个别案件中当事人的权利与义务的时候发生的。作为一种法律技术,法律解释是存在于法律实施活动中的,而法律实施则是以存在具体的案件为条件的。所以说,以解决已经发生的某个个别案件中的法律问题为前提,实质上就已经说明了法律解释从本质上具有实践的属性。另一方面,在具体解决个别案件时,法律解释的实践性表现为法律解释需要将法律条文和案件事实结合起来,在事实框架中进行法律解释。因为"对法律条文而言,只有它那与具体案件有关的部分才是最重要的;对具体案件而言,只有它那与法律条文有关的部分才是最重要的"。[①] 也就是说,法律解释必须以具体案件的存在为前提,必须是在具体案件中才能完成。

(3)法律解释的过程不能以否认或者怀疑解释的前提——法律

[①] 转引自黄茂荣:《法学方法与现代民法》,中国政法大学出版社2001年版,第279页。

规范为条件。尽管法律解释必须以具体的案件为发生的条件,也只有在与具体的案件相互联系时才能展开,但这并不意味着法律解释是脱离法律本身的,甚至以否定本身为前提去一味地迎合社会事实。也就是说,尽管具体案件是客观存在的,法律解释是以其为实现价值的载体的,但法律解释必须以承认法律自身存在的合理性为条件。作为法律解释前提的"法律"是不能被怀疑的,否则法律解释就丧失了其存在的根基。法律本身和具体案件是法律解释得以实现的两个条件,缺一不可。

(4)法律解释具有目的性。法律解释是一项评判活动,具有强烈的目的性,并反映一定的价值观。首先,从法律本身来讲,法律在被制定出来的时候就已经蕴涵了立法者贯彻其中的目的,因为立法者立法的过程必定是以法律承载自己追求的某种社会目的;其次,从社会事实与法律的关系来讲,任何法律规范都是存在于表达一定目的和价值的社会当中,那么当法律规定见诸社会的政治、经济、文化等背景时,法律的解释必须在一定的范围内符合这些目的和价值。这就表明了法律解释本身就是法律目的、法律价值与社会本身的目的相互展现的过程,同时也是一个相互平衡的过程。

(5)所有的解释活动都要受到"解释学循环"的制约。解释学循环是解释学中的一个中心问题,它是指对整体的把握需要建立在理解其组成部分的基础上,而对于部分的理解又是建立在对整体的理解之上。因此,解释的过程展现为一个循环往复的过程,每一次的解释都会在整体和部分两个方面推进我们对于解释对象的认识。作为解释的具体形式,法律解释同样需要服从"解释学循环"的一般原理。在法律解释中,解释者要理解法律的每个用语、条文和规定,需要以理解整个法律体系为条件;同时,建立整体的法律观念,又需要以理解单个的用语、条文和制度为条件。

三、法律解释的历史发展

法律解释的历史同法律存在和发展的历史同样久远,这一点在中国和西方法律发展的历史中得到体现。

中国古代就有法律解释。秦律中的《法律答问》就是秦朝官方对秦律的主干(即刑法)的解释,具有法律效力。《法律答问》共一百八十多条,它主要记载了秦律的罪名、刑名、刑罚适用的原则以及秦的诉讼制度,是中国古代法律"疏议"(即法律解释)的雏形。

在汉代,法律解释随着"律学"的兴起而有了进一步的发展。而律学本身就是以儒家学说为基础对成文法进行解释而形成的具有中特色的"注释法学"。可以说,自汉以后形成的律学集中体现了中国古代法律解释发展的历史和成就。

在西方,随着古罗马社会和法律的发展,出现了职业法学家。罗马的五大法学家(保罗、盖尤斯、莫德斯蒂努斯、乌尔比安、帕比尼安)对法律的解释被君主批准为具有法律约束力。这种具有法律效力的法律解释已经超出了对法律进行字面意义上的解释的范围,它同时是一种创制法律的活动。罗马法伴随着西罗马帝国的覆灭在西欧销声匿迹长达数百年之久,但是由于11世纪末期兴起的注释法学家和后注释法学家对罗马法的解释、注释活动,使得罗马法能够与当时的社会发展保持一致,最终实现了在欧洲的复兴,而且这两个学派的研究积累了丰富的法律解释方法和解释技术,促进了法律解释学的发展。

17—18世纪之后,法律编纂成为西方国家一项系统化其法律的工作,在法律编纂的过程中,严格了法律解释的主体、解释原则和范围,使得法律解释在现代具有更理性化和系统化的色彩,也使得法律解释活动更加规范和法律解释体系更加成熟。

第二节　法律解释的目标与方法

一、法律解释的目标

法律解释者在法律解释活动中要理解和说明的法律文本的意思,这构成法律解释的目标。而对于什么是法律文本的意思,由于人们理解的角度不同,则又形成了不同认识,其中有主观理解和客观理解两种方式。在此基础上,形成了关于法律解释的目标的两种基本理论:法律解释目标的主观说与客观说。

(一) 主观说

主观说认为,法律解释的目标应当是探求历史上的立法者事实上的意思,即立法者在制定法律时的意图和目的。它又被称为法律解释的原意说。

这种观点得以形成的理由是:首先,法律语词中表达的明确的含义就是立法者所要表达的意思,反过来说,立法者为什么要通过严格的立法程序制定法律,是因为立法者想利用法律来给社会传达自己的意愿,那么法律解释就应该严格地将立法者所要表达的真实的意思揭示出来,即回到立法者的本来意图和目的中去。其次,立法者真实原意的寻找是可能的,因为立法原意的探求不仅可以依靠法律语词本身,而且借助制定法律时依据的历史材料能较客观地回溯到立法时的意思本身。所以,可以通过对立法文献加以研究去探求历史的事实。最后,尤其基于对权力分立和制衡原则的坚持,必须回到法律制定者的本来意思表达中去,因为立法者的意思是法律适用的决定性因素。如果放弃这一点,让适用法律的人根据自己的立场来解释法律的话,那么法律可能会被滥用,因为适用法律的人由于法律解释的原因又成为制定法律的人,这是现代三权分立的政治体制最不能容忍的。

(二) 客观说

客观说认为,法律自从颁布时起,就脱离了原有的立法机关成为一个独立的客观存在物,因此具有自身的含义,法律解释的目标就是探求这个内在于法律的意旨。它又被称为文本说。

这种观点形成的理由是:首先,由于在实际的立法过程中存在着不同的立法主体,存在着不同的主张和观点的争论,往往一个法律条文或一个法律规范本身就是不同立法意志妥协的产物,因而,人们很难确定谁的意图在最终意义上是主导某个法律规定或某个法律的,甚至也很难说清楚某个法律条文是哪些立法者的共同的意思表示。也就是说,真正的独立的立法者是不可能存在的,那么,探究立法者的单纯的立法意图也是不可能的。其次,更为重要的是法律一旦被制定出来,不会像人们想象的那样还会附属于立法者,相反,法律是脱离了立法者,成为一种具有自己品质的客观存在。同时,即使存在着立法者一定的意图,而且这种意图可以通过立法文献来被辨识和取得,但它已经不具有立法上的效力,而仅仅是对立法历史过程的一种推测。更何况,在一个法治国家,人们所要遵守和追求的是客观的法律文本本身,不可能是主观的立法者的意图。最后,由于法律的经验品质的要求,坚持从文本来解释法律,可以很好地使法律本身能够适应发展变化的社会生活,这样法律才能真正取得良好的社会效果,实现法律解释的补充和创造法律的功能。

二、法律解释的方法

法律解释的方法是解释者在进行法律解释时为了达到解释的目标所使用的方法。法律解释的方法大体上包括文义解释、历史解释、体系解释、目的解释等。

(一) 文义解释

文义解释,也称语法解释、文法解释、文理解释。这是指从法律条文所运用的语言的含义来说明法律规定的内容。一般可以通过以下几种方法来确定法律规范所用语言的文字含义:其一,以日常语言文字的含义来确定所要解释的法律规范的文字含义。这主要是因为法律规范所运用的大量文字是直接来自于日常语言的,并没有被立法机关专门加工,也就是说这些语言在立法的时候也是从日常运用的角度来理解其内涵与外延的。其二,从法律专业的特殊要求来理解法律规范运用的特定含义。由于法律本身就是一套特殊的规范体系,为准确地表达其规范要求,一般会在日常语言的基础上创造出一些具有特定内涵和外延的专业法律术语,如民法上的"法人""动产",刑事法律中"有期徒刑""犯罪未遂"等法律术语。其三,通过语境来确定所要解释的表达法律规范的文字的含义。因为几乎所有种类的语言中都存在着一词多义或一义多词的现象,为了更准确地探寻到这种容易导致不同理解的用语时,就必须回到该用语的法律条文,或法律章节,或者某个法律的整体,甚至整体国家的法律体系中去。除此之外,还可以借助逻辑的其他方法来解释法律的文字含义。

文义解释根据解释尺度的不同,被分为字面解释、限制解释与扩大解释三种:

(1) 字面解释。这是指严格按照法律条文字面的通常含义解释法律,既不缩小字面含义,也不扩大字面含义。这是法律解释中最常用的方法。

(2) 限制解释。这是指在法律条文的字面含义显然比立法原意为广时,作出比字面含义为窄的解释。如我国《婚姻法》规定:"父母对子女有抚养教育的义务,子女对父母有赡养扶助的义务。"但是,在具体法律适用中,为符合立法的原意和社会实际,就应该对这里的"子女"一词做限制解释,即前者是指未成年或丧失独立生活能力的"子女",后者则是指已成年并有独立生活能力的"子女"。

(3) 扩大解释。这是指法律条文的字面含义显然比立法原意为窄时,作出比字面含义为广的解释。如我国《宪法》规定:"中华人民共和国公民在法律面前一律平等。"在这里,对"法律"一词的含义就应该做扩充解释,即它不仅包括全国人大及其常委会制定的法律,而且也包括国家最高行政机关制定的行政法规、地方国家机关制定的地方性法规、民族自治地方国家权力机关制定的自治条例等规范性法律文件。

(二) 历史解释

历史解释是指通过研究有关立法的历史资料或从新旧法律的对比中了解法律的含义。有关立法的历史资料包括:关于制定法律的提案说明;关于审议法律草案的说明;关于讨论、通过法律草案的记录和其他有关文献等。

(三) 体系解释

体系解释,也称逻辑解释、系统解释。这是指将被解释的法律条文放在整部法律中乃至整个法律体系中,联系此法条与其他法条的相互关系来解释法律。之所以如此,是因为每一个法律规范都是统一的法的整体的一部分,也是某一法律部门的一部分,它的功能的发挥或实现是以与其他规范的相互配合为条件的。因此,为正确理解和适用该法律规范,就必须同其他法律规范联系起来,以便更好地了解其真实内容和含义。

(四) 目的解释

目的解释是指从制定某一法律的目的来解释法律。这里讲的目的不仅是指原先制定该法律时的立法目的,也可以指该法律在当前条件下所应包含的客观目的;它既可以指整部法律的目的,也可以指个别法条、个别制度的目的。按照这种方法,在解释法律时应当首先了解立法机关在制定它时所希望达到的目的,然后以这个目的或这些目的为指导,去说明法律的含义,尽量使有关目的得以实现。

上述这些方法,有时是综合使用的。在一些有争议的法律问题上,解释者往往同时使用多种方法。在有些情况下,解释者往往需要按照一定的顺序依次使用这些方法。文义解释的方法是最先使用的一个基本方法;如果不能取得满意的解释,解释者还可以依次使用历史解释的方法、体系解释的方法和目的解释的方法。其中目的解释是用来解决解释难题的最后方法,具有特殊的意义。

第三节 当代中国的法律解释体制

一、正式解释与非正式解释

法律解释因其解释主体和解释效力的不同被分为正式解释与非正式解释两种。

所谓正式解释,通常也叫法定解释,是指由特定的国家机关、官员或其他有解释权的人对法律作出的具有法律约束力的解答和说明。由于这种法律解释是有权的国家机关和公职人员依法进行的,其解释的效力因主体的权威性而使其解释的内容或结果产生拘束力,所以又称为有权解释。由于现代国家权力一般被分为立法、执法和司法三种,相应的,正式解释被分为立法解释、司法解释和行政解释三种。有权作出法定解释的机关、官员和个人,在不同的国家或不同的历史时期都有所不同,通常是由法律规定或是由历史传统决定的。

非正式解释,是指未经法律明确授权的机关、团体、组织或个人对法律作出的不具有法律约束力的解释。通常分为两种:第一种是学理解释,是指由学者或其他个人及组织对法律规定所作出的学术性和常识性的解释。尽管由于解释主体的原因使得其不具有法律的约束力，不被作为执行法律的必然依据，但由于学理解释重在说理，具有理性色彩和系统阐述的特点，往往容易被有权机关及其工作人员所接受，很容易成为正式解释的理论依据。也正因为如此，非正式解释在法学研究、法学教育、法制宣传以及法律发展方面有着很重要的意义。甚至有的时候，在没有正式法律渊源的情况下，学理解释也可以视为非正式法律渊源。第二种是任意解释，是指在司法活动中的当事人、代理人或公民个人在日常生活中对法律所做的解释。

二、当代中国法律解释体制的法律规定

法律解释体制，是指正式解释的权限划分体制。

目前中国关于法律解释的体制主要是在1982年《宪法》的有关规定以及1981年全国人民代表大会常务委员会《关于加强法律解释工作的决议》的基础上建立的。该《决议》就法律解释的主体、权限划分、内容等方面做了原则性的规定，主要包括：首先，凡是关于法律、法令条文本身需要进一步明确界定或做补充规定的，由全国人民代表大会常务委员会进行解释或用法令加以规定。其次，凡是属于法院审判工作中具体应用法律、法令的问题，由最高人民法院解释。凡是属于检察院检察工作中具体应用法律、法令的问题，由最高人民检察院进行解释。最高人民法院和最高人民检察院的解释如果有原则性分歧，须报请全国人民代表大会常务委员会进行解释或作出决定。再次，不属于审判和检察工作中的法律、法令如何具体应用的问题，由国务院及主管部门进行解释。最后，凡是属于地方性法规条文本身需要进一步明确界限或做补充规定的，由制定法规的省、自治区、直辖市人民代表大会常务委员会进行解释或作出决定；凡是属于地方性法规如何具体应用的问题，由省、自治区、直辖市人民政府主管部门进行解释。从中我们可以看出，该《决议》很明确地将我国的立法解释、司法解释以及执法解释进行基本的划分，基本建立起了我国以全国人民代表大会常务委员会为主体的、各机关分工配合的法律解释体制。我国现行的《立法法》，即根据2015年3月15日第十二届全国人民代表大会第三次会议通过并公布的《全国人民代表大会关于修改〈中华人民共和国立法法〉的决定》修正的《立法法》，以

专门的章节对"法律解释"的职权和程序作出了规定。

三、全国人大常委会的解释

我国《宪法》第 67 条规定,全国人民代表大会常务委员会是法定的具有解释权的机关。全国人民代表大会常务委员会所进行的解释也叫立法解释。

全国人民代表大会常务委员会的解释主要包括对宪法的解释和对法律的解释。

关于宪法的解释,我国《宪法》第 67 条第 1 项规定:全国人民代表大会常务委员会"解释宪法,监督宪法的实施"。这项规定说明我国的宪法解释在主体上具有唯一性和最高权威性。一方面,在我国关于宪法的任何有权的解释只能来自于全国人民代表大会常务委员会,任何其他国家机关都无权进行解释;另一方面,全国人民代表大会常务委员会是全国人民代表大会这个最高权力机构的常设机关,所以,全国人民代表大会常务委员会的解释具有最高权威性。

关于法律的解释,首先要明确的是,这里所说的法律是指狭义的法律,即由全国人民代表大会制定的基本法律和由全国人民代表大会常务委员会制定的基本法律以外的法律,即全国人民代表大会常务委员会对法律解释的对象只有以上两种。我国《宪法》第 67 条第 4 项规定:全国人民代表大会常务委员会有权"解释法律"。而法律解释一般是通过对法律、法令条文本身作进一步明确界限或做补充规定的方式来实现的,其中"进一步明确界限"属于广义的法律解释,"做补充规定"已超出法律解释的范围而属于制定新的、补充性法律的范围。

我国《立法法》第 2 章第 4 节第 45 条进一步明确规定了全国人民代表大会常务委员会"解释法律"的两种情形:"(一) 法律的规定需要进一步明确具体含义的;(二) 法律制定后出现新的情况,需要明确适用法律依据的。"同时该部分规定了法律解释从议案提起、拟订法律解释草案、表决、通过、公布等一系列活动。它强调了全国人大常委会法律解释具有和法律同等的法律效力。我国《立法法》的这些规定严格了法律解释的程序要求,强调了法律解释的权威性,使法律解释真正实现了有法可依。

由全国人民代表大会常务委员会负责解释我国整个法律制度的核心部分,即宪法和法律,表明它在我国法律解释体制中应当占有主体地位。这是由我国的基本政治制度决定的。

立法解释的形式主要是通过决定、决议进行有针对性的解释。例如,1990年12月28日第七届全国人民代表大会常务委员会第十七次会议作出的《关于惩治走私、制作、贩卖、传播淫秽物品的犯罪分子的决定》,可以看做是对1979年《刑法》关于走私罪、《海关法》第48条、原《治安管理处罚条例》的补充和解释。

此外,全国人民代表大会常务委员会法制工作委员会和常委会办公厅对各地、各部门提出的一系列法律问题所作的答复,虽然不是正式的法定解释,但对正确理解和执行法律具有积极的作用。

四、国家最高司法机关的解释

(一) 司法解释的分类

国家最高司法机关所作的解释也叫司法解释,是指由国家最高司法机关在适用法律过程中对具体应用法律问题所作的解释。我国司法机关被分为两个组成部分,一是人民法院,另一是人民检察院,所以,司法解释由于解释的主体的不同被相应地分为两种:审判解释和检察解释。除此以外,我国还存在着审判机关和检察机关的联合解释。

1. 审判解释

审判解释是由最高人民法院对人民法院在审判过程中具体应用法律问题所作的解释。我国的审判解释权由最高人民法院统一行使,地方各级人民法院都没有审判解释权。我国立法发展的不成熟,使得人民法院在具体适用法律处理具体案件时面临着大量的需要精确地和细致地理解的法律规范,所以,在当代的司法实践中,最高人民法院的司法解释在法律适用中扮演着重要的角色。具体表现为最高人民法院的司法解释活动不仅非常频繁,而且解释的内容非常广泛,主要包括以下四类:

(1) 就审判工作中具体应用法律的问题主动作出的解释和对请

示、来函所作的各种答复。比如我国《民事诉讼法》实施以后,为规范各级人民法院在审判中关于证据的收集、认定、采信等工作,最高人民法院就于2001年12月6日发布了《民事诉讼若干证据的规定》。而关于各种请示、来函的答复经常见诸于《最高人民法院公报》,这主要是来自于具有我国审判特色的案件请示制度。

(2)对审判工作所进行的规范性规定。如1984年8月30日最高人民法院审判委员会通过的《民事诉讼收费办法(试行)》就是通过审判解释的方式来规范各级人民法院在民事诉讼中的收费标准和行为。

(3)直接对法律条文规定的含义进行法律解释。如我国《刑法》第214条规定:"销售明知是假冒注册商标的商品,销售金额数额较大的,处3年以下有期徒刑或者拘役,并处或单处罚金;销售数额金额巨大的,处3年以上7年以下有期徒刑,并处罚金。"但对于什么是"数额较大"与"数额巨大"法律没有明确规定,为此,2004年12月22日开始实施的、由最高人民法院与最高人民检察院共同发布的《关于办理侵犯知识产权刑事案件具体应用法律若干问题的解释》,其第2条规定了"数额较大"是指销售金额5万元以上,"数额巨大"是指销售金额超过25万元。

(4)对某一法律所做的系统而全面的解释。这主要是针对那些对人们生活紧密相关的基本法律而进行的,比如在我国《民法通则》实施之后,1988年1月26日最高人民法院审判委员会就通过了《关于贯彻执行〈中华人民共和国民法通则〉若干问题的意见(试行)》;在我国《继承法》实施之后,1985年9月11日最高人民法院就通过了《关于贯彻执行〈中华人民共和国继承法〉若干问题的意见》;在我国《行政诉讼法》实施之后,1991年5月29日最高人民法院通过了《关于贯彻执行〈中华人民共和国行政诉讼法〉若干问题的意见(试行)》等。

2.检察解释

检察解释是指由最高人民检察院对人民检察机关在检察工作中具体应用法律问题所进行的解释。关于检察解释,2019年5月13日最高人民检察院发布了《最高人民检察院司法解释工作规定》,系统而权威地规范了我国最高人民检察院的司法解释权限、范围、形式、效力、程序以及法律依据等主要方面的活动,对于建立中国特色的检察解释制度具有十分重要的指导意义。比如,其第3条规定,司法解释应当主要针对具体的法律条文,并符合立法目的、原则和原意。第5条规定,最高人民检察院制定并发布的司法解释具有法律效力。人民检察院在起诉书、抗诉书等法律文书中需要引用法律和司法解释的,应该先援引法律,后援引司法解释。最高人民检察院不仅自己制定并发布司法解释,而且联合最高人民法院、公安部、司法部、安全部等不同机关发布一些规范性文件。例如,最高人民法院、最高人民检察院、公安部、国家安全部、司法部印发的《〈关于开展法律援助值班律师工作意见〉的通知》。

最高人民法院的审判解释可能会与最高人民检察院的检察解释发生冲突,如果审判解释与检察解释有原则性分歧,则应报请全国人民代表大会常委会解释或决定。

除了上述的审判解释和检察解释以外,还有一种司法解释被称做联合解释,它是指并不是单独由最高人民法院或最高人民检察院作出的司法解释,而是或者由最高人民法院与最高人民检察院共同就法律适用问题作出司法解释,或者由最高人民法院或最高人民检察院联合最高立法机关的下属机关或行政机关作出关于如何具体应用法律的解释。比如说,2003年8月15日最高人民法院、最高人民检察院联合发布了《关于执行〈中华人民共和国刑法〉确定罪名的补充规定(二)》,共同就我国《刑法》第152条第2款等五个刑法条文规定的罪名进行了统一解释和定义,这对各级人民法院和各级人民检察院关于这些条文涉及的罪名的理解是非常重要的。

(二)司法解释的作用

司法解释主要是为司法机关适用法律审理案件提供必要的说明。从我国的司法解释的实践来看,这种作用主要包括在以下几个方面:

(1)对那些由于法律本身的规定比较概括、原则而使理解和执行法律有困难的问题,给予明确、具体的解释,使其更具有可操作性。比如我国1986年4月12日颁布的《民法通则》第17条规定了无民事行为能力或限制民事行为能力的精神病人的监护人的范围,其中第4款规定为"其他近亲属",但哪些人能成为具有民事法律上的近亲属,《民法通则》没有明确规定。在1988年12月26日最高人民法院通过的《关于贯彻执行〈中华人民共和国民法通则〉若干问题的意见(试行)》就针对性地进行了解释:"民法通则中规定的近亲属,包括配偶、父母、子女、兄弟姐妹、祖父母、外祖父母、孙子女、外孙子女。"

(2)通过司法解释来解决因为社会生活发展给法律带来的空白或矛盾,以使法律能够适应已经发生变化了的社会情况。比如企业改制是我国新时期经济体制改制的一项重要的工作,但是我们国家关于企业改制的法律体系还没有建立,在改制过程中出现了很多新的矛盾和争议,已经超出了原有法律规定的范围。为更公平而有效地处理企业改制中的案件,2002年12月3日最高人民法院通过了《关于审理与企业改制相关的民事纠纷案件若干问题的规定》,比如其中第1条就定义了企业改制民事纠纷案件的种类,第3条明确区分了企业改制中民事纠纷与国有资产行政划拨的范围与界限。这个司法解释对于解决由于新出现的企业改制行为与国有资产管理体制建立带来的新的社会纠纷种类是非常必要的,同时也填补了原有法律体系在这方面的空白。

(3)司法解释可以解决法律适用中的疑问。当法律适用过程中对具体的法律条文在理解上不一致时,利用司法解释可以统一人们的认识,以便更好地适用法律。比如,人们对下面这个问题存在着不同的意见:人民法院对于"先于仲裁"的裁决应否立案执行。为此,2018年6月5日最高人民法院公布了《关于仲裁机构"先于仲裁"裁决或调解书立案、执行等法律适用问题的批复》,该《批复》指出:"根据仲裁法第二条的规定,仲裁机构可以仲裁的是当事人间已经发生的合同纠纷和其他财产权益纠纷。因此,网络借贷合同当事人申请执行仲裁机构在纠纷发生前作出的仲裁裁决或调解书的,人民法院应当裁定不予受理;已经受理的,裁定驳回执行申请。"同时,为统一法院的审理标准,最高人民法院和最高人民检察院经常会针对某一类案件、某一种案件、某一问题或某一具体个案,就如何理解和执行法律规定进行统一解释。

（4）对各级各类人民法院之间如何依据法律规定相互配合审理案件、确定管辖以及有关操作规范问题进行解释。

（5）司法解释通过对案件的规范化的指导，可以弥补立法不足。尽管立法机关在尽其可能地完善立法，但即使这样，还是可能出现立法遗漏、立法不一致、立法不配套、实体法与程序法不一致以及立法滞后等问题。在这些情况下，由于立法本身的限制，立法对这些问题的反应往往比较缓慢，而通过司法解释则是一种较好地解决立法不成熟的方法。尽管，在中国越来越多的人认识到，特别是最高人民法院的司法解释往往在司法解释与立法之间越来越模糊，但是，就目前中国的立法和司法实践来说，司法解释依然扮演着这样的角色。

五、国家最高行政机关的解释

国家最高行政机关的解释也叫行政解释，是指由国务院及其主管部门对有关法律和法规的解释。行政解释的适用包括两种情况：其一是对不属于审判和检察工作中的其他法律如何具体应用的问题所做的解释；其二是国务院及其主管部门在行使职权时对自己所制定的法规所做的解释。

有权进行行政解释的机关包括：制定行政法规的国务院以及制定行政规章的各部委。

根据国务院办公厅1993年3月3日发布的《关于行政法规解释权限和程序问题的通知》，我国最高行政机关即国务院及其所属部委署办等对行政法规和行政规章的解释一般是按照以下规定进行的：

（1）凡是属于行政法规条文本身需要进一步明确界限或者作出补充规定的问题，由国务院作出解释。这是一种行政立法解释。国务院对自己制定的规范最能了解自己的立法意图，所以，由国务院自身作出解释，能从根本上符合立法原意。一般程序是先由国务院法制办公室按照法规草案审查程序提出意见，报国务院同意后，根据不同情况，由国务院发布或者由国务院授权有关行政主管部门发布。

（2）凡是属于行政主管部门制定的行政规章需要解释的,由该行政主管部门直接进行解释。

（3）凡是属于行政工作中应如何具体应用行政法规的问题,一般是由相关行政主管部门进行解释。当相关行政主管部门不能解释或解释困难或与其他主管部门的解释有不同意见时,先报请国务院进行解释,而后国务院指令国务院法制办公室提出答复意见,在报国务院同意后,直接答复有关行政主管部门,同时抄送其他相关部门。

六、地方性国家机关的解释

地方性国家机关的法律解释主要包括两种情形:第一种,是对于属于地方性法规条文本身需要进一步明确界定或做补充规定的,由制定该法规的地方性国家权力机关的常设机关进行解释或作出规定;第二种,是对属于地方性法规如何具体应用的问题,由地方性国家行政机关进行解释。

地方性国家机关的法律解释具有如下特点:(1)只有法定的地方国家机关,即有权制定地方性法规的地方国家权力机关及其执行机关才有解释的权力;(2)解释只能在本机关所辖范围内发生效力;(3)解释必须符合国家的宪法、法律、行政法规和其他国家政策,否则无效;(4)地方性国家机关无权解释宪法、法律和行政法规。但按照我国《立法法》第46条规定,省、自治区、直辖市的人民代表大会常务委员会可以向全国人民代表大会常务委员会提出法律解释的要求。

本 章 要 点

1. 法律解释是从法律制定到法律实施之间的桥梁,通过法律解释可以改正、弥补立法的不足,可以使人们取得对法律规定的统一认识,可以解决法律的稳定性与社会生活发展的内在矛盾。

2. 法律解释具有实践性,其不能以否认或者怀疑法律规范为条件。同时,它具有目的性,受到"解释学循环"的制约。

3. 关于法律解释的目标有两种基本理论,即主观说与客观说。主观说强调探求历史上的立法者事实上的意思,客观说强调探求内在于法律的意旨。

4. 法律解释的方法包括文义解释、历史解释、体系解释、目的解释等。

5. 法律解释因其解释主体和解释效力的不同可以被分为正式解释与非正式解释两种。正式解释是具有法律效力的解释,非正式解释是不具有法律约束力的解释。

6. 目前中国关于法律解释的体制主要是在1982年《宪法》的有关规定以及1981年全国人民代表大会常务委员会《关于加强法律解释工作的决议》的基础上建立的。

7. 司法解释(包括审判解释和检察解释)在我国法律解释体制中具有独特的作用。

第十四章　法的实现与法律秩序

第一节　法的实现

一、法的实现的概念

法的实现是指通过执法、司法、守法和法律监督的过程,实现法律规范所设定的权利和义务,达到合目的性的结果。法的实现的意义在于:第一,达至法律规范预设的结果;第二,建立符合立法目的的法律秩序。

法的实现大体经过以下几个阶段:法律规范—法律事实—法律关系—权利义务的实现。

首先,是法律规范的确定阶段。法律规范经过法定的程序被创制出来,形成规范性文件,反映了国家对公民行为的一般要求,对一般的人和事具有普遍的约束力,建立起一种普遍的法律预期。这一阶段是法的实现的基础。

其次,是法律事实的出现阶段。法律事实是能够引起法律关系的产生、变更、消灭的行为和事件。当法律所规定的情况出现在具体的人和行为上时,该规定才可能得到具体运用,进入实施阶段。

再次,是法律关系的形成阶段。当法律事实出现,法律规范关于权利义务的一般规定转化为主体之间具体的权利义务关系,法律关系主体的权利和义务明确化、特定化。

最后,是法律权利义务的实现阶段。经过具体法律关系的形成,符合法律的权利义务的终极结果方能出现;只有符合立法目的的终极结果出现,才能确定法的实现。

法的实现可以分为法律规范的实现、部门法律的实现和法律体系的实现。法律规范的实现是微观的法律实现,是具体规范的实现;部门法律的实现是部门法通过法的实施过程达到立法目的的结果;

法律体系的实现是宏观的法律实现,其标志是整个社会的法律秩序的形成。

二、法的实现与法的实施的区别

(一) 法的实施强调过程,法的实现强调结果

法的实施是通过社会关系主体的执法、司法、守法行为,将法定的权利和义务,通过具体的法律关系变成已然的东西,这是法的运用的微观活动。这种微观活动过程可能出现法律规范条文性结果或阶段性结果,但也可能没有产生终极结果。

法的实现虽然离不开法的动态运动过程,更强调法律运行的合目的性结果,从而使法的预期的社会目的得以实现,将法的预期的社会目的变成事实。

(二) 法的实施是手段,法的实现是目的

法的实施是通过执行、司法、守法和法律监督的状态,贯彻执行法律规范的运动过程;而法的实现既包括贯彻执行法律规范的运动过程,又包括经由该过程所达成的正向结果。显而易见,法的实施的运动过程未必完全导致成功的结果,未必达到预期的社会目的;法的实现必须达到其预期的社会目的,是实施法律规范的成功结果,从而表明法的实现不仅含有施行的过程,同时也含有成功的结果。

三、法的实现与法的效果的区别

法的效果[①],也称为法的实施效果,即法通过实施而在社会生活中产生的实际影响效果。对法的这样一种实际影响效果,可以通过实证的方法加以描述,说明法在社会生活或社会关系中实际运行的状况;同时,对这种效果也可以按照某种评价标准进行评价,说明法的效果的优劣好坏。法的效果与法的实现的区别在于:

第一,法的效果强调法在社会生活中产生的实际影响状态,而这种状态不一定符合法律规范设定的目标;法的实现强调法对社会调整的合目的性结果。法的效果是社会关系被法律调整的状况,是法

---

① 法的效果,不等同于法的实效。有关法的实效的概念,参见第4章第1节。

在社会中运作所产生的社会现实,是客观的、实在的范畴。法的实现以法的效果为实证基础,侧重于评价法的效果与法律规范之间的契合度,关注法律对社会的正确影响,是主观与客观的统一。

第二,从评价的角度看,法的效果可能是正值也可能是负值;法的实现必须是正值。法的效果并不一定符合法的目的或目标,不一定是正值。而法的实现必须是符合立法目的的正值,其结果必然是建立一套法律秩序。

第二节 影响法的实现的因素

一、影响法的实现的内部因素

法的实现离不开法律适用主体在执法、司法、守法以及法律监督中的表现。影响法的实现的内部因素主要是指法律制度内部的影响因素,如法律规范自身的因素、司法和执法主体的因素以及法律调整的因素等。

(一) 法律规范自身的因素

法的实现以法的效果为实证基础,侧重于评价法的效果与法律规范之间的契合度。法能否实现,一定程度上受到现行的法律规范自身的影响。表现在:

(1) 法律规范是否符合客观规律。

立法者要像自然科学家那样去发现事物关系的规定性,法律总是和人们对事物规律的认知相关联的。立法者的主观意志只有符合客观规律,才能在社会生活中发挥作用。如果与客观规律相抵触,即使制定了,也必将在客观上归于无效。同时,客观规律也只有通过立法上升为法律规范,才能使之成为社会普遍遵守的行为规则。如果法律规范表达和反映了事物关系的规律,则有利于法的实现,否则容易带来的是负面的法的效果,甚至不产生法的效果。

(2) 法律的目的是否明确、合理。

法律规范的创制是立法主体有意识、有目的的活动。立法目的是立法者根据统治阶级的利益与需要,确立立法所要实现的目标,并按此目标设计立法方案,确定调整的对象,选择调整方法。立法目的是立法的起点,又贯穿于立法过程之中,最后必然体现在法的实现上。从结构层次上看,立法目的可以分为国家立法的总体目的、法律体系(如社会主义市场经济的法律体系)的目的、部门法律的目的以及某项单行法律、法规、规章的立法目的等。从立法内容的性质上看,立法目的可分为政治目的(如阶级统治利益的维护、民主)、社会目的(如安全、秩序、效益)、伦理目的(如公平、正义、自由)。我国社会主义立法的总目的,是同社会主义的本质密不可分的。根据建设有中国特色的社会主义理论,"社会主义的本质,是解放生产力,发展生产力,消灭剥削,消除两极分化,最终达到共同富裕"。这也是中国社会主义立法的总目的。具体法律规范的立法目的都充分体现了上述立法总目的,如民法的基本目的是"保护民事主体的合法权益,调整民事关系,维护社会和经济秩序,适应中国特色社会主义发展要求,弘扬社会主义核心价值观"(我国《民法总则》第1条)。

立法目的体现立法的宗旨、精神和基本原则,是法的实现的目标。在适用法律时,不仅要严格依法办事,还要符合立法的目的。法律有具体规定的要严格按照规定办;如果法律规定有某些弹性或者没有具体规定,则赋予执法者一定的自由裁量权,该自由裁量权的行使是否切合情理,是否适当,都要根据它是否符合立法目的来衡量。

(3)法律是否具有可操作性。

法律的可操作性,表现为法律在表达上的逻辑严谨,文字规范,含义清晰,具体内容与其所调整对象的客观规律相吻合。法律的可操作性应是法律的基本要求,原则性太强、过分笼统,势必会造成"执行难",使法律变成"一纸空文",法律成为一种象征性宣告,没有实质的社会价值,也不可能取得更好的法的效果。

(二)司法和执法主体的因素

1. 法官

法官作为具有公共权威的、中立的第三者,通过可靠的证据和有说服力的证明步骤来确认事实,通过适用和解释法律来发现案件的规范根据,作出具有强制性约束力的结论,获得法的实现。这实际上存在着两个假定:一是事实认识客观公正,从中可以确立充分的判断基础;二是法律体系完备无缺,从中可以找到唯一正确的答案。但是法律现实主义对事实认识的不确实性和法律解释的主观性提出质疑,他们认为在解释法律、行使裁量权、自由心证形成过程中,法官的主观性偏好以及信念有可能对判断产生不同程度的影响。因此,法官对法的实现具有重要的影响,主要体现在以下几个方面:

(1) 法官的职业道德。法官的职业道德有别于一般社会职业,他是基于公平、正义的原则将法律运用到具体的人和事,因此,要求法官具备良好的道德品质。法官的世界观、人生观、伦理观念、道德观念、政治正义观、社会正义观,必然对法的实现产生根本的影响。

(2) 法官的学识和经验。法官的学识和经验是法的实现的条件。西方国家有一种说法,"法袍加身意味着一个人律师生涯的顶峰"。他们的法官一般来自资深律师或法律专家,法官的职业准入非常严格,展示出一个法官应具有的能力。法官学识和经验主要体现在:一是认定案件事实,是"发现事实"的过程。客观的认定案件事实是准确适用法律的前提,能够代表一个法官能力的高低。要求法官能够独立的判断证据,遵循诉讼规律对证据进行认证、质证,并能够根据生活经验合理地进行事实推定等。二是法律的适用,是"发现法律"的过程。而"发现法律"的过程可能出现三种情况:一是有法律条文,则需要确定其适用范围,明确其内容的含义;二是没有法律规定,就是出现法律漏洞的情况下,需要由法官自己创设一个规则;三是虽有法律规定,但是属于不确定的概念,需要结合案件的事实将不确定的概念具体化。在后两种情况下,法官的自由裁量发挥着重要作用,对法的实现有很大影响。

(3) 法官的应变能力。开庭审判应该成为法官的日常工作,驾驭庭审能力是法官的基本功,应为针对不同的案件和不同的法律背景的当事人而采用不同的庭审技巧。在法庭审理过程中可能会发生许多事先无法预料的情况,需要法官有较强的应变能力,保证法的效果按照预定的轨道实现。

2. 执法人员

执法是国家行政机关的专有职能,国家行政机关贯彻执行法律,使其在社会生活的各个领域发挥作用,是法的实现的主要途径。执法人员对法的实现的影响主要体现在以下几个方面：

（1）执法人员职业道德。执法人员勤政、廉政的动力只有来自献身公益的理想与荣誉感，来自对待本职工作的诚信态度，勤政、廉政才能转化为自觉的行为。

（2）执法人员利益。保障执法人员享有统一、稳定、合理的物质待遇，是保证执法质量，防止执法人员腐败的一个重要问题。

（3）执法自由裁量。法律不可能对所有领域都作出具体的规定，在许多领域只规定了基本原则，给执法人员留有较大的自由裁量权。执法人员对行政相对人是否公平，对于实施了同样或者类似行为的行政相对人是否同样处理，都对法的实现有较大影响。

（三）法律调整中的利益因素

利益是人们行为的主要和直接动力，也是人们追求的目标。人们奋斗所争取的一切，都同他们的利益有关。而法是社会共同的、由一定物质生产方式所产生的利益和需要的表现。遵守法律能否满足利益的需求，能否使自己利益最大化，是人们守法考量的主要因素。在法律中利益分配公正与否，将影响立法设定的目标能否得以实现。

二、影响法的实现的外部因素

法在社会中运行必然与法律制度的外部因素发生互动，受到外部因素的影响和制约。外部因素对法的实现的影响可以有不同的方向，有时可以促进法的实现，有时可能阻碍法的实现。这主要包括：

1. 经济因素

经济基础决定法律的性质和法律的内容。法律反映了经济上居统治地位的阶级的意识，这一意识正是这个阶级赖以存在的经济基础的反映。随着经济的不断发展，法律也不断地发展、更替。法律的性质和内容为法的实现确立了明确的目标，反映了立法者的物质利益要求。

现实生产力水平和生产关系状况构成法的实现所依赖的物质条件。经济因素一方面为国家机关执行法律提供了必要的物资条件；另一方面为公民、法人、社会组织进行法律活动，享有权利和履行义务提供了物质保障。

现代市场经济对法的实现的影响在广度上和深度上都是巨大的。市场经济导致法律体系在结构上、功能上发生巨大变革。自由、平等、权利、意识自治等法律原则应运而生,对法的实现的目标、实现手段都产生了深远的影响。

2. 政治因素

政治作为一种特定的社会现象,以政治权力为核心,通过政治主体,设计政治权力的结构和运行方式等政治体制,进而促使社会有组织、有秩序地运行。在现代国家,政治因素对法的实现的影响主要是指民主制度在国家生活和社会生活中的影响。

例如,在我们国家,社会主义民主制度保证了人民当家作主的地位,构成了社会主义法律规范创立的基础,法律规范的内容必然反映广大人民群众的利益。社会主义民主制度决定了法律在社会控制中的权威地位,民主制度是法治制度,它确定法律的最高地位,法律面前人人平等,任何人均要服从法律,不能有超越法律的特权。社会主义民主制度是法的实现的程序保障,一切民主政治都是遵循一定的程序规则进行的,是公开、公正和可预测的,把法律程序作为法的实现的保障。同时,社会主义民主制度还对法的实现过程进行有效的监督,民主监督是维护社会主义法治原则,防止权力滥用的重要保障。社会主义民主制度不是一蹴而就的,需要不断地建设,特别需要进行政治体制改革克服现行体制中的弊端,保障法的实现。

3. 文化与科学技术因素

现行法律能否得到实现以及得到怎样的实现,一定程度上受一个国家或民族传统文化的影响。文化中有促进现行法律实现的积极因素,比如传统文化所强调的尊礼守法的观念,可能使守法者按照现行法律制度设定的行为模式来行为。但文化中也可能包含有阻碍现行法律实现的因素,比如传统文化中包含的一些价值信念(崇权轻法思想)可能影响人们对法律的确信,进而影响对法律的自觉遵守。

科学技术的发展和普及是法的实现不可缺少的条件。科技的发展产生大量新的社会关系,出现大量新的法律,为法律内容和法律合理性提供新的依据。科技的发展为法的实现提供新的技术手段,如检验鉴定技术的发展提高侦破案件水平,电脑技术的发展能够大量处理法律信息,大大提高了法的实现。另外,科技发展影响法律的评价标准,特别是生物技术、基因工程的发展如试管婴儿、克隆技术等,给道德伦理的发展带来新的困惑和阻碍,进而影响了法律评价的标准。

第三节 法律秩序

一、法律秩序的概念

法律秩序是通过法律规范和法的实现而建立起来的一种有条不紊的社会关系状态。这种有条不紊的状态可以从两个角度来观察:从静态上看,法律秩序表现为各种法律主体在社会关系中处于其适当的位置,相互间形成稳定的、有规则的位序格局;从动态上看,法律秩序表现为各种法律主体行为、活动以及他们之间相互关系产生、变更或消灭过程的确定性、连续性和一致性。实质上,法律秩序作为一种有条不紊的社会关系状态,是法律规范和法的实现的结果,是一种保证社会所有成员无阻碍地享受他们的法律权利并且履行他们的法律义务的状态。

法律秩序是在法律规范的基础上形成的良性的社会秩序。法律规范是形成法律秩序的一个基础性前提,没有法律规范,就没有法律秩序。从一定意义上说,法律规范的特点决定了法律秩序的特点。由于法律规范具有高度的抽象性、明确性和安定性,使得依此建立起来的法律秩序,与其他形态的秩序相比更加规范、更加稳定。

法律秩序是法的实现的结果,是社会诸多因素综合运动的结果。法律规范作用于社会,创建和维持一定的秩序,但法律秩序所呈现的状态并非法律这唯一因素所造成的,社会生活其他领域诸如政治经济文化对法律秩序形成产生重要的影响,起着不可忽视的作用。因此,法律秩序实际上是政治、经济、文化等因素通过法的实施、法律解释、法律监督等运行机制而产生的综合结果。

法律秩序是发展变化的。法律秩序是社会发展到一定阶段开始形成的,随着社会经济文化的发展和科技的进步,法律秩序也随之不断发展。

法律秩序是以制定一系列法律规范及其法律制度为前提建立的,这是法律秩序的形式要素。但是法律本身不等于法律秩序。因为法律秩序都是基于法的实现的结果。法律是法律秩序的前提。法律秩序的形成是人们有目的的行为,这是法律秩序的主观要素。人类社会的任何秩序所凝结的行为都是有目的的行为,即使自生自发秩序中的人类行为也带有确保该秩序的维持、绵延的目的和趋向。法律秩序中人们创制法律规范,通过司法、执法、守法和法律监督等法的实施行为达到法的实现,这些都是有目的、有意识的行为。法律秩序是一种有序的、客观的社会状态,这是法律秩序的客观要素。法律秩序,就是人们根据社会生活的需要,归根到底根据社会经济生活的需要,在客观规律的基础上,创制出法律规范,并使其在社会生活中实现的结果。

二、法律秩序的形成

对于法律秩序的形成,历来有建构主义与演进主义之争。建构主义主张合理的法律规范、制度和秩序是人们按照明确的目的设计出来的,至少是能为人们理解和同意的。建构主义认为,国家作为主权机构的立法机关拥有垄断性的立法权力,而法律无非就是主权者的强制命令。自《拿破仑法典》以来,欧洲大陆以国家的垄断立法为核心的法律体系,则属于典型的建构主义的法律秩序。

演进主义则认为法律秩序的运行所需要的知识,主要分散于每个人的经历的"实用知识",这类知识不可能被某个计划机构所组织和利用,而只是通过每个人的选择或决策来及时地利用它。法律秩序主要是演进而来的,是人类经验的积累。英美普通法当然是最典型的自发秩序的法律体系。

由此可见,法律秩序既有自然演进的也有人为建构的,是两者共同作用的结果。一般认为,在西方发达国家,现代市场经济秩序主要是自然演进的,但制定法对法律秩序的形成也有重要作用。而在后发国家,人为建构的作用尤为重要。中国作为一个有着长期封建集权历史的国家,从未形成一个发达的市民社会,又缺少民主与法治的传统,很难形成自然演进机制,在社会改革的很多方面,仍要倚重于国家权力的推动。因此,现代市场经济秩序、法治秩序的形成主要靠人为建构。但是在当前中国法律秩序人为建构中,不能忽视民间法的重要地位和作用。民间法产生于乡土之间,体现传统伦理基础,是国家控制能力有限性的补充,是自发自生的民间法律秩序。如何在民间法的本土资源基础上建构现代法律秩序是我国法治建设面临的重要课题。

三、法律秩序的意义

法律秩序是法的基本价值之一,也是法的其他价值的基础。法律秩序是最基本的社会秩序,是人类社会秩序体系中的基础和核心。在一个社会中,如果不能实现法律秩序,就谈不上对人的自由、平等价值的追求,也谈不上人的幸福和公共的善。对法律秩序的追求反映人们对安全、可预见性、可控性、稳定性的期待。随着社会生活、社会关系、社会冲突的日益复杂,人类对法律秩序的期待显得越来越重要。

安定有序是和谐社会形成的基本标志和必要条件。和谐是一种有序的状态,和谐社会是运行有序的社会,社会运行有序体现在经济、政治、思想、文化、社会生活等各个方面都有章可循,社会纠偏机制能够及时发挥作用。一个社会安定有序,本身就是不同利益群体各尽所能,各得其所,而又和谐相处的表现。构建社会主义和谐社会,应通过加强立法,不断完善健全与社会发展和人民群众物质文化生活需要相适应的法律制度。构建社会主义和谐社会,必须坚持法的实施和法的实现,实现社会公平正义。通过法的实现及时化解各种矛盾纠纷,建立良好的社会经济秩序和人与人之间和谐友爱的新型社会关系;通过严厉打击各种刑事犯罪活动,保护人民群众的人身、财产安全,从而为构建社会主义和谐社会建立一个安全稳定的社会环境。构建社会主义和谐社会,需要不断提高全体公民的法律意识。社会主义法律体系的大多数内容是引导人们如何行为,只有广大公民遵纪守法、依法办事,法律才能充分发挥在社会主义和谐社会构建过程中的功能和作用。因此,通过开展深入持久的普法教育,提高全体公民的法律素质,增强全体公民的法律意识,使全体公民养成依法办事的良好行为习惯。同时,把法制教育与道德教育结合起来,使全体公民既遵纪守法,又诚实守信,从而为构建社会主义和谐社会奠定稳固的群众基础和思想基础。

本 章 要 点

1. 法的实现是通过执法、司法、守法和法律监督的过程,实现法律规范所设定的权利和义务,达到合目的性的结果。

2. 法的实现与法的实施是结果与过程、目的与手段的关系。

3. 从评价的角度看,法的效果可能是正值也可能是负值;法的实现必须是正值。

4. 法律秩序是法的实现的结果,它是通过法律规范和法的实现而建立起来的一种有条不紊的社会关系状态。

第三编　社会中的法

第十五章 法的产生与演进

在人类历史上,法的演进表现为一个漫长的过程,即从无到有、从低级到高级、从简单到复杂的发展过程。在这一过程中,法随着人类整体文明的发展而发展,体现出自身特有的规律性。

第一节 法 的 产 生①

一、法产生之前的社会制度

迄今为止的人类社会可以分为原始社会和文明社会两大阶段。原始社会是人类历史上最初的社会形态。

原始社会的生产力水平十分低下,在绝大部分时间里,人们使用简陋的石器工具,采集和狩猎是获得生活资料的主要方式。为了生存,人们聚居并"以群的联合力量和集体行动来弥补个体自卫能力的不足"。② 这就形成了对数量有限的生产资料的原始公有制关系,人们共同占有生产资料,共同劳动,平均分配。人们的劳动除了勉强维持生存,没有产品剩余,因而没有财产私有制,没有剥削,没有阶级和阶级斗争。

---

① 关于法律起源,历来有两种观点。一种观点认为,法律是与人类社会共存的现象。此种意义上的法律等同于社会行为规范,可以认为是广义上的法律观(法律是社会生活的产物)在法律起源问题上的体现。具体学说有古代的法律神意说、自然法学、古代及现代的社会学思想。另一种观点认为,法律是人类一定历史阶段的产物,是社会分化为阶级和阶级冲突的产物。此种学说可以认为是狭义上的法律观(法律是阶级矛盾的产物)在法律起源问题上的体现。具体学说主要是当代马克思主义,其主要理论根源于恩格斯《家庭、私有制和国家起源》一书。但是,恩格斯在其他著作中也从不同于阶级斗争的角度谈到过法律的产生问题。关于法律起源问题上的两种观点的对立,其实质是如何看待法律的阶级不平等问题。参见蒋立山:《从原始禁忌看社会规范的起源》,载《中外法学》1996年第5期。

② 《马克思恩格斯选集》第4卷,人民出版社1995年版,第30页。

与原始社会的经济基础相适应,原始社会的主要社会组织是氏族,氏族社会经历了母系和父系两个发展阶段,母系氏族是氏族组织的典型形态。

　　所谓氏族,是出自一个共同的祖先,具有同一氏族名称,并以血统关系相结合的血缘亲族的总体,是原始社会组织的基本生活、生产和消费单位。随着人口数量的增长,一个氏族又分离出有血缘联系的兄弟氏族,两个或两个以上的兄弟氏族构成胞族,再由两个以上的胞族构成部落,最后是若干亲属部落构成部落联盟,以此形成了原始社会组织序列。作为一种社会组织,氏族具有以下基本特征:

　　第一,氏族是以血缘关系为纽带而连接起来的、纯粹的人的联盟。氏族完全是按血缘亲属关系来划分和组织其成员,而不是按地域来划分和管理居民的。

　　第二,在原始社会的绝大部分历史时期内,氏族是建立在原始共产制基础之上的生产单位和消费单位。氏族的一切成员都是平等的,人们共同劳动,共同享受劳动成果。

　　第三,氏族是全体成员的自治组织。氏族内部的一切重大的问题均由全体氏族成员参加的议事会讨论决定。氏族首领由氏族成员选举产生,并随时可以撤换。他们和其他氏族成员一样,平等地参加劳动和分配劳动产品,不享有任何特权。氏族社会是"没有系统地采用暴力和强迫人们服从暴力的特殊机构"。[①]

　　在原始社会,人们为了共同生活,除了氏族组织,还需要一定的社会规范。原始社会的社会规范主要是习惯,或称习惯法、原始法。

　　原始习惯是原始人在长期的社会生产和生活中经过不断重复和积累而形成的、共同信奉的行为标准和生活惯例。原始习惯的内容十分广泛。例如,在生产和分配方面,按照性别和年龄分工,共同劳动,劳动成果在氏族成员中平均分配,并优先照顾老弱病残者。在社会管理方面,氏族内部按照原始民主、平等的原则,选举或罢免氏族首领,重大事务由氏族全体成员讨论决定,任何人都必须服从集体的决定。在婚姻家庭和亲属制度方面,实行族外婚,用不同的称谓表示

[①] 《列宁选集》第2卷,人民出版社1960年版,第44页。

亲属关系的亲疏远近。在继承方面,死者的财产只能由本氏族成员继承,夫妻不能相互继承财产,子女也不能继承父亲的财产。在处理纷争方面,氏族内部纠纷多由当事人自行调解或由氏族首领出面调停;当氏族成员受到外族伤害时,全体成员都要为其复仇,氏族或部落间的冲突则以战争方式解决。在宗教信仰方面,氏族成员不仅有共同的宗教仪式,而且带有宗教性质的原始图腾和禁忌[①]对氏族成员有极大约束力,如严禁使用图腾物、严禁直呼图腾名、严禁图腾群体成员之间通婚,等等。

氏族的这种简单的、非正式的、非专门化的社会组织、权威系统和行为模式,就当时的社会而言,足以保证社会生产和生活所需要的秩序。恩格斯在论及这种十分单纯质朴的氏族制度时,曾带着赞叹的语调说:"这种十分单纯质朴的氏族制度是一种多么美妙的制度呵!没有大兵、宪兵和警察,没有贵族、国王、总督、地方官和法官,没有监狱,没有诉讼,而一切都是有条有理的。一切争端和纠纷,都由当事人的全体即氏族或部落来解决,或者由各个氏族相互解决……一切问题,都由当事人自己解决,在大多数情况下,历来的习俗就把一切调整好了。"[②]

二、法产生的历史过程

法的产生是社会基本矛盾发展的必然结果。具体地讲,法的产生是与私有制和阶级的出现分不开的。人类到了原始社会晚期,开始学会了经营牧业和农业。特别是由于金属工具的出现,生产工具整体上有了较大的改进,劳动生产率得到提高,使个体劳动成为可

[①] 人类对于禁忌的系统研究,是二百多年前从"塔布"(Tabu,波利尼西亚语,中文翻译为"禁忌")一词传入欧洲开始的。一般认为,禁忌是某种在原始社会中存在的观念与规则,其禁止人们同"神圣"的或"不洁"的东西和事物接近,否则会招致超自然力的惩罚。苏联民族学家谢苗诺夫在《婚姻和家庭的起源》一书中,对禁忌起源问题做了系统研究。他认为:第一,禁忌规范是最早的社会行为规范,主要包括两性禁忌规则和食物分配禁忌规则。第二,禁忌起源问题表明,社会规范起源的实质是通过社会规范实现对人的生物本能实行社会控制,这是社会控制的最早内容。第三,禁忌表明,原始人的最初思维既超越了本能思维的状态,又不同于现代人理性化的因果思维,而是一种介于中间状态的神秘化思维。

[②] 《马克思恩格斯选集》第4卷,人民出版社1995年版,第95页。

能。适应这种生产力向前发展的要求,生产资料公有制逐渐向生产资料私有制转变,劳动产品逐渐落到个人手中。再后来,每个人的劳动产品除了维持本人的生存以外,开始有了剩余,于是剥削有了可能,吸收新劳动力变为有利可图的事情。由此,战俘不再被杀死,而是作为奴隶被保留下来。于是产生了人类社会第一代剥削者和被剥削者——奴隶主和奴隶。

生产力的发展,个体劳动的普遍出现,导致一夫一妻制的个体家庭的确立和子女继承财产的父权制度的产生,社会出现了个体家庭私有制。由于各个家庭之间的财产差别的不断扩大,出现了穷人和富人,并且逐渐向两极分化。特别是随着第三次社会大分工——商业的出现,贸易的扩大,货币和高利贷以及土地所有权和抵押权的出现,原来属于氏族内部的自由人开始大批沦为债务人,继而沦为奴隶。正如马克思所说:"同一氏族内部的财产差别把利益的一致变为氏族成员之间的对抗。"①

奴隶制的形成,私有制家庭的出现,以及贫富分化的加剧,彻底改变了整个社会生活的基础以及产品分配和交换的规则,彻底改变了人们的社会关系。过去那种原始的平等友爱关系逐渐由压迫与被压迫、剥削与被剥削的关系所取代;过去那种以纯粹的血缘关系为基础的社会组织逐渐被以地域与疆界为统属关系的社会组织所代替。在新的社会关系面前,社会自身再也无力解决这种对立的冲突了。为了不使社会和互相冲突的阶级在残酷的斗争中同归于尽,就需要一种凌驾于社会之上的力量,把这种阶级冲突控制在秩序的范围内。由此产生了由特殊的公共权力强制确立社会成员的权利和义务的必要性,国家和法就这样产生了。

三、法产生的基本标志及其与氏族习惯的区别

按照马克思主义的基本原理,阶级意义上的法的产生经历了一个相当长的历史阶段,它的最终形成以下述现象为标志:

(1) 国家的产生。在原始社会中,人们在长期的共同生活中自

---

① 参见《马克思恩格斯选集》第4卷,人民出版社1995年版,第165页。

然地形成了各种习惯规范,这种习惯规范存在于传统之中,既不是由某个专门从事管理的机构制定或认可的,也不是靠有组织的暴力来保障实施的。法律调控则意味着有一个专门机构以全社会代表的名义认可或制定权威性的行为规范,有一批被组织起来的官吏负责执行这些规范。为了保证这些规范不被蔑视,违反规范者会受到有组织暴力施加的制裁。而这些,正是国家机构所具有的特点。没有此种特殊公共权力的存在,法律既不可能被创制出来,也不可能被有效地加以实施。

(2) 诉讼与审判的出现。在原始社会里,没有诉讼与审判,氏族内部的纠纷由当事人自行解决。部落之间的纠纷则往往诉诸武力。法律对社会关系和行为的调控,意味着当事人之间自行解决纠纷(私力救济)的被限制和借助公共权威解决纠纷(公力救济)的产生,否则,如果任由当事人对侵犯权利的行为自行处置,便难以在利益冲突普遍化的状态下保持必要的秩序。这就要求由一个特定的机构来行使审判权,并通过一定的诉讼程序来处理纠纷。

(3) 权利与义务的分离。氏族习惯是每一位社会成员都能自觉遵行的行为标准。依习惯而行事,在一般情况下无所谓是行使权利还是履行义务。正如恩格斯所指出的那样:"在氏族制度内部,还没有权利和义务的分别;参与公共事务,实行血亲复仇或为此接受赎罪,究竟是权利还是义务这种问题,对印第安人来说是不存在的;在印第安人看来,这种问题正如吃饭、睡觉、打猎究竟是权利还是义务的问题一样荒谬。"[①]后来,在奴隶制社会的入口处,社会成员之间出现了权利和义务的分离。这种分离首先表现为在财产归属上有了"我的""你的"之区别。其次,在利益(权利)和负担(义务)的分配上出现了不平等,一些人(主要是贵族和富人)的权利可以得到充分的实现,而另外一些人的权利不过是一种空头支票。法律对行为的调整以利益的分化即权利和义务的分离为条件。

当上述三个标志完全具备之时,阶级意义上的法律起源过程就完成了。此时,一种与国家组织体系相匹配的法律规范体系便告形

---

① 《马克思恩格斯选集》第4卷,人民出版社1995年版,第159页。

成。这种新型的社会规范体系与原有的氏族习惯有着根本的不同。

第一,两者体现的意志不同。氏族习惯反映氏族全体成员在利益高度融合基础上形成的共同意志,这种共同意志也就是完全意义上的社会意志。法则是以国家意志的形式体现出来的统治阶级意志,它只是在社会中占主导地位阶级的意志。

第二,两者产生方式不同。氏族习惯以传统的方式自发地形成和演变,它像语言一样,并不是人们有意识创造的结果。法则是由统治阶级及其政治代表在行使国家权力的过程中,有意识地创立和有意识地对原有习惯加以选择、确认而形成的。

第三,两者实施的方式不同。氏族习惯是每个氏族成员自发养成的行为习惯,它依靠当事人的自觉、社会舆论和氏族首领的威望来保障实施。法的实施当然也要借助于当事人的守法意识和社会舆论的支持,但是,这显然是不够的。法还要以国家强制力为最后的保障,并以警察、法庭、监狱和各种强制机关作为后盾。

第四,两者适用的范围不同。氏族习惯只适用于具有血缘亲属关系的同一氏族或部落成员。法则适用于国家权力所辖地域内的所有居民。

第五,两者的根本目的不同。氏族习惯是维护共同利益、维系社会成员之间平等互助关系的手段。法则以实现统治阶级的利益为首要目的,并为此而建立和维护统治阶级关系和社会秩序。

四、法产生的一般规律

法律从无到有、从萌芽到最终形成为一种基本制度,在不同的民族和社会中经历了不同的具体过程。然而,在纷繁复杂、差别明显的历史现象背后,却可以发现一个一般的共同规律。这种规律主要表现在以下几个方面:

第一,法律是在私有制和阶级逐渐形成的社会背景下孕育、萌芽,并与国家相伴发展和确立起来的。从马克思主义理论的角度说,法律并不是与人类社会同步出现的现象,它的产生需要一定的社会条件,只有在共同利益分化为众多的个体利益并导致普遍的利益冲突,仅靠道德、传统和社会舆论不足以有效维持社会存在与发展所必需的基本秩序时,法律才有产生的必要和可能。

第二,法律的形成过程是一个行为调整方式从个别调整发展为一般调整的过程。法律萌芽之初,对行为的调整是针对个别行为采取的。例如,最初的产品交换只是偶然的个别现象,对这种关系的调整也表现为个别调整。个别调整方式与具体情况直接联系,针对性强,但带有较大的不确定性和不可预见性。随着偶尔的个别行为演变成比较常见的行为,由个别调整的临时确定的规则便逐渐演变成为经常性的、反复使用的、针对同类行为的共同规则。这就使人们相对地摆脱了偶然性和任意性的左右。

第三,法律的形成经历了由习惯演变成习惯法、再发展成为成文法的长期过程。法律绝不是在规则真空的状态下产生的,而是由早期的习惯演变而来。在法律形成的过程中,统治阶级通过国家按照现行社会秩序的需要对原有习惯规范进行甄别取舍,在可供选择的习惯中取缔某些习惯并保留另一些习惯,有意识地禁止习惯所允许的血族复仇和同态复仇,保留赎罪的习惯和根据当事人身份来确定赎罪金数额的习惯,等等。在经过国家有选择的认可之后,习惯就演变成习惯法。在社会生活变化幅度较大,原有的习惯法不足以调整社会关系时,又由国家机构有针对性地制定新的规则,成文法即由此而生。

第四,法律、道德和宗教等社会规范从混沌一体逐渐分化为各自相对独立的规范系统。法从氏族习惯的母体中孕育生长,而原始社会中的习惯,本身兼有风俗、道德和宗教规范等多重属性。在国家与法律萌芽之初,法律、道德和宗教等社会规范并无明显界限。随着社会管理经验的积累和文明的进化,对相近或不同行为影响社会的性质和程度有了区分的必要和可能,法律、道德规范和宗教规范及其调整的行为类型开始从混沌走向分化。这种分化在不同的社会所经历的具体过程不完全相同,但是,使法律调整与道德调整和宗教调整相对区分开来,却是一个共同的趋势。从这个意义上说,法的形成过程,就是法日益脱离习惯、道德和宗教规范而成为独立的社会规范体系的过程。

第二节 法的演进

一、法的历史类型的概念

法律的历史类型,是指按照法的阶级本质和它所赖以建立的经济基础对法律所作的一种基本分类。任何国家的法律都是建立在一定经济基础之上的上层建筑,都是一定阶级意志的体现。所以,法律的历史类型是根据法律的经济基础和意志内容两个标准来划分的。凡是建立在同一经济基础之上、体现同一阶级本质的法律,就属于同一历史类型。由于法律不是永恒不变的,它总是在不断演变、进步,所以不同历史类型的新旧法律之间会随着社会的发展而依次更迭。历史上存在过奴隶制法、封建制法、资本主义法和社会主义法,它们从较低级类型的法律依次发展到较高级类型的法律,体现了社会历史的进步。

马克思指出:"社会的物质生产力发展到一定阶段,便同它们一直在其中运动的现存生产关系或财产关系(这只是生产关系的法律用语)发生矛盾。于是这些关系便由生产力的发展形式变成生产力的桎梏。那时社会革命的时代就到来了。随着经济基础的变更,全部庞大的上层建筑也或慢或快地发生变革。"[①]生产力与生产关系、经济基础与上层建筑的基本矛盾运动,是法律历史类型更替的基本动力。当生产关系成为阻碍生产力发展的枷锁时,必然引起适合生产力发展的新的生产关系取代旧的生产关系,从而导致建立在一定经济基础上的法律不可避免地、或快或慢地被新的历史类型的法律所替代。所以,法的历史类型更替的根本原因不能从法律本身去理解,而必须从社会矛盾的基本运动中寻找。

法律历史类型的更替既不是自发实现的,也不是和平实现的。一般说来,必须通过社会革命才确实现。法律历史类型的更替不可能离开人们的主观能动性,离不开人们有目的、有意识的活动。这是

[①] 《马克思恩格斯选集》第2卷,人民出版社1995年版,第32—33页。

因为代表旧的腐朽的生产关系的阶级不会自动退出历史舞台,他们总是要凭借掌握的政权和法律,千方百计阻碍、扼杀新的生产关系的诞生,竭力维护旧的经济基础和包括法在内的旧的上层建筑。在这种情况下,代表社会发展要求的先进阶级必须通过革命斗争推翻旧的国家政权,建立新的国家政权,以新的法律代替旧的法律。

二、法的四种历史类型

法律发展史上曾先后产生过四种类型的法律制度,即奴隶制法、封建制法、资本主义法和社会主义法,这是与人类进入阶级社会之后的社会形态的划分相适应的。按照马克思主义的学说,前三种法律制度都属于剥削阶级类型的法。社会主义法建立在社会主义公有制的经济关系之上,它所体现的国家意志来自工人阶级及其领导下的广大人民,是最高历史类型的法。

(一)奴隶制法

奴隶制法是人类历史上最早出现的剥削阶级类型的法,它是随着私有制、阶级和国家的出现,在氏族制度的废墟上建立起来的。世界上大部分民族都经历过奴隶制时期,相应地也都存在过奴隶制的法。其中,较典型的有古代埃及、巴比伦、印度、希腊、罗马及中国的法律制度。奴隶制法具有如下重要特征:

第一,否认奴隶的法律人格,公开确认奴隶主对奴隶的人身占有。这是奴隶制法最突出的特征。法律完全不承认奴隶是人,而将他们视为纯粹的财产。奴隶不享有任何权利,只能成为权利客体,像其他财产一样,由主人任意处置,包括出卖或处死。在相对温和一点的奴隶制法中,法律可能要在绝大部分的社会关系中否认奴隶的人格,而在一个有限的范围内承认奴隶有不完全的法律人格,即在某些事项上被法律当作人来对待,可以享有一定的权利。

第二,惩罚方式极其残酷,且带有任意性。奴隶社会是刚刚脱离了蒙昧状态的最初的文明社会,其法律必然带有野蛮、残酷的特点。例如在古代雅典奴隶制国家的《德拉古法典》中规定,偷窃水果或蔬菜的一律处死,甚至连偷懒也要处死。

第三,在自由民内部实行等级划分。奴隶制法不仅否认奴隶的法律人格,确认奴隶主与奴隶之间不平等的地位,而且,在自由民之间也实行等级划分。自由民是除奴隶之外的所有具有人身自由的人,既包括无业贫民和个体劳动者,也包括大小奴隶主。自由民之间的法律地位完全不同,等级越高,特权越多,而义务越少;等级越低,则权利越少,而义务越多。

第四,明显带有原始习惯的某些残余。奴隶制社会从原始社会脱胎而来,带有原始社会的某些痕迹。文明社会初期的法律大多是由习惯转化而来的,即使在奴隶制法比较成熟之后,也保留了较多的习惯因素。例如在土地所有制方面,法律中保留了土地归国家所有或村社所有的习惯,用同态复仇的方式追究责任的习惯,等等。

(二) 封建制法

大多数封建制法是在奴隶制崩溃之后建立起来,也有一些封建制法是由处于氏族社会末期的民族在征服了实行封建制的地区之后,为适应所统治地域的社会生活条件而建立起来的。比较典型的是西欧中世纪的法和中国封建制法。封建制法的共同特征有:

第一,维护地主与农民通过土地形成的人身依附关系。这一特征最突出地存在于西欧封建制法中。西欧封建制经济是按照庄园制和农奴制组织起来的,土地属于国有,各级封建领主占有土地并建立庄园。在庄园中的农民大多具有农奴身份,除在经济上受领主剥削外,其人身也被领主不完全占有,没有独立的法律地位和完全的法律人格。

第二,确认和维护等级特权制度。西欧的等级制最为发达,表现为一种普遍化的、界限森严的身份体系。统治阶级中区分出国王、公爵、伯爵、子爵、男爵和骑士,被统治阶级中也区分出许多身份,如英国中世纪的法律就把农民分成自由佃农(freeholder)、维兰(villein)、边农(cottar)和农奴等几种不同的身份。不同的身份意味着不同的法律权利和义务。中国的封建社会的等级制度一直没有达到西欧等级制度那样完备森严的程度。虽然在贫民中也有良与贱的身份之分,但等级特权主要是按"官本位"的原则而不是按身份来分配的。

第三，维护专制王权。这一特征在东方封建制法中最为典型，西欧封建制法则相对次之。在西欧的等级制中，法律分配权利和义务的依据是每个人与生俱来的身份，而不是国王的意志，国王与贵族之间的关系根据分封土地时的契约来确定。王权一方面受到等级特权和教会权力的强有力制约，一方面也在一定程度上受法律限制。到了西欧封建社会后期，法律才确认了专制王权的绝对至上性。

第四，刑罚严酷，野蛮擅断。总的说，封建制法在刑罚方面的严酷程度只是稍次于奴隶制法。侮辱刑、肉体刑和恐怖痛苦的死刑执行方法在各个封建制法律制度中普遍存在。例如，德国16世纪的《加洛林法典》就设置了割耳、割鼻、割舌、挖眼、断指、断手、斩首、绞首、火焚和五马分尸等多种残忍刑罚。

（三）资本主义法

资本主义法是在封建时代的后期孕育、萌发，通过资产阶级革命而最终确立的。资本主义法律制度以资本主义私有制关系为基础，它所体现的国家意志来自占社会少数的资产阶级。由于资本主义法律制度是在资本主义的市场经济和民主政治条件下存在和运行的，它又是近现代法律文明的一种形态，其奉行的许多原则也就明显不同于古代法律制度。资本主义法律制度的一个总体特征就是按资本主义市场经济和民主政治的本质要求，建立了资本主义的法治国家。资本主义法律制度的特征集中体现在以下三方面：

第一，确立私有财产神圣不可侵犯原则。私有财产神圣不可侵犯原则首次出现于1789年法国《人权宣言》："财产是神圣不可侵犯的权利，除非当合法认定的公共需要所显然必需时，且在公平而预先赔偿的条件下，任何人的财产不得受到剥夺。"之后，各国的资本主义立法都确认了这条原则。这一条原则是资本主义法律制度首要的原则。

私有财产权神圣不可侵犯的原则，在近代资本主义法中曾表现为一种绝对的所有权，所有权人几乎可以完全任意地使用和处分自己的财产，任何人（包括政府）均不得干涉。这种绝对的所有权在后来引发了一系列严重的社会矛盾。到了20世纪初，所有权的滥用开始受到法律限制,这是资本主义法制发展史上现代法制区别于近代法制的重要标志。

第二,确立契约自由原则。资本主义法律制度首次把契约自由上升为调整社会经济关系的基本原则。它意味着承认一切人都具有独立平等的法律人格和法律地位,可以在法律所界定的广阔领域中自主地处分自己的利益和权利,并在交往各方达成合意的条件下建立或改变彼此间的权利、义务关系。

契约自由原则是市场经济关系本质要求在法律上的体现。市场经济条件下的生产是为交换而进行的生产,它在法律上表现为一系列的契约的订立和履行的总和。古代法律制度中的人身占有、人身依附、等级特权和专制王权都是与市场经济的内在规律不相容的,也与契约自由原则不相容。

近代的契约自由原则曾以绝对的、极端的形式表现出来的,国家和法律对契约关系一度持放任的态度,由此引发的许多社会矛盾和反道德行为使原有的启蒙理想受到破坏。自20世纪初起,契约自由也与私有财产权一样受到法律的限制。

第三,确立法律面前人人平等原则。法国大革命的《人权宣言》等资产阶级革命文献确立了人人生而平等的原则,其具有丰富的内容,最基本的精神有三点:一是所有自然人的法律人格(权利能力)一律平等。这种权利能力是生而具有的,不以任何特定事实为条件,它实际上就是人权,即任何人都享有的做人的权利和资格。二是所有公民都具有平等的基本法律地位。"公民"这一法律称呼代表着一种法律地位,它与基本权利和义务相联系。在一国主权管辖范围内,任何人只要具有公民资格,就享有与其他公民平等的基本权利和平等的基本义务。三是法律平等地对待同样的行为。法律在对行为施加保护和惩罚时,只关注行为的性质和后果,而不关注行为人的身份。这一精神被形象化地表现为西方文化中作为正义化身的司法女神的眼睛总是被蒙着的。

法律面前人人平等原则的确立,是人类社会从古代法律制度进入现代法律制度最主要的标志,具有划时代的意义。但是,在资本主义的经济和政治结构中,尽管所有公民在法律上享有平等的基本权利,但这只是一种法律上的可能性,权利的实现离不开必要的社会条件。在经济资源、政治资源和信息资源实际不平等占有的情况下,平等的权利对众多的普通劳动者来说,就大打折扣了。

除了上述讨论的三条原则之外,资本主义法律制度还有人民主权、法律至上(或宪法至上)、有限政府、分权制衡、普选代议制等许多重要原则,等等。

(四) 社会主义法

社会主义法主要是指苏联及东欧国家在20世纪上半叶建立起来的法律制度,以及中国当代的法律制度。一些发展中国家在第二次世界大战后获得民族独立,也曾建立过这样的法律制度。

新中国的法是在摧毁国民党法律的基础上创立的,是革命根据地法的继承和发展。中国社会主义法的建立还经过了由新民主主义向社会主义的转变过程。中国社会主义法的发展经历了曲折的过程。党的十一届三中全会以来,随着改革开放的深入进行,法在社会生活中的作用不断提高。"依法治国、建设社会主义法治国家"已成为执政党在新的时期的执政方略,并且上升为新宪法的一项基本原则。

社会主义法律制度以社会生产资料公有制(国家所有制)为经济基础、以奉行社会主义学说的执政党领导下的人民民主为政治基础,在社会生活中强调社会平等和程度不同的国家主导地位,兼有反对或区别西方资本主义和帝国主义的性质。其法律制度的具体特征是:

(1) 坚持阶级性与人民性的统一。社会主义法律本质上仍然具有阶级性,它是取得政权的工人阶级及其领导下的农民阶级和其他人民群众意志和利益的体现。然而,与历史上的法律历史类型相比,社会主义法律的阶级性内容及其与人民性的关系发生了质的变化。社会主义法律的阶级性和人民性不是对立关系,而是一致关系。它的阶级性正是通过对全体人民的共同意志和利益加以确认而表现出来的。

(2) 强调社会平等的至上地位。社会主义法律在价值方面的一个最鲜明特点就是强调社会平等,反对资本主义个人自由旗帜下的实质不平等。这也是社会主义制度及其法律在许多国家能够获得成功的社会基础。为此,社会主义法律大多都节制私有资本,限制贫富分化,把财产自由限制在一定范围内。

（3）强调国家在推动社会进步方面的作用。按照社会主义国家的理论,剥削阶级类型的法律制度只是在该阶级处于上升时期才能与客观规律在实质上相一致。此后,受统治阶级狭隘利益的局限,法律便日渐与历史发展的根本趋势相背离。社会主义法律制度,在其本质上,反映的是全体人民的共同利益,能够实现国家意志与社会发展规律的根本一致。所以,社会主义法律强调国家在推动和保障社会全面进步方面的作用,强调程度不同的社会计划的必要性。这种作用远比过分依靠私人自发力量要优越、合理。

第三节 法的继承和法的移植

一、法的继承

所谓法的继承一般是指新法对历史上存在过的旧法的承接和继受。

法的继承不同于民法中的财产继承、国际法中的国家继承。财产继承或国家继承只是被继承对象的主体的更替,而被继承对象本身的属性和特征原封不动。法的继承则是新事物对旧事物的"扬弃",即每一种新法对于旧法来说都是一种否定,但又不是一种单纯的否定或完全抛弃,而是否定中包含着肯定。

新法之所以可以而且必然批判地继承旧法中的某些因素,主要的根据和理由有以下几点：

第一,社会物质生活条件的历史延续性决定了法律继承性。从根本上说,法律继承性的依据在于社会生活条件的延续性及继承性。马克思主义认为,人们自己创造自己的历史,但是他们并不是随心所欲地创造,并不是在他们自己选定的条件下创造,而是在直接碰到的、既定的、从过去继承下来的条件下创造。这说明,生活于现实社会的一代人只能在历史留给他们的既定条件所允许的范围内重新塑造社会的形象和书写他们的历史。法是社会生活的反映,尽管立法者在表现社会生活条件时有一定范围的选择自由,但是,只要那些延续下来的生活条件在现实的社会中具有普遍意义,反映这些生活条件的既有法律规则就会或多或少地被继承下来,纳入新的法律体系之中。

第二,法律的相对独立性决定了法律发展过程的延续性和继承性。法的产生和发展决定于社会存在或经济基础,同时又有相对的独立性。法律相对独立性是社会意识相对独立性的体现。所谓社会意识的相对独立性,是指社会意识在反映社会存在的同时,还具有自身的能动性和独特的发展规律。这种独特的发展规律就是每一历史时期的社会意识及其思想形式都同它以前的成果有着继承关系。

第三,法作为人类文明成果的共同性决定了法律继承的必要性。法作为社会调整或控制的技术,是人类对自身社会的性质、经济、政治、文化以及其他社会关系及其客观规律的科学认识的结晶。例如,有关资源配置、市场调节、环境保护等经济社会性法律规范是人类对自然、经济规律认识的反映;有关代表会议、权力制衡、行政程序、反腐倡廉等政治性法律规范则是对政治权力运行规律的科学认识。这些认识成果不管形成于何种社会,具有什么样的时代性和阶级性,都是人类认识的成果和人类文明的标志,具有超越时空的长久而普遍的科学性、真理性和实践价值。正是在这一意义上,任何后继的法律制度都必然是人类以往法律思想、法律技术和法治经验的继续和发展。

第四,法律发展的历史事实验证了法律继承性。法律继承不只是一个理论上可以说明的问题,也是一个实践上可以验证的问题。古代封建社会的法大量继承奴隶制社会的法暂且不论,近代以来,英国资产阶级持续沿用英国封建时代的法律,法国资产阶级以奴隶制时代的罗马法为基础制定《法国民法典》,日本资产阶级承袭日本封建时代的法等等事实,都足以表明法律之间的继承性。

法的继承的内容是十分广泛的,就社会主义法对资本主义法的继承来说,一切能够与以科学、理性、民主、自由、公平、人权、法治、和平、秩序、效率为内容的时代精神融为一体的那些富有生命力或再生能力的积极因素都在继承之列。具体言之，可归纳为以下几个主要方面：

一是法律技术、概念。法律技术是指制定、执行、解释、适用法律规范的各种方法，例如立法程序、法律编纂、法律汇编、法律规范的构成及其分类、形式多样的诉讼程序等。法律概念是指对各种法律事实进行概括、抽象出它们的共同特征而形成的权威性范畴。社会主义国家在建立自己的法律制度时，不可避免地要直接选择、利用这些现成的法律技术和概念。

二是反映市场经济规律的法律原则和规范。资本主义国家反映市场经济一般规律的法律原则和规范，如有关市场主体、市场要素、市场行为、市场调控、国内市场与国际市场的联系等法律规定，经过社会主义国家的选择、改造和加工之后，可以纳入社会主义法律体系之中。

三是反映民主政治的法律原则和规范。资产阶级在长期的民主政治建设中积累了大量以公民权利制约国家权力、权力制约权力以及保障权力运行秩序和效率的经验，诸如代议制、选举制、权力制衡等。这些制度和规定中有许多是民主政治的必然要求，反映了政治权力运行的一般规律。社会主义国家在实行民主政治的过程中理所当然地要批判地借鉴和采纳。

四是有关社会公共事务的法律规定。任何国家都执行两种职能，一是政治统治或阶级统治职能，另一是公共事务或社会职能，因而在法律体系中包括两类法律规范，一类是有关政治统治的规范，另一类是有关公共事务规范中许多属于技术性规范或者是反映社会整体利益的规范。例如，有关交通、环保、资源、水利、城建、人口、卫生的法律规定即是。这些"执行由一切社会的性质产生的各种公共事务"职能的法律显然可以为社会主义国家所继承。

二、法的移植

所谓法律移植，是指一个国家或地区对其他国家或地区法律的借鉴和吸收。

世界法制史上,移植他国法律的例证俯拾皆是。古代中华法系、印度法系、阿拉伯法系,近代以来的英美法系、大陆法系,所有法系的子法国与母法国之间都存在法律的移植关系。早在古罗马国家形成初期,土利乌斯在改革中就采纳了雅典城邦的立法经验。近代以来,各国或地区间的法律移植更是一种普遍现象,如加纳于1874年抄袭了香港法律,埃塞俄比亚《1962年民法典》是以《瑞士民法典》为蓝本制定的。尤其是土耳其和日本法律移植的效果更明显。土耳其在凯末尔(基马尔)当政时期,由于大量采用欧洲国家的法律(瑞士民法、意大利民法、德国诉讼法等),从而在阿拉伯国家率先实现了法律现代化。

法的移植的必然性和必要性在于:

第一,社会发展和法律发展的不平衡性决定了移植的必然性。同一时期不同国家的发展是不平衡的,它们或者处于不同的社会形态,或者处于同一社会形态的不同发展阶段。在这种情况下,比较落后的或后发达国家为了赶上先进国家,有必要移植先进国家的某些法律,以保障和促进社会发展。世界法律的发展史表明,这是落后国家加速发展的必由之路。

第二,市场经济的客观规律和基本特征决定了法律移植的必然性和必要性。市场经济是迄今为止人类发现的最为有效的资源配置方式。尽管市场经济在不同的社会制度下会有不同特点,但其内在的发展规律,如价值规律、供求规律、优胜劣汰等,却是相同的。这就决定了一个国家在构建自己的法律体系和经济立法中,可以直接采纳和移植市场经济发达国家的立法经验。况且,市场经济本质上是开放型经济,它要求冲破一切地域的限制,实现国内市场和国际市场的对接,这就要求市场经济立法必须与国际有关法律和国际惯例相衔接。法律移植有助于减少国家之间的法律抵触和冲突,减少经济摩擦和损失、降低交易成本。

第三,法的移植是对外开放的应有内容。在当代,任何一个国家要发展自己,都必须对外开放。对外开放反映了世界经济、政治和文化发展的客观规律。特别是像中国这样经济和文化都比较落后的发展中国家,更有必要实行对外开放。不仅如此,经济国际化使得一国的国内法越来越具有涉外性和外向型,法律在处理涉外问题和跨国问题的过程中,必须逐步与国际社会通行的法律和惯例接轨。

第四,法的移植是法制现代化的必然需要。在当今世界,法律制度之间的差异,不只是方法和技术上的差异,也是法的时代精神和价值理念的差异。对于法律制度仍处于传统型和落后状态的国家来说,要加速法制现代化进程,必须适量移植发达国家的法律,尤其是吸收和借鉴发达国家法律制度中反映市场经济和社会发展共同的客观规律、法律观念和法律原则。

法的移植主要有两类情况:

第一类,经济、文化和政治处于相同或基本相同发展阶段和发展水平的国家相互吸收对方的法律,以致融合和趋同。如21世纪以来,以判例法和习惯法为主的英美法系各国大量采纳以成文法为传统的大陆法系各国的立法技术、法律概念,制定成文法典和法规;大陆法系各国则越来越倾向于把判例作为法律的渊源之一或必要的补充,从而引进英美法系的技术,对典型判决进行整理、编纂和规则或原则的抽象。

第二类,落后国家或后发展国家直接采纳先进国家或发达国家的法律,如古代日本对盛唐法律的全盘吸收,近代对西方法律制度的引进和采用,第二次世界大战后许多发展中国家大量引进、接受西方国家的法律。

本 章 要 点

1. 法的演进表现为一个漫长的过程,即从无到有、从低级到高级、从简单到复杂的发展过程。

2. 原始社会的社会规范主要是习惯,或称习惯法或原始法。

3. 法的产生是社会基本矛盾发展的必然结果,标志为国家的产生、诉讼与审判的出现、权利与义务的分离。

4. 法与氏族习惯有着根本的不同。

5. 法律的形成过程是一个行为调整方式从个别调整发展为一般调整的过程,同时也经历了由习惯演变成习惯法、再发展成为成文法的长期过程。

6. 历史上存在过奴隶制法、封建制法、资本主义法和社会主义法,它们从较低级类型的法律依次发展到较高级类型的法律,体现了社会历史的进步。

7. 每一种新法对于旧法来说都是一种否定,但又不是一种单纯的否定或完全抛弃,而是否定中包含着肯定,它们有着继承关系。同时,不同国家或地区的法律之间也存在着移植(借鉴和吸收)的可能性。

第十六章 法与其他社会现象

第一节 法与经济

法与其他各种社会现象都有程度不同的联系,其中与经济的联系是最根本的联系,特别是与各种经济现象中的生产方式的关系尤为密切。这是因为经济是社会发展的决定性力量。在种种社会经济现象中,社会生产方式即一定的社会生产力和人们在物质资料生产过程中所形成的一定的生产关系的统一,是推动社会发展进步的根本力量,也是决定其他各种经济现象发展状况的根本因素。

法与社会经济的关系,主要表现在法与生产方式的关系上。生产方式是生产力和生产关系的统一体。法是由生产方式决定的,其中生产关系直接决定法律,生产力间接决定法律。

一、法与生产关系

生产关系是人们在生产过程中所形成的相互关系。从静态结构上看,它包括三个方面:生产资料所有制关系、分配关系和由此决定的人们在生产过程中所处的地位。从动态过程上看,它包括四个环节:生产、交换、分配和消费。与社会的上层建筑概念相对应,生产关系的总和构成一定社会的经济基础。

(一)经济基础对法具有决定作用

法作为上层建筑的组成部分,其本质、产生、发展以及特征,都是由经济基础所决定和制约的。经济基础对法的决定作用表现在以下几个方面:

首先,经济基础的性质决定法的性质。法在本质上是由经济基础决定的。有什么样的经济基础就有什么性质的法。每一种经济基础都有自己特定类型的法。

其次,经济基础的发展变化决定着法的发展变化。法从无到有,从低级到高级,从一种社会类型到另一种社会类型,归根到底都是由经济基础决定的。每一种社会类型的法都不过是以法的形式表现出来的占统治地位的经济关系,随着经济基础不断发生的量的变化,法律也往往不断调整自己以反映发展变化的生产关系不同的内在要求。

再次,法的内容,即法所规定的权利义务和它们的相互关系以及权利和义务的社会价值,是由经济基础决定的。

最后,经济基础对法的决定作用是从最终意义上讲的。法并不是从经济基础中直接地、自发地产生出来的,经济基础对法的决定作用是通过人们有意识的活动实现的。

(二) 法对经济基础具有反作用

法与经济基础的关系,不仅反映在它决定于经济基础,也反映在它对经济基础具有积极的能动作用或反作用。这主要表现在以下方面:

第一,法对经济基础有指引和预测作用。它可以通过提供行为规范,以法的形式总结和反映成功的经验来促进经济关系和经济活动向健全、完善的方向发展,引导经济关系和经济活动朝着有利于掌握政权的阶级的方向发展,从而对经济基础起引导和促进作用。

第二,对不利于、有损政治统治存在和发展的经济基础实行限制、削弱和废除。一个社会往往存在着不同的生产关系,有的生产关系是与政治统治相冲突的,对这样的经济基础,掌权者往往利用法的手段来限制其发展,甚至可能彻底加以废除。

第三,法对经济基础的反作用,有进步与否的区分。判断其进步与否的标准,主要看它服务的经济基础的性质。法为先进的经济基础服务,就促进社会经济的发展,推动社会进步;法为落后的经济基础服务,就阻碍社会经济发展和社会进步。

二、法与生产力

生产力是生产主体运用劳动工具作用于劳动对象获取物质资料的能力。它包括劳动者、劳动工具和劳动对象三要素。生产关系是人与人之间的关系。生产力则是人与自然的关系。生产关系由生产力决定,围绕生产力结成生产关系。生产力是最活跃、最革命的因素,通过决定生产关系间接地决定法律及其发展变化。离开生产力则无法理解生产关系为何发展变化。法律对生产力的作用主要通过生产关系的中介,取决于它所维护的生产关系适应生产力发展水平。如果它所维护的生产关系适应生产力发展水平,就会促进生产力的发展,否则将阻碍生产力发展。除了通过生产关系的中介之外,法与生产力也会发生某种直接关系,如当代作为生产力的科学技术的发展对法律的直接影响。法律通过促进科学技术的发展,推广科学技术成果等方式,直接作用于生产力。

三、中国社会主义法与经济的关系

(一) 经济对社会主义法的决定作用

第一,在制定社会主义法时,应考虑所制定的法是否有利于生产力的发展,应从实际经济条件出发,使所立的法符合客观经济规律。这样的法,才能为社会主义经济基础服务,促进生产力发展。

第二,在制定社会主义法时,应正确处理各种物质利益关系。在我国现阶段,物质利益关系涉及诸多方面,立法时应善于将这些物质利益关系体现为法律权利和法律义务。

(二) 社会主义法对经济的服务作用

我国社会主义法要为生产力的发展服务,提高生产力发展水平,以加强社会主义经济基础,为法律权利的实现提供物质条件。我国社会的基本矛盾,是人民日益增长的美好生活需要和不平衡不充分的发展之间的矛盾。日益增长的人民群众的美好生活需要,翻译成法律语言,就是日益增长的权利要求。如何把法律上的权利变成现实中的权利,一个最重要的条件是生产力发展水平所能提供的物质基础。否则就像没有经济增长的滥发纸币会造成通货膨胀一样,没有不断增长的生产力的依托,规定法律权利的法典也会贬值。

生产力如何发展,从生产力本身内部出发进行分析,是生产力三要素的问题:生产主体的科学技术素质的提高和积极性的发挥,劳动工具水平的提高以及劳动对象的合理开发利用。我国法律对这些方面的促进作用表现在对劳动者有关的法律规定,科技文化方面的法律以及促进它在生产工具中的凝结,和对自然资源合理开发利用方面的法律规定。生产力的三要素受到生产关系的制约,如对自然资源合理开发利用,除了技术之外,还有对主体的利益驱动,需要法律权利义务对利益关系的调整。生产关系就是利益关系,生产关系的调整也是利益关系的调整。同样,我国经济资源配置方式的转换也是利益关系的调整。所以,我国社会主义法促进经济发展的一个重要方面是如何调整利益关系。法律随着生产实践的发展,要根据需要进行权利义务的调整。法律权利的配置对经济效率能够产生重要的影响,不同的配置会产生不同的效率。效率优先、兼顾公平是发展社会主义生产力的要求,也是社会主义生产关系的要求。我国法律按照这个标准配置权利义务以促进社会生产力的发展。

四、法与市场经济

当今世界有计划经济和市场经济两种资源配置的基础性手段。事实证明,市场经济是当今世界最有效益的经济运行机制。无论哪种市场经济,与法的关系,对法的要求,都比其他类型的经济表现得突出。

(一) 市场经济需要法律的保障

建立市场经济体制,离不开法律的保障。这是因为市场经济内在地需要法律,没有法律就没有市场经济。在这种意义上,人们往往说市场经济实质上就是法治经济。这主要表现在:

第一,市场经济是主体独立、平等的经济。市场经济主体的行为和地位需要由法律来规范和确定,需要有法律所确认、保障的从事市场经济活动的财产权和其他经济权利。在市场经济中,要求经济主体的地位平等,意志自由。经济主体通过平等、自由的协商或讨价还价,共同决定他们之间的互利有偿、互相制约的关系。在这里,没有超越经济的行政权力或其他力量,指导或调节主体之间关系的只能是平等的法律规则。

第二,市场经济关系是契约经济关系。现代市场经济运行过程中的各种活动,几乎都是通过契约来实现的。产品生产、市场交换、分配方式、产品消费、社会保障等各个环节,虽然形式上有许多差别,但实质上都是契约关系的表现。从身份到契约是从自然经济到市场经济的主要标志。

第三,市场经济是自由竞争、平等竞争的经济。竞争就是比赛,比赛就要有比赛规则和规范。因而在市场经济中,必须要有维护自由公平竞争的必要规则,以规范各个经济主体的行为。否则,市场机制就会失灵或扭曲,经济生活必然陷入混乱。

第四,市场经济是多重利益并存的经济。在市场经济中,表现为各种利益的多样化,如个人、集体和国家利益的多样化,中央与地方利益的多样化,地区与地区、部门与部门利益的多样化等。利益的多样化必然引起利益的交叉、重叠和冲突。为了衡量和确定在互相交叉、重叠和冲突的利益之间,哪些是应当受到承认、尊重和保护的正当利益,并应该表现为不受侵犯的权利,就需要有相应的法律规则予以确认;为了公正地解决市场交易中利益冲突和纠纷,就需要有相应的法律程序。

第五,市场经济是开放性经济。现代市场经济的内在动力机制使得它呈现扩展的状态,要求打破一切地域限制,使国内市场与国际市场对接,把国内市场变为国际市场的一部分。这就要求主权国家既要熟悉和善于运用国际经贸法律、规则和惯例,又要充分注意并善于使自己的涉外经贸法律、法规同国际经贸法律、规则和惯例接轨。

(二) 法在实现市场经济宏观调控中的作用

市场经济的运行机制固然有突出的优点,但也有需要抑制的弱点。如市场经济主体在局部利益的驱动下,其经营往往带有盲目性、冲动性,容易导致市场供求总量失衡;在市场机制下,市场反映的往往只是眼前的经济现象,难以准确反映经济发展的趋势等。这些因素的存在,往往需要国家通过各种手段对市场经济实行宏观调控。在宏观调控的种种方式或工具中,法律是主要的一种。法在实现市场经济宏观调控中的作用主要有以下方面:

第一,对市场经济的运行起引导作用。通过法的规范,引导市场经济主体在遵循市场经济体制自身要求的同时,也遵循一套统一而普遍适用的规则,避免或抑制各经济主体随意发展、利益冲突和某些经济领域发展失控或呈现危机,致使市场经济难以健康发展。

第二,对市场经济的运行起促进作用。通过法的规范,为市场经济的发展创造条件;反映市场经济规律,促进市场经济发展。不仅通过直接调整市场经济的法,为市场的发展、完善创造条件,促使市场按法所反映的规律发展,还通过不直接调整市场经济的法,为正确处理各种社会关系提供标准,促进市场经济发展。

第三,对市场经济的运行起保障作用。通过法律规范,确认和维护市场经济主体的正当权益,为市场经济运行提供利益保障;确立和维护必要的平等原则,为市场经济运行提供平等保障;建立和维护必要的法的秩序、法的环境,为市场经济运行提供秩序保障和环境保障。

第四,对市场经济的运行起必要的规制作用。通过法律规范,在引导、促进和保障市场经济的同时,也制约市场经济中的自发性、盲目性等非有序化倾向和片面强调本位物质利益的消极因素,使市场经济健康发展。

第二节 法与政治

什么是政治,古今中外的思想家都有不同的解释。马克思主义认为,政治属于历史范畴,它是人类社会发展到一定阶段的产物,随着阶级的产生而产生,并将随着阶级的消亡而消亡。政治同一定的生产方式相联系,它来源于经济,服务于经济。例如,列宁曾说,政治是经济的集中表现;政治就是各阶级之间的斗争;政治就是参与国事,指导国家,确立国家活动的方式、任务和内容。由此可见,政治的基础是经济,由经济基础决定并为了追求经济利益。政治的主体是阶级,政治的核心是国家。国家是关系全部政治的根本问题,一切阶级都要同国家发生关系。国家代表着政治统治权和社会管理权,哪个阶级掌握了这个权力,就能够参与国事,指导国家,确立国家的活动方式和内容。

一、法与政治的共同点与不同点

法与政治都产生于一定的生产方式,都是一定经济基础之上的上层建筑,都反映一定阶级的意志和利益。它们是相互作用、相辅相成的关系。政治对法有直接的影响、制约作用,法又确认和调整政治关系,直接影响政治的发展。在法律与政治的关系中,政治对法具有主导作用,法对政治具有服务作用。就法与政治两者的相互作用来说,政治对法的作用更明显、更直接,政治在与法发生关系的过程中,经常居于主导地位。这特别表现在政治的发展变化,直接导致法、法治的发展变化。当法的状况和法的制定、修改、废止是由于政治的发展变化所引起的时候,当法反映政治目的和要求的时候,这种法的活动,可以说是为政治服务的。

但并不能将法与政治完全等同或对应。首先,两者在范围上有所差别。政治可以反映在法律上,上层建筑其他部分如意识形态同样体现政治。法律反映政治,但并不是所有的法律都直接反映政治。除了政治之外,法律还执行社会公共职能,调整社会公共事务领域内所发生的相互关系。其次,政治意识不等于法律意识。政治家可能抛弃法律,不以法律的手段去解决问题,实行不讲法律的政治,但法律家却不能不关心政治。特别是某些政治概念不一定适宜做法律概念,如"敌人""反革命"等;某些政治问题也是不能完全依靠法律来解决的。所以,将法与政治简单地等同起来是错误的。

二、政治对法的影响、制约作用

统治者的政治对法律起着主导作用。其影响和制约作用主要表现在以下几个方面:

第一,政治关系的基本状况是法的状况的重要依据,政治的先进与落后是法的先进与落后的重要根据,特别是规定国家基本制度的宪法和基本法律,往往是政治力量对比关系的表现。

第二,政治可以为法的发展提供条件和环境。不能设想,在政治条件或政治环境十分恶劣的情形下,法和法治能有较好的发展。

第三,政治可以影响和制约法、法治的内容。国家、阶级、政党、民族的政治活动的内容及其影响,不可避免地影响和制约法、法治的有关内容。社会各阶级的关系也必然会反映在法的权利义务方面。

第四,政治的发展变化,往往直接导致法的发展变化,社会各阶级的力量对比关系不是固定不变的。它随着社会经济的发展而不断地改变。阶级力量对比关系的动态过程，导致反映原有阶级力量对比关系的法律的动态变化过程。政治的发展变化不断向法律的废、改、立提出要求。如我国社会主义政治从以前的阶级斗争到现在的以经济建设为中心的转变，这种转变导致了我国法律的体系和内容也发生了很大的转变。

三、法对政治的确认、调整和影响作用

法具有确认和调整政治关系并直接影响政治发展的作用。这种作用表现在以下方面：

第一，法可以确认各阶级、阶层、集团在国家生活中的地位，调整掌握政权的阶级与其他阶级、阶层、集团的关系，在阶级对立的社会也就是调整统治阶级与被统治阶级的关系、统治阶级内部关系以及统治阶级与同盟者的关系。

第二，法可以反映和实现一定阶级、集团的政治目的和政治要求，例如，以法的形式将它们确立下来，使其具体化为普遍的、明确的行为规范，并获得国家强制力来保障实现。

第三，法可以为一定阶级和国家的中心任务服务，如现阶段我国的中心任务是进行社会主义现代化建设，这一中心任务就是现阶段我国最大的政治。

第四，法还可以对危害掌握政权阶级的行为采取制裁措施，起着捍卫政治统治的作用。

第三节 法与科学技术

现代社会是科技社会，科技产品也越来越成为满足我们需要的各种工具，我们的生活几乎已经被科技完全包围。人类已经从发展科技、利用科技，转变成为受科技影响，被科技所控制。法律当然也不可能对这种强势力量毫无回应。法律与科学技术的关系，大致可以从两个方面来解释：

一、科技对法律的影响

法律针对科技产品对社会造成的影响与后果进行规范。例如,机动车辆出现以后,必须针对此类交通工具的特性制定新的规范(核发驾驶执照、限速以及第三者强制责任险等)。其他科技产品如电脑、电话、飞机以及各种药品等,都产生了各自的新问题,需要进行新的立法。又如,借腹生子的技术(代理孕母)可以使无法怀孕的母亲利用他人的肚腹怀自己的孩子,但是如果代人怀孕的女子在小孩出生后主张自己才是"真正的母亲",这种争执就不是已有的亲属法所能解决的,就必须借助新的立法。其他如核能技术,器官移植,甚至生活中的信用卡、电话卡,都是科技产品所带来的新的生活关系,都需要新的法律规范来确定人们之间的权利、义务关系。

科技社会反映在经济生活方面的最大改变,就是知识经济时代的到来。所谓知识经济时代,意味着知识产值比重大幅提升。其中最关键的部分,当然是科技研究成果。因为科技成果,主要是一种无形产品,以其为标的的财产权就是各种形式的知识产权(著作权、专利权、商标权等)。

科技研究成果的知识产权问题,不仅涉及财产层面,往往也涉及人格权、身份权,甚至国家安全等非财产的层面。各个层面问题,都需要借助立法来加以规范。

二、法律对科技的限制

对于科技所带来的不可预见或已经确定的不良后果,例如代理孕母、精子银行、脐带血银行所产生的伦理问题,飞机的噪音问题等,都需要进一步的思考,是否应该对科学研究、技术开发以及科技产品的生产销售在法律上加以管理、限制?如果确实需要限制,又在多大程度上加以限制?

例如,近年来在生物以及医学科技方面有长足的发展,因此代理孕母、器官移植等都已经是可实施的技术,成功率也很高。但是因此而产生的伦理问题、社会问题也过于复杂。因此有些国家就通过立法禁止使用这些技术,或者进行了很严格的控制。比如曾经备受关注的克隆技术,同样的技术是否可以应用于人类的体细胞呢？这是一个让科学家兴奋,而给伦理学家和法学家带来困惑的问题。如果以学术自由之名可以进行一切课题的研究,只要研究方法不直接损害他人也可以自由采用,那么这种放任就会对社会造成极大的影响。因而,法律必须对科学研究本身进行必要程度的限制。

第四节　法 与 文 化

文化是指一个民族精神和物质两方面的生活方式的总和。它包括知识、观念、社会意识形态等精神现象,以及外在的社会制度和组织机构、仪式、行为规范及一切物化形态的东西。

一、文化对法的指导和影响

第一,法律通过文化的中介反映社会经济政治的要求。法律是对社会经济政治现实内在要求的反映。但这种反映并不是自动的、直接的,而是需要经过文化的中介,通过对社会现实的认识以及价值评价等精神活动,才能把社会的内在法则上升为法律,形成法律规范。正因为如此,法律有时会把这种要求反映得好些,有时反映得差些。经过文化的中介指导,文化状况影响着法律质量的高低。

第二,文化本身作为社会因素影响法律的内容和形式。法律有经济渊源、政治渊源,也有文化渊源。法律作为社会行为规范,受到整个社会因素的制约或影响。文化是社会的一个重要方面。它不可避免地在内容和形式方面会对法律产生影响,如中国传统的儒家文化的"德主刑辅"思想对中国传统法律的影响,它一方面使法律道德化,另一方面使法律刑罚化。西方中世纪基督教文化使西方的法律宗教化。从社会历史发展角度看,文化水平的高低制约着法律的野蛮和文明程度。

第三,文化影响着法律所要达到的社会效果。法律的内容和它追求的社会目的能否变为现实,效果如何,同样受到社会各种因素的制约,文化因素是其中之一。在社会精神领域,文化作为人的内在观念,指导人的外在行为。从这个意义上,文化是一种行为方式,文化有自己内在的行为模式要求。文化本身蕴含的行为模式与法律所规定的行为模式是否契合,直接关系到法律的实现程度和社会效果以及在实施过程中所要花费的代价,即国家强制力执行所要花费的成本大小。任何法律的实施都要求有与其相适应的文化的支持,尤其是社会价值观念的支持。

因此,法律一方面在国家强制力支持下调整人的行为,另一方面进行由外在到内在的反向过程即法律的社会化过程。根据人的精神指导人的行为的原理,以求在人的精神领域为法律确立一个文化支点。一般而言,法律与社会占支配地位的主导文化是一致的,因为法律创制本身要经过社会主导文化的指导,会把这种主导文化所要求的行为模式体现为普遍的法律模式。但一个社会的文化可能是多元的,有时法律模式与社会主导文化可能发生偏离甚至错位。这在社会变革时期,法律转变和文化观念转变没有同步的情况下,表现得较为突出。如中国近代清末从西方引进的法律,由于社会的主导文化仍然是中国传统文化,"中体西用"缺少充分有效的文化支持等,最终成为一个摆设。因此,法律能否实现其社会效果,有与之相适应的文化是不可缺少的条件。

二、法对文化的促进和制约

第一,法有自己的精神,它本身代表着一种文化。如罗马法代表罗马文化,中国传统中华法系代表中国传统儒家文化,我国社会主义法代表社会主义文化。法的实施也是对它所代表的文化的促进,法律通过行为模式对凝结在法律之中的文化精神进行不断的确认和重申。

第二,法对社会整体文化发展所起的作用,取决于法本身代表的文化精神。有的法律阻碍社会文化的发展,如欧洲中世纪宗教法庭对科学文化的压制。但一般说来,现代社会的法律执行着重要的文化职能,促进社会文化的发展,如我国宪法规定,国家发展社会主义教育事业,提高全国人民的科学文化水平。国家举办各种学校,普及初等义务教育,发展中等教育、职业教育和高等教育,并且发展学前教育。国家发展各种教育设施,扫除文盲,对工人、农民、国家工作人员和其他劳动者进行政治、文化、科学、技术、业务的教育,鼓励自学成才;国家鼓励集体经济组织、国家企业组织和其他社会力量依照法律规定举办各种教育事业。国家发展自然科学和社会科学事业,普及科学和技术知识,奖励科学研究成果和技术发明创造。宪法和有关法律规定:公民有言论和出版自由,有进行科学研究、文学艺术创作和其他文化活动的自由。

三、中国传统法律文化对中国现代法治构建的作用

中西之间,包括法律文化在内的文化之间的优劣比较,自中国在鸦片战争中失败以后,一直绵延不绝,时至今日仍为热点。在当代中国的法学界,对中国法律传统的评价,也是有褒有贬,有肯定有否定,但往往是贬大于褒,否定多于肯定。时下占主导地位的评价是,中国法律传统表现为法律的形式比较单一,诸法合体,刑民不分,法即是刑;人们迷信权威,畏惧权力;法律重义务,轻权利;崇尚人治,缺乏民主法治传统等。应当承认,从总体上说,中国的法律文化传统较之西方确有很多弊端,西方的法律文化也确实比中国有很多优势,这种优势自近代以来表现得更为突出。但不能因此断言,在建设社会主义法治国家的过程中,中国的法律文化传统已失去了其存在的合理性。

推进政治体制改革,建设社会主义法治国家,必须从中国的国情出发,不照搬西方政治制度的模式,这是中国政府在确立依法治国方略时的重要指导思想。这里所讲的中国国情,当然包括中国的法律文化传统在内。对中国法律文化传统不能一味否定,其中也有许多在今天仍值得弘扬的东西。一个简单的事实是:传统的文化在我国已有几千年的积淀和延续,割断这样一个"文化脐带"是根本不可能的。中国在建设法治社会的过程中亦应如此,我们应当学习借鉴西方法律文化传统中的优秀部分,但也要吸取中国法律文化传统中所独有的东西,把中西两种法律文化融会起来,建立起具有中国特色的法治社会。

本 章 要 点

1. 法与其他各种社会现象都有程度不同的联系,其中与经济的联系是最根本的联系,特别是与各种经济现象中的生产方式的关系尤为密切。

2. 政治对法有直接的影响、制约作用,法确认和调整政治关系,直接影响政治的发展。

3. 法律针对科技产品对社会造成的影响与后果进行规范。

4. 中国在建设法治社会的过程中应当学习借鉴西方法律文化传统中的优秀部分,但也要吸取中国法律文化传统中所独有的东西,把中西两种法律文化融会起来,建立起具有中国特色的法治社会。

第十七章 法与其他社会规范

第一节 法与道德

一、道德的概念及其与法的联系和区别

道德是人们关于善与恶、正义与非正义、公正与偏私、光荣与耻辱等观念以及同这些观念相适应的由社会舆论、传统习惯和内心信念来保证实施的行为规范的总和。道德具有以下属性:(1) 道德具有经济制约性,道德来源于社会物质生活条件。(2) 道德具有阶级性,每一个阶级都从社会经济关系中抽象出自己的道德观念和准则。社会占支配地位的道德是统治阶级的道德。(3) 道德具有历史性。随着历史的不断发展,每个历史阶段都有自己的道德善恶标准,对人的行为进行评价和规范。(4) 道德具有继承性。道德内含的进步的优秀因素会被新的道德吸收和消化,体现道德发展的连续性。

道德的这些属性决定了它与法律不可避免地相互联系。它们作为社会规范在功能上相辅相成,共同调整社会关系:既从合法又从合理,既从国家又从社会,既从外在又从内在,既从低层次又从高层次,多方位多角度立体性地调整人的行为。有的社会强调以道德为主、以法律为辅,有的社会强调以法律为主、以道德为辅,但在共同使用二者方面概莫能外。即使在强调和实行法治的现代社会,二者也不是或此或彼的此消彼长的关系,而是亦此亦彼的相辅相成的关系。法治确立法律的首选地位,但是从整体上讲,法律应当通过道德基础获得正当性,法治是良法善治。因此获得道德的大力支持,应当是法律有效运转的一个重要条件。这意味着,法律与道德之间存在着千丝万缕的关联,以至于法律与道德经常纠缠在一起,甚至出现"道德法律化"的情形。面对法与道德相互联系的事实,任何法学流派都绕不过法与道德的主题,无论他们持赞成还是反对的态度。其中,对

此争议最大的就是自然法学和法律实证主义。西方历史悠久的自然法学是道德法学,不但认为法与道德不可分离,而且认为道德是法的效力依据,即"恶法非法"。法律实证主义认为法律和道德是两类不同的行为准则,因此它们之间不存在决定与被决定的关系,道德不是法律的效力依据,因此法律即使违背道德的要求,也是法律,即"恶法亦法"。简单地说,自然法学家关注法律与道德的共同之处,而法律实证主义更加重视它们之间的差别。①

我们认为,法与道德既有联系也有区别,作为两种社会规范,它们的区别在于:

(1) 产生方式不同。法是由国家制定或认可的,道德是人们在社会生产和生活过程中逐步形成的关于善恶、正义非正义的观念和依此评价指导人们行为的规范。

(2) 表现形式不同。法一般以国家机关创制的规范性法律文件的形式表现自己,如宪法、法律、行政法规、地方性法规等。道德则通常存在于人们的内心和社会舆论中,或者以语言形式存在于人们的内心。

(3) 调整范围不同。首先,一般而言,法调整的社会关系,道德要调整;法不调整的社会关系如友谊关系、爱情关系,道德也要调整。道德的调整范围比法律的调整范围广。其次,道德对人的行为比法律调整更有深度。法律调整人的行为,尽管也涉及行为的主观状态,但这种主观状态依附于行为。道德则不然,它可以单独评价人的行为动机道德与否,而不问行为效果如何。最后,道德的调整比法律的调整更有高度,尤其是社会主义道德。

(4) 内容结构不同。法有明确具体的权利义务,现代法律权利义务相称,且有明确的法律后果;道德内容一般比较概括和原则。在道德的内容上,有的观点认为道德侧重于个人对他人、对社会履行的义务,这种义务的履行并不意味着他方享有相应的权利,也不以义务履行者取得某种权利为条件。对此不能一概而论,因为道德是有层次性的,如市场经济的公平要求是以权利的平衡为内容的;不得欺诈

---

① 参见本书第1章第2节。

的义务是以对方的应得权利为对象的,一方履行这种道德义务意味着他方享有相应的道德权利。更为显著的是,现代的人权就被认为是一种道德上的权利。法律后果意味着对违反法律的行为要给予惩罚;道德后果不同,有人认为对违反道德要求的要给予谴责。应该说,基于现实,对违反低层次道德要求的要予以谴责,对达到高层次道德要求的要给予赞扬,没有达到的要予以鼓励和提倡。

(5)实施方式不同。法依国家强制力保证实施,道德则依人们的内心信念和社会舆论等方式加以实施。

二、社会主义法与道德的关系

社会主义法对道德的促进,表现在:

(1)社会主义以法律规范的形式把社会主义道德的某些原则和要求加以确认,使之具有法的属性。遵守法律化的社会主义道德成为法律上的义务,从而使它获得强有力的保障。违反它,既是违反道德规范也是违反法律规范,既要受到道德谴责又要受到法律追究,这样就能够使社会主义道德更好地实现。我国宪法和有关法律规定,公民在行使权利的时候,不得侵害国家、集体和他人的合法权益,体现了集体主义精神。我国法律规定了国家公职人员必须努力为人民服务的职业道德。民法规定民事活动应当遵循自愿、公平、等价有偿、诚实信用的原则,婚姻法规定父母有抚养教育未成年子女的义务,成年子女有赡养扶助父母的义务,禁止家庭成员间的虐待和遗弃,等等。这些都是社会主义法对道德的确认。

(2)社会主义法是进行社会主义道德教育的重要方式。由于社会主义法律规范深刻体现了社会主义道德的基本精神和要求,所以通过法律教育和法律实施活动,可以促进社会主义道德,提高人们的道德素质。一般来说,凡是法律所禁止的行为大多也是社会主义道德所谴责的行为,法律所鼓励的行为也是社会主义道德所要求的行为。通过对违法犯罪行为的处理,不仅使人们看到什么行为是法律禁止的,而且也使人们认识到什么行为是道德所谴责的。通过对合法行为的保护的奖励,表扬先进树立榜样,培养人们的道德观念,因此,社会主义法对道德方面的教育作用,不仅表现在对违法犯罪行为的制裁方面,而且还表现在对先进行为、模范遵守法律的公民的表彰奖励方面。社会主义法对那些为社会和国家作出积极贡献的行为,对为保护人民利益、保护国家财产等方面作出贡献的公民予以奖励,对那些为了公共利益而受到损失的公民给予补偿,鼓励人们的道德行为,培养人们的道德情操,以形成良好的社会风尚。

社会主义道德对法的促进,表现在:

(1) 社会主义道德是社会主义法律制定的价值导引。社会主义法的创制以道德为指导,体现了法的合理性、正义性。社会主义道德通过对社会关系和人的行为的正义与非正义的衡量,把它转换为法律上的权利和义务,把合理与否转换为合法与否。如对利益关系,什么利益是合理的,什么利益是不合理的,经过立法程序,上升为对合理利益的权利允许和保护,对不合理利益的义务禁止。如果社会主义立法不以道德为指导,将失去其合理性。社会主义法要保持合法性与合理性的一致,必须以道德为导向。另外,社会主义立法以道德为指导,不能脱离社会现实的道德基础,要受实际道德水平的制约。

(2) 社会主义道德对法的实施的促进作用,社会主义法的实施需要国家强制力的保证,也需要社会主义道德的驱动,良好的道德状况有助于法的更有效实现。执法人员执行法律,运用国家强制力,依靠法律制度的保证,也要有执法人员具有高度的职业道德,公正无私,刚直不阿,有助于正确合法地执行法律。执法人员在"自由裁量权"范围内直接按照合理性原则处理问题时,道德素质更为重要。法律遵守,要依靠人民群众的舆论道义支持。道德觉悟的提高是顺利实施法律的重要条件,否则将助长对法律的机会主义态度,加大法律实施的成本。社会道德风尚会提高维护社会主义法律的自觉性和积极性。

社会主义道德可弥补社会主义法在调整社会关系方面的不足。对于社会主义法不健全时留下的空白,可以由社会主义道德加以弥补;还有由于社会主义法本身的局限性,对法律不调整的社会关系之法外空间,可以由社会主义道德加以调整,以形成全面的社会秩序。

第二节 法与宗教

一、宗教与法的区别

宗教是一种以神为核心的社会意识形态,"一切宗教都不过是支配着人们日常生活的外部力量的形式"。宗教产生主要有两个原因:(1)认识论原因。最初人们对千变万化的自然现象不理解又无法抵抗自然灾害,于是认为有一个超自然的力量在支配世界并产生对这种力量的崇拜。(2)社会原因。在社会进入阶级社会后,人们对阶级压迫和剥削带来的巨大社会苦难既不理解又找不到现实出路,寄希望于一个超人间的力量能够拯救自己并以此解脱自己获得慰藉:"宗教里的苦难既是现实里的苦难的表现,又是对这种现实苦难的抗议。……宗教是人民鸦片。"[1]宗教是人们对周围世界和社会生活的一种虚幻的、歪曲的反映,它使人们相信现实世界之外,还存在着超自然、超人间力量,主宰着自然和社会,在此岸之外还存在一个彼岸世界。宗教作为无情世界的感情,其原本具有同情心、慈善心,但它的消极顺从与某些统治阶级的统治合拍,被某些统治者利用。

宗教也是一种社会规范,与法律规范的区别在于:(1)产生方式不同。宗教规范是宗教创始人和领袖借助神的名义规定的。(2)实施方式不同。宗教规范主要通过信仰机制,依靠自愿行为。(3)适用原则不同。宗教规范以属人主义原则为标准,只对教徒具有约束力,不同于法律的属地主义和属人主义相结合的原则。

二、法与宗教的关系

(一)政教合一国家的模式

政教合一国家的法与宗教的关系是法律的宗教化和宗教的法律化。法律的宗教化是指法律依靠宗教神学的辩护和支持,从而获得

---

[1] 《马克思恩格斯选集》第 1 卷,人民出版社 1995 年版,第 2 页。

一种宗教性或神圣性,以作为法律合法性的终极根据。要信仰超自然、超人间力量,因此也要信仰来自这个力量的法律;要崇拜超自然、超人间力量,因此也要崇拜来自这个力量的法律。信仰和崇拜这种人格化力量的神祇,它代表着对人的永恒终极的关怀,只不过这种关怀是在彼岸世界不是在此岸世界,在此岸世界人们怀揣本体论之罪以证明现世苦难的报应性和合理性。对法律要无条件信仰和服从,不要问为什么,即使荒谬也要信仰,或者如德尔图良长老所说的,正因为它荒谬,我才信仰,立法出于神意,法律惩罚出于神罚。法律的宗教化是对法律的神圣化和它所维护的社会秩序的神圣化。法律宗教化,不但通过国家强制力而且借助于人们的崇拜和信仰机制加以实施,正因为如此,现代有人主张需要法律信仰,"没有信仰的法律将退化成僵死的教条"①。但事实恰恰相反,信仰的法律将退化成僵死的教条,因为信仰、终极性与教条是思想链条上相互勾结的几个环节。

宗教的法律化是指宗教规范被赋予法律效力成为法律规范,如果说法律宗教化是法律获得宗教属性,那么,宗教法律化则是宗教获得法律属性。政教合一国家,宗教规范成为法律规范,如欧洲中世纪基督教是社会的重要支柱,教权与王权密切联系在一起,教会法是重要的法律形式,它对整个社会都适用。其内容不仅规定教会本身的组织和教徒生活,并且对土地、婚姻家庭、犯罪与惩罚等世俗问题都有具体规定。所以,恩格斯说:"中世纪政治和法律都掌握在僧侣手中,也和其他一切科学一样,成了神学分支,一切按照神学中通行的原则来处理。教会教条同时就是政治信条,圣经词句在各法庭中都有法律效力。"②

(二)政教分离国家的模式

近代欧洲的自然法学派用法学世界观代替神学世界观,否认社会关系由教会信条建立,认为这些关系以法律为基础建立,用人的眼

---

① 〔美〕伯尔曼:《法律与宗教》,梁治平译,生活·读书·新知三联书店1991年版,第64页。
② 《马克思恩格斯全集》第7卷,人民出版社1982年版,第400页。

光代替神的眼光看待法律,认为法律是人的理性体现不是神的意志的体现,主张政教分离。在政教分离国家,一般情况是法律和宗教相分离,法律的法律化和宗教的宗教化,法律和宗教各自回归本身,法律把宗教性退还给宗教,宗教把法律性退还给法律。宗教不干涉法律事务,在法律范围内活动;法律不干涉宗教事务,保证"宗教信仰自由"。

三、中国社会主义法有关"宗教信仰自由"的规定

宗教是个复杂问题,具有历史性、观念性、民族性和国际性等特点。我国社会主义法规定宗教信仰自由。每个公民既有信仰宗教的自由,也有不信仰宗教的自由;有信仰这种宗教的自由,也有信仰那种宗教的自由。我国《宪法》第36条规定:"中华人民共和国公民有宗教信仰自由。任何国家机关、社会团体和个人不得强制公民信仰宗教或者不信仰宗教,不得歧视信仰宗教的公民和不信仰宗教的公民。国家保护正常的宗教活动。任何人不得利用宗教进行破坏社会秩序、损害公民身体健康、妨害国家教育制度的活动。宗教团体和宗教事务不受外国势力的支配。"在我国,理论和实践都坚持政教分离原则。

第三节 法 与 习 惯

一、习惯与法的区别

无论是在汉语还是英语中,"习惯"(custom)一词的原意,是指长期重复、逐渐养成的不自觉的行为或活动(behaviour),或者是指一个社会群体的成员通常而且一般所接受和承认的行为。其引申之义是指长久以来一直被确立的、得到个人和社会群体遵守的行为的特定方式。由此可见,习惯既有个人的习惯,也有社会群体的习惯。在汉语中,个人的习惯可称为"习性",社会习惯可称为"习俗"。因为在汉语中习性是指习惯与性格;习俗是指习惯风俗,而风俗是指一

个地方长期形成的风尚、习惯。① 在英语中,个人的习惯是用"habit"表示,社会习惯是用"custom"表示,法学中的习惯法就是用"customary law"表示的。我们这里所指的"习惯"是指社会习惯,而不包括个人习惯。有一些习惯与人们的日常社会生活有关,如涉及服饰、礼节或围绕出生、结婚、死亡等生活重大事件的仪式;有一些习惯与达成交易或履行债务有关。有些习惯与社会生活中不太重要的方面相关,有些习惯与重要的社会事务即为了确保令人满意的集体社会而必须完成的工作相关。后者被视为是人们的一些具体义务和责任。②

法与习惯的差别,在形成方式方面,习惯是一种行为方式经过反复而形成的行为规范。它可以是自发产生的规则形成习惯,也可以是自觉产生的规范形成习惯。举例说,第一个要穿过被新下的雪覆盖着的田地的人没有任何选择的余地,从雪中踩出一条路来对他是一种自然的行为。第二个人则既可以使用第一个人踩出来的路,也可以在没有踩过的雪上穿行。走踩出来的路几乎可以肯定是他的首要选择。随着路越踩越好,踩出来的路对于没有踩过的雪的优势越来越大。以后必须穿过田地的人就将采纳走这条路的惯例,形成习惯。习惯是社会自然生长的结构,它不同于凌驾于社会之上的国家创制的法律。习惯也可以是自觉产生的,规范经过多次重复成为人们的习性而形成。通过信念和自觉性的培养过程形成习惯,从而成为在形式上看是"自发"的行为方式。这是更高级的自觉。习惯和法的第二个主要差别是实施方式。习惯作为一种行为规范,靠自身的力量(即习惯的力量),人们自动地遵守,习惯成自然。它不需要国家的力量或自身以外的力量。习惯自身是自明的,作为一种行为方式,习惯不同于其他社会规范如法律、道德和宗教等。道德遵守可能需要公正与否的内心指导,宗教规范的遵守可能需要神的观念或有关理由。习惯的遵守,严格地说对习惯不能讲"遵守","习惯行

---

① 参见《辞源》有关条目,商务印书馆1981年修订版。
② 〔美〕博登海默:《法理学——法律哲学与法律方法》,邓正来译,中国政法大学出版社2004年版,第399—400页。

为"的用法更为恰当。习惯行为,不需要论证说明理由和反复思考,只要出现相同或类似情况,就会自动重复作出同类行为,解决实际问题的过程逐渐自动化,简化了人们行为的过程。这也是习惯作为一种行为方式的主要含义。其他社会规范可以成为习惯,如道德习惯、宗教习惯。这些规范一旦成为习惯,原来人们遵守时产生的理由依据等因素就会"消隐"。与习惯行为方式不同,法律需要国家强制力,人们遵守法律时,可能会考虑多种因素,如法律的强制性或合理性。

二、法与习惯的关系

(一) 法对习惯的肯定

在法的起源规律上,有一条是从习惯到习惯法、再到成文法的过程。习惯法是法对习惯肯定的产物。"在社会发展某个很早的阶段,产生了这样一种需要:把每天重复着的生产、分配和交换用一个共同规则归束起来,借以使个人服从生产和交换的共同条件。这个规则首先表现为习惯,不久便成了法律。"[①]对于社会已经存在的习惯,立法者根据需要予以确认,赋予法律效力,是法律创制的一种形式。从习惯到习惯法是习惯的质的变化。习惯法具有法的属性,同时也保留习惯原有的某些属性。在这个维度上,习惯对法具有促进作用,借助习惯的力量有助于法的实施。一方面,从习惯到习惯法是从自发到自觉的过程。另一方面,统治者又力图使法律变为习惯,即从自觉到"自发"的过程,使人们自动遵守法律规范,使守法成为习惯行为,不需要借助于国家强制力。从历史发展过程来看,早期的法律由习惯变为习惯法的数量居多。随着社会发展,比重不断下降,越来越少,当然并不是没有,如国际法中的国际惯例,我国当代的人民调解制度,等等。之所以会出现这种情况,是因为社会发展导致社会关系的复杂性,需要复杂的法律调整,这些法律调整依靠社会主体性增长所产生的日益增长的人的主动性、能动性的发挥。这就使得自发产生的习惯逐步减少,也无法有效调整现代社会关系。

---

① 《马克思恩格斯选集》第3卷,人民出版社1995年版,第211页。

(二) 法对习惯的否定

法对习惯是有选择的,根据一定的标准,既有肯定也有否定。当代许多西方法社会学家在法与习惯之间关系上的基本命题是,"法是习惯的再制度化""法不能改变习惯""法必须与习惯相适应"[①]。如果说"法是习惯的再制度化""法必须与习惯相适应"在肯定意义上有其合理性的话,那么,"法不能改变习惯""法必须与习惯相适应"在法对习惯的否定意义上则不具有合理性。人们的社会实践活动会逐步改变习惯,如中国社会主义法对传统的陈规陋习的否定。马克思在批判德国19世纪历史法学派关于法律来源不是立法而是习惯的保守主义观念时指出,历史法学派是以昨天的卑鄙行为来说明今天的卑鄙行为是合法的,"把农奴反抗鞭子——只要鞭子是陈旧的、祖传的、历史的鞭子——的每一声呐喊都宣布为叛乱"[②]。在法对习惯否定的维度上,被否定的习惯对法产生阻力。

(三) 法与习惯共存

法不需要也不可能调整人的所有行为。对于法律不调整的行为,由非国家的社会规范进行调整,习惯即其中之一。

第四节 法 与 政 策

一、政策与法的区别

政策是指在一定历史时期基于社会政治经济等形势和问题作出的政治决策和对策。政策有国家政策和党的政策。

法与政策的关系问题是现代法律理论和实践面临的一个普遍问题。如现代西方国家执政党为解决社会问题提出的政治纲领对议会立法的作用,执政党在议会中占多数,则会通过议会把政党政策转变为国家法律;在理论上也提出了有关学说,如拉斯韦尔和麦克道格尔的法律政策学,反对法律中立观甚至截然割断二者联系的观点,认为"所谓法律中立曾经是至今也仍然是一个破坏性神话,一些孤立地

[①] 朱景文:《现代西方法社会学》,法律出版社1994年版,第153页。
[②] 《马克思恩格斯选集》第1卷,人民出版社1995年版,第3页。

考察法律规则或者决定的因果关系的法哲学,其考虑是欠充分的。当今人类的紧迫需要是把法律作为一种政策工具予以有意识地、从容地、谨慎地运用","政策定向的法律政策的背景范围必须扩展到权威性决定在其中作为一种相互作用的组成部分的整个社会过程"①。

中国社会主义法与共产党政策是既相联系又有区别的两种社会规范。它们作为社会主义上层建筑的因素,有着广泛的共同点,在指导思想和历史任务等方面都是一致的。二者的区别是:(1)制定机关不同,法律是享有立法职权的国家机关依照法定程序创制的,党的政策是党的领导机关依照党章规定的程序制定的。(2)表现形式不同,法有自己特定的表现形式,如宪法、法律、行政法规等,内容有确定性特征,具体明确规定人们的权利义务。党的政策表现形式一般有纲领、决议、宣言、指示等,内容相对来说规定得比较原则,带有号召性和指导性。(3)实施方式不同,法律依靠国家强制力保证实施,党的政策靠宣传动员和党的组织工作等方式实施,党员违反政策,轻则给予批评教育,重则给予党的纪律制裁,这与对违法者给予法律制裁不同。(4)稳定性程度不同,法律和政策都应有一定程度的稳定性,但比较起来,法律具有更大程度的稳定性,政策则具有较大灵活性。

二、中国社会主义法与共产党政策的关系

(一)共产党政策对社会主义法的指导

(1)党的政策对社会主义立法的指导。共产党是执政党,是国家政治的领导核心。共产党的领导主要通过方针政策的贯彻执行,国家立法活动以政策为指导是党的领导的体现。在总结实践经验的基础上,根据社会政治经济形势制定的党的政策,集中体现人民的利益。立法以政策为指导,有利于提高立法质量。应该指出,党的政策是立法的指导,并不意味着总是先有政策后有法律。有些法律在制

---

① 吕世伦主编:《当代西方法学理论研究》,中国人民大学出版社1997年版,第179页。

定前,可能还没有相应的政策规定,根据社会实际需要制定法律。还有一种情况,有些法律没有相应的政策,是因为没有必要制定这样的政策,特别是关于一些具体法律制度,如婚姻法中的继承制度、诉讼法中的诉讼时效制度等。

(2)党的政策对社会主义法律实施的指导。执行法律以政策为指导有利于更好地实现法的内容和精神。法体现了政策,二者具有一致性。执行法律以政策为指导,有利于更好地发挥法律为社会服务的效能。法的稳定性较大。社会政治形势不断发展,党的政策比较灵活,能及时反映这种发展变化。法律实施以政策为指导,能更有效地适应社会需要。执法以政策为指导,是党对执法机关进行领导的体现。应该指出,执行法律以政策为指导必须在法律规范内进行。不能把坚持依法办事和坚持政策指导对立起来,既不能强调依法办事去否定政策的指导,也不能强调政策指导去否定依法办事,应坚持二者的统一。

(3)在特定情况下,即当国家没有制定出相应的法律规范时,政策直接起法律的作用。我国从新中国成立到现在,法与政策经历了一个发展过程,从主要依靠政策发展到既依靠政策也依靠法律,在政策指导下逐步健全社会主义法律制度,建设社会主义法治国家。

(二)社会主义法对共产党政策的制约

宪法和法律是由国家最高权力机关及其常设机关制定的,具有最高权威。我国《宪法》第5条第3款规定,一切国家机关和武装力量、各政党和各社会团体、各企业事业组织都必须遵守宪法和法律。党章也明确规定"党必须在宪法和法律的范围内活动"。党在宪法和法律内活动,是加强社会主义法治的关键。

宪法和法律,是在党的政策的指导下制定的,体现了政策精神和内容,党在宪法和法律范围内活动,既有助于社会主义法治建设,树立法的权威,也有助于加强和改善党的领导。

本 章 要 点

1. 法与道德作为社会规范在功能上相辅相成,共同调整社会关系。

2. 法与道德产生方式不同、表现形式不同、调整范围不同、内容结构不同、实施方式不同。

3. 社会主义道德是社会主义法律制定的价值导引,社会主义法是进行社会主义道德教育的重要方式。

4. 政教合一国家的法与宗教的关系是法律的宗教化和宗教的法律化。在政教分离国家,法律和宗教相分离,法律和宗教各自回归本身,法律把宗教性退还给宗教,宗教把法律性退还给法律。

5. 法与习惯的关系有三种情形:法对习惯的肯定,法对习惯的否定,法与习惯共存。

6. 中国社会主义法与共产党政策是既相联系又相区别。

7. 比较起来,法律具有更大程度的稳定性,政策则具有较大灵活性。

第十八章　法制与法治

第一节　法　　制

一、法制的含义

"法制"一词在中国由来已久。古代典籍《礼记·月令》中说："命有司,修法制,缮囹圄,具桎梏。"①《商君书·君臣》中说："民众而奸邪生,故立法制,为度量,以禁止。"②从上述记载可以看出,中国古代对于"法制"一词,基本上是从法律制度的角度理解的。然而,在 1949 年以前,"法制"一词并不常用。在 1949 年以后至"文化大革命"之前,新中国的法律工作一般称为"革命法制"或"人民民主法制"。1978 年中国共产党十一届三中全会后,在政治生活中又有了"社会主义法制"的通称。"法制"一词在当今中国社会政治法律生活中大体有以下两种含义：

第一,静态意义上的法制,即将法制理解为法律制度的简称。从此种意义上理解法制概念,可以认为,世界上任何有法律制度的国家,都有法制。这是"法制"一词的原本含义,亦是该词在新中国革命背景下逐渐广受重视时被最初赋予的确切含义。正是在此种意义上,"法制"一词在英语中也能够找到一个较贴切的对应词汇"legal system",意即法律制度、法律体系。

第二,动态意义上的法制,即将法制理解为由立法、执法、司法、守法、对法律实施的监督等各个环节构成的一个系统。此种动态意义上的法制概念,是静态法制概念在中国社会主义革命背景下的某种扩展。正是从这一意义出发,20 世纪后期的某些中国法学人士将法制称为"法制系统工程""法制系统"。然而,此种"法制"概念在

---

① 《礼记·月令》。
② 《商君书·君臣》。

西方语言中无法找到确切的对应词汇。

二、当代中国法制的基本要求

在中国,法制的基本要求,是中国共产党十一届三中全会公报中总结的"有法可依,有法必依,执法必严,违法必究"。概括地讲,这四项要求的核心含义是"依法办事"原则。法制工作的基本要求具体内容如下:

第一,有法可依。它要求国家建立相对完备的社会主义法律体系,即要制定出一系列反映社会发展规律、反映法治实践客观需要、特别是反映广大人民群众意志和利益的法律,为治理国家、管理社会事务提供规则和尺度。

有法可依是法制工作的前提。当前中国已初步建立了以宪法为核心的社会主义法律体系的框架,基本上实现了有法可依。当然,立法工作还有不足之处,应该进一步加强立法的合理性、可操作性、严密性和协调一致性,使立法更加科学、公正,真正反映广大人民的利益要求,反映社会生活的基本规律。

第二,有法必依。它要求一切国家机关和武装力量、各政党和各社会团体、各企业事业组织和所有公民,都必须真正把宪法和法律作为行为准则,在宪法和法律所许可的范围内活动,切实做到严格依法办事。法律的目的在于调整社会关系,即使有了完备的法律,如果弃之不用,不依法办事,就无法实现法律存在的价值,无法发挥法律应有的作用。

有法必依是实行法治的中心环节。当前,在中国现实生活中对已制定的法律的执行和遵守仍不理想,有法不依、有法乱依的现象比比皆是,这是实行法治的主要障碍。要做到有法必依,一方面要求一切法律关系主体做到普遍守法,依法办事;另一方面要求执法、司法工作人员依法行使职权,做到严守职责、依法办案,使已制定的法律真正得到实施。

第三,执法必严。它要求司法、执法机关和司法、执法工作人员在依法行使职权、实施法律规范的活动中,严格依法办事,严肃执法,维护法律的权威和尊严。只有严格依照法律规定执行和适用法律,才能使制定的法律发挥应有的作用。执法必严,不能被曲解为"严刑峻法",而是应按照法律本身所体现的宽严相济的合理要求执行法律。

第四,违法必究。它要求公民在法律面前一律平等,对于任何人的违法犯罪行为,必须平等地、毫无例外地予以追究和制裁。法律面前人人平等是法制的基本原则之一,任何组织和个人依法平等享有权利承担义务,任何人都没有超越宪法和法律的特权。

违法必究是法制工作的保障。在中国这样一个封建特权思想遗毒严重的社会,努力消除"权大于法"等特权思想的干扰,加强对权力的制约和监督,实现法律面前人人平等,也是法制工作的重要方面。只有真正实现违法必究,才能保障法制工作收到成效。

有法可依,有法必依,执法必严,违法必究,作为法制工作的基本要求,是相辅相成、互为条件的。它们是衡量法制工作的标准和尺度。

第二节 法治的概念

一、法治的含义

在西方,"法治"有若干不同的表述。在英文里,"法治"通常表述为"rule of law",即法律的统治。此外,还存在其他一些表达方式,如"rule by law"(依法而治)、"rule according to law"(据法而治)、"government through law"(通过法律的治理)等。在德语中,"法治"是用"Rechtsstaat"(法治国)表示的。

在中文里,"法治"一词最早见于先秦诸子文献。如《商君书·任法》中有"任法而治国"[1],《韩非子·心度》中有"治民无常,唯以法治"[2]。

就现有资料看,最早提出法治定义的是古希腊思想家亚里士多德。他在《政治学》一书中说:"法治应包含两重意义:已成立的法律

---

[1] 《商君书·任法》。
[2] 《韩非子·心度》。

获得普遍的服从,而大家所服从的法律又应该本身是制订得良好的法律。"亚里士多德的法治定义,可以简称为"良法之治"。其中,良法的标准体现了当时中产阶级的节制、适度、理智的美德和多数人统治的愿望。

近代意义上的法治,是资产阶级思想家在反对封建专制的过程中提出来的,其思想渊源可上溯到亚里士多德,但并非其法治主张的简单复制。近代法治理论经常被认为以洛克等人为代表,法治被说成是以确定的、经常有效的法律进行统治,体现的是市民阶级的个人自由和追求财富的愿望,权力制约成了这种法治的体制特征。在近代晚期,英国政治思想家戴雪明确提出了法治(rule of law)概念,他认为法治应当包含排除专断,法律至上,各个阶级、阶层在法律面前一律平等等基本原则。当代美国法学家富勒则提出了法治应该具备八项(形式)原则:法律的普遍性,法律要公布,法不溯及既往,法律要明确,避免法律中的矛盾,法律不应该要求不可能实现的事,法律要有稳定性,官方的行为要和法律一致。①

值得注意的是,1959年在印度召开的国际法学家会议通过了《德里宣言》,总结了与会各国法学家对"法治"的一般看法,将"法治"概括为三条原则:(1) 根据法治原则,立法机关的职能就在于创设和维护得以使每个人保持"人类尊严"的各种条件;(2) 法治原则不仅要为制止行政权的滥用提供法律保障,而且要使政府能有效地维护法律秩序,借以保证人们具有充分的社会和经济生活条件;(3) 司法独立和律师自由是实施法治原则必不可少的条件。②

《德里宣言》中的法治观念体现了一种新的价值追求,即法治不仅要消极防范行政权力的滥用,而且要创造和维护保障个人尊严、自由的各种条件,保障人们具有充分的社会经济生活条件。这种对法治的理解已经不单纯局限于西方近代法律的价值,而是体现了从个人本位的近代法治观念向社会本位的法治观念的转变,兼顾地表达了发展中国家运用法律促进社会进步的愿望。

---

① 转引自沈宗灵:《现代西方法理学》,北京大学出版社1992年版,第57—62页。
② 张文显:《二十世纪西方法哲学思潮研究》,法律出版社1996年版,第623页。

二、法制与法治的区别

法制与法治之间的区别可以从以下三方面理解：

第一，法治与静态意义上的法制的区别。法治即法律的统治，强调法律作为一种社会治理工具在社会生活中的至上地位，在现代社会，法治是工业化进程和社会经济发展的综合产物，并最终与民主、人权、自由、权力制约和社会公平正义等价值目标相关联。所以，它是一种与农业社会条件下的传统治理方式完全不同的现代治理方式。静态意义上的法制本意是指法律制度，指一国或一地区法律上层建筑的系统存在，与它相对应的是政治制度、经济制度、文化制度等概念。主要解决有法可依的问题，其概念本身没有揭示出法律在社会治理与国家治理中的地位。

第二，法治与动态意义上的法制的区别。两者虽然都有严格依法办事、普遍守法和法律面前人人平等的含义，但动态意义上的法制并未明确揭示出其中所含之"法"具有什么样的性质和价值取向，而这恰恰是法治所重点关注并力图解决的问题。较为普遍的看法是，在法治之下，"法"应当是良法，而不是恶法。

第三，法制的产生和发展与国家直接相联系，即有国家就有法制，而法治则是近现代历史发展的产物。也就是说，有法制不一定有法治，但实行法治必须以存在法制、有法制为前提。

第三节 法治国家的构成要素

依法治国、建设社会主义法治国家，从根本上讲，就是要求建立完备的社会主义法律体系，要求一切国家机关、政党、社会团体及全体公民在宪法和法律的范围内活动，使人民的意志在行使过程中和最终目的上得以实现，促进社会发展和进步。从理论上说，社会主义法治国家应该具备以下两个方面的构成要素：

一、法治国家的形式要素

社会主义法治国家的形式要素，是法治各环节、各要素在外在形式方面所应当具备的基本条件或标准。这是形式正义的体现,其基本目标是使法律的结构形式、法的要素及法的运作过程及各环节呈现形式合理性。这些形式要素包括:

(1)法要具有一般性、公开性、明确性、可诉性。法律规则的一般性是指法律是针对社会中的一般人而非特定人而设定的行为模式,从而同样的情况应受法律上的同样对待;这些行为模式是将个别的、具体的行为概括为一般性的权利、义务和责任规则,从而使之抽象化、普遍化。法必须公布,使所有人能够了解法律的内容,这样才有可能使法律成为自我保护和发展的有效工具。法律必须是明确的、具体的,这样它才能使人们能够预测到行为的法律后果,从而有效地指引人们的行为,也有助于限制法的适用的任意性。法的可诉性,是指当法律中规定的权利被侵犯或滥用,义务被违反时,必须有适当的救济程序和手段。

(2)法的体系要结构严谨、内部和谐、内容完备。这是指:第一,法的各部门之间、法的效力等级之间、实体法和程序法之间要彼此衔接、界限明确。第二,法的各部门、各个子部门、各种具体制度、各种规则之间要和谐一致,不能彼此重复或相互矛盾。第三,凡是需要法律调整的社会关系都要分门别类地纳入各个法律部门,不能有重大的缺漏。对哪些社会关系需要纳入法律调整及采取何种形式的法律调整,需要立法者谨慎选择,这直接关系到法律调整的质量。第四,法律调整的内容及形式要适应社会生活的变迁而有相应的变化,但要注意保持法律变动性、连续性与稳定性的一致。

(3)政府行政行为应具有合法性、程序性。这是指:第一,国家机关及公职人员的权力一般应有明确的法律依据,超越这个权限应视为违法,越权要承担法律责任,职权与职责直接相统一。第二,行政行为要遵循相应的行政程序。行政程序要公正、公开、公平、高效、合法。第三,行政行为的自由裁量权要在法律允许的范围内行使,且要遵循合理性原则,不能滥用自由裁量权。

(4)司法权具有独立性、中立性、程序性。这是指:第一,司法权是国家权力体系中相对独立的一部分,应当依法规范独立运行。司法机构具有自治性、独立性。第二,审判独立。法官只向法律负责,忠于法律。第三,司法机构是社会冲突和纠纷的最后裁判所,是社会公正的最显著象征。这要求它必须中立于当事人,独立于其他权力机构。第四,司法行为必须有严格的法律依据,以法律为准绳进行裁判。第五,司法过程须遵循公正的程序。过程的程序性是司法结果正当性的必要保障。司法的程序性能够有力地限制司法专断。以上诸方面都是为了保障司法公正的实现。

(5) 法律职业的专门化及职业共同体自治。法律职业是指基于专门的法学学识和修养及运用法律的艺术而致力于为社会大众服务,追求社会公正的专业性工作。法律职业者一般是指法官、检察官、律师和法学教师等。法律职业的专门化是社会分工发展的表现,是法治化的形式要求。在专门化的基础上,法律职业者应组成独立的群体,并成为推动法治的强大动力。法律职业共同体可以维护职业的尊严,强化自我管理,增强自身力量。法律职业共同体的自治,可以抵制对司法独立的干预,抑制司法腐败,强化司法的职业伦理。

(6) 公民和社会组织等严格守法,积极利用法律追求和实现其权利和自由。法治所要求的严格依法办事,首先是从形式上要求一切社会关系主体都遵守法律,这包括政府守法和民众守法两个方面。政府守法、国家机关及其工作人员守法,是实行法治的首要要求。当然民众和社会组织守法也是法治的基本要求之一。除守法之外,法治更鼓励民众在法律范围内追求并获得更广泛的自由和更多的利益。从这个角度也可以看出,法治不应当是基于法律的威慑而服从的秩序,而应当是一种生动活泼、激励人们进取的秩序。

二、法治的制度要素

法治的外在形式要求必须借助于一系列具体的法律制度和机制及相关的政治机制来实现,这些形式化的要求要获得完善制度的支持。社会主义法治的制度要素是十分广泛的。这里只简要介绍几个方面:

(1) 民主的、科学的立法制度。为了达到法律以及法的体系在形式化方面的要求,为了使法律真正成为"良法""善法",应当健全立法制度。这大致包括如下制度：立法权分配制度、法规的违宪审查制度、立法监督制度、公众参与立法制度、代表选举制度、代表议事制度、代表与选民联系制度、政党参与立法机关活动的制度等。这些方面都要有严格的程序设计，通过程序把民主、科学的要求贯穿于立法的全过程。

（2）国家行政权力受约束和监督的法律机制。这应以建立国家行政权力分工和制约的机制为核心。这包括：行政权力的具体分工及相应职责、行政行为法律化、行政内部监督和制约制度、公务员制度、行政程序的各种制度（如听证制度、知情制度、辩论制度、裁决复议制度、许可程序制度等）、行政赔偿制度、行政相对人权利保障制度、行政行为的司法审查制度等。

（3）保障司法独立和公正的各项制度。这包括：第一，司法权首先应独立于行政权，使审判不受行政机关干涉。第二，司法机构内部体制的制度，如检察监督制度、法院审判制度等。第三，法律职业的有关制度。如法官任职资格及考录制度、法官行为规范、法官的奖惩、法官待遇规定等。第四，保障司法中立性的各项制度。

（4）保障公民权利和自由的制度体系。这包括：第一，法律确认广泛的权利和自由，权利受到平等的法律保护。第二，权利和义务相关联，义务是权利的保障。义务的设定应以实现权利，维护基本的社会利益和价值为目标。第三，以社会成员的权利制约国家权力，抵制国家对公民和社会组织的不适当的干预，提高公民和组织监督国家权力、参与社会生活的意识和能力。

（5）国家权力恰当配置的内部互相制约制度。国家权力必须分工，以克服过分集权所产生的种种弊端。权力分工是权力合理配置和有效内部监督的前提。这方面的制度建设包括：第一，使国家权力的分工法律化，建立各种权力之间的良性互动机制。如权力机构对行政机构、司法机构的监督，权力机构自身功能的优化，司法对行政的监督。第二，国家权力与国家责任相统一，国家必须承担相应的法律责任，如国家赔偿制度、行政诉讼制度等。

第四节　中国特色社会主义法治国家的目标、价值与推进方式

中国正在建设社会主义法治国家。这是一场由中国共产党领导和亿万民众积极参与的伟大社会实践,它正在和必将改变千百年形成的中国传统法律文化和传统的社会治理方式,使占世界人口五分之一的中国逐步迈入民主、法治的文明轨道,使具有五千年文明史的中华民族在现代法治的基础上为人类文明作出新的贡献。

根据中共十五大政治报告,现阶段中国对依法治国、建设社会主义法治国家的正式官方表述是:"依法治国,就是广大人民群众在党的领导下,依照宪法和法律的规定,通过各种途径和形式管理国家事务,管理经济文化事业,管理社会事务,保证国家各项工作都依法进行,逐步实现社会主义民主的制度化、法律化,使这种制度和法律不因领导人的改变而改变,不因领导人看法和注意力的改变而改变。"

一、法治国家的目标

全面推进依法治国的总目标是建设中国特色社会主义法治体系,建设社会主义法治国家。

按照中共十九大决定,在时间安排方面,与全面建设社会主义现代化国家的总体进程相一致,从2020年到21世纪中叶,全面推进依法治国可以分为两个阶段。第一个阶段,从2020年到2035年,在基本实现社会主义现代化的同时,基本建成法治国家、法治政府、法治社会,基本实现国家治理体系和治理能力现代化。第二个阶段,从2035年到21世纪中叶,在建成社会主义现代化强国和全面实现国家治理体系和治理能力现代化的同时,全面实现依法治国,建成中国特色社会主义法治国家。

建设中国特色社会主义法治体系,是实现依法治国总目标、全面推进依法治国的工作重点和总抓手。中国特色社会主义法治体系的科学内涵是,在中国共产党领导下,坚持中国特色社会主义制度,贯彻中国特色社会主义法治理论,形成完备的法律规范体系、高效的法

治实施体系、严密的法治监督体系、有力的法治保障体系,形成完善的党内法规体系。

二、法治的根本价值

法律是治国之重器,良法是善治之前提。中国特色社会主义法治不仅应当是形式上的法律之治,更应当是实质上的良法之治。所谓良法之治,从根本上说,体现了一套以人民民主、公平正义、自由平等、权力制约、文明有序为主要内容的法律价值体系。其中,以人民为主体、以公平正义为核心,坚守人类的共同价值,是中国特色社会主义法治价值的根本内容。

1. 以人民为中心

以人民为中心、以人民为主体,是社会主义法治最核心的价值,是中国特色社会主义法治价值体系的基石。

坚持人民主体地位,必须坚持法治为了人民、依靠人民、造福人民、保护人民。坚持法治的人民主体价值,就是把实现好、维护好、发展好最广大人民根本利益作为法治建设的根本目的。具体说,一是保证人民在党的领导下,依照法律规定,通过各种途径和形式管理国家事务,管理经济和文化事业,管理社会事务。二是要把体现人民利益、反映人民意愿、维护人民权益、增进人民福祉落实到依法治国全过程,使法律及其实施充分体现人民意志。要恪守以民为本、立法为民理念,贯彻社会主义核心价值观,使每一项立法都符合宪法精神、反映人民意志、得到人民拥护。保证人民依法享有广泛的权利和自由、承担应尽的义务,维护社会公平正义,促进共同富裕。三是坚持人民司法为人民,依靠人民推进公正司法,通过公正司法维护人民权益。四是完善法律援助制度,扩大援助范围,健全司法救助体系,保证人民群众在遇到法律问题或者权利受到侵害时获得及时有效法律帮助。五是必须使人民认识到法律既是保障自身权利的有力武器,也是必须遵守的行为规范,增强全社会学法尊法守法用法意识,使法律为人民所掌握、所遵守、所运用。

2. 以公平正义为核心

公平正义是法治的生命线,是人类共同的价值追求,也是社会主义法治价值体系的核心内容。

从中国共产党的性质方面看,公平正义是中国共产党追求的崇高价值,全心全意为人民服务的宗旨决定了我们必须追求公平正义,保护人民权益、伸张正义。

从法治建设、全面深化改革与公平正义的关系看,一方面,全面依法治国,必须紧紧围绕保障和促进社会公平正义来进行。全面深化改革必须着眼创造更加公平正义的社会环境,使改革发展成果更多更公平惠及全体人民。另一方面,公平正义也是制度建设与制度创新的重要标准。要把促进社会公平正义、增进人民福祉作为一面镜子,审视我们国家各方面体制机制和政策规定,哪里有不符合促进社会公平正义的问题,哪里就需要改革;哪个领域哪个环节问题突出,哪个领域哪个环节就是改革的重点。

在法治建设方面,要把公正、公平、公开原则贯穿立法全过程。必须以保护产权、维护契约、统一市场、平等交换、公平竞争、有效监管为基本导向,完善社会主义市场经济法律制度。健全以公平为核心原则的产权保护制度,加强对各种所有制经济组织和自然人财产权的保护,清理有违公平的法律法规条款。依法保障公民权利,加快完善体现权利公平、机会公平、规则公平的法律制度,保障公民人身权、财产权、基本政治权利等各项权利不受侵犯,保障公民经济、文化、社会等各方面权利得到落实,实现公民权利保障法治化。增强全社会尊重和保障人权意识,健全公民权利救济渠道和方式。

司法公正对社会公正具有重要引领作用,司法不公对社会公正具有致命破坏作用。必须完善司法管理体制和司法权力运行机制,规范司法行为,加强对司法活动的监督,努力让人民群众在每一个司法案件中感受到公平正义。

3. 坚守人类社会共同价值

全人类共同价值是指全球范围内相对普遍认同的价值,是人类共同的努力方向,是国际社会的价值"最大公约数"。和平、发展、公平、正义、民主、自由是全人类的共同价值,也是中国特色社会主义法治必须坚守的价值内容。

一方面,和平、发展、公平、正义、民主、自由,作为人类共同追求的价值,对于各国国家治理和社会治理具有普遍意义。另一方面,在"全人类共同价值"面前,每个国家都是平等的主体,应当根据本国国情选择实现人类共同价值的道路、法律和模式,不能搞全盘西化,不能搞全面移植,不能照抄照搬。所以,我们强调人类共同的价值,与西方国家把自己的价值观作为普世价值强加于别国的做法是完全不同的。

三、法治推进方式

20世纪第二次世界大战以来,新兴发展中国家的法治之路艰难曲折,成功的经验较少,失败的教训颇多。中国是世界上最大的发展中国家,法治建设必须从中国国情出发,同改革开放和社会现代化的阶段性要求相适应,科学稳妥推进。

1. 把党的领导贯彻落实到依法治国全过程和各方面。党的领导是中国特色社会主义最本质的特征,党的领导是全面推进依法治国、加快建设社会主义法治国家最根本的保证。必须加强和改进党对法治工作的领导,把党的领导贯彻到全面推进依法治国全过程。把党的领导贯彻到依法治国全过程和各方面,其具体含义是坚持党领导立法、保证执法、支持司法、带头守法,把依法治国基本方略同依法执政基本方式统一起来,把党总揽全局、协调各方同人大、政府、政协、审判机关、检察机关依法依章程履行职能、开展工作统一起来,把党领导人民制定和实施宪法法律同党坚持在宪法法律范围内活动统一起来。

党领导立法,就是要完善党对立法工作中重大问题决策的程序。凡立法涉及重大体制和重大政策调整的,必须报党中央讨论决定。党中央向全国人大提出宪法修改建议,依照宪法规定的程序进行宪法修改。法律制定和修改的重大问题由全国人大常委会党组向党中央报告。

党保证执法,就是要深入推进依法行政,使各级政府坚持在党的领导下、在法治轨道上开展工作,建立权责统一、权威高效的依法行政体制,加快建设职能科学、权责法定、执法严明、公开公正、廉洁高效、守法诚信的法治政府。要依法全面履行政府职能,健全依法决策机制,建立行政机关内部重大决策合法性审查机制,建立重大决策终身责任追究制度及责任倒查机制。深化行政执法体制改革,坚持严格规范公正文明执法,强化对行政权力的制约和监督。坚持以公开为常态、不公开为例外原则,全面推进政务公开。

党支持司法,就是各级党政机关和领导干部要支持法院、检察院依法独立公正行使职权。建立领导干部干预司法活动、插手具体案件处理的记录、通报和责任追究制度。任何党政机关和领导干部都不得让司法机关做违反法定职责、有碍司法公正的事情,任何司法机关都不得执行党政机关和领导干部违法干预司法活动的要求。对干预司法机关办案的,给予党纪政纪处分;造成冤假错案或者其他严重后果的,依法追究刑事责任。

党带头守法,就是要坚持党必须在宪法和法律内活动,提高党员干部法治思维和依法办事能力,提高党员干部运用法治思维和法治方式深化改革、推动发展、化解矛盾、维护稳定能力,高级干部尤其要以身作则、以上率下。把法治建设成效作为衡量各级领导班子和领导干部工作实绩重要内容,纳入政绩考核指标体系。把能不能遵守法律、依法办事作为考察干部重要内容,在相同条件下,优先提拔使用法治素养好、依法办事能力强的干部。对特权思想严重、法治观念淡薄的干部要批评教育,不改正的要调离领导岗位。

2. 坚持依法治国、依法执政、依法行政共同推进。坚持依法治国、依法执政、依法行政共同推进的基本含义是,在全面落实依法治国基本方略,建设社会主义法治国家的过程中,既要坚持全面推进依法治国,又要坚定地同步推进依法执政和依法行政建设,三者之间从国家职能角度体现了依法治国从总体目标到执政党,从执政党到各级政府三者之间层层递进和具体落实的关系。

从内容方面看,依法治国是建设社会主义法治国家的总体目标和框架,依法执政是实现依法治国的关键,依法行政是依法治国在社会管理领域的体现。三者之间既有相互包含的关系,即依法治国包括依法执政和依法行政的内容,又是层层递进和具体落实的关系。

从时间方面看,依法治国、依法执政、依法行政三者的完成时间有所不同。其中,依法执政是作为依法治国的关键,贯穿于依法治国、建设社会主义法治国家的全过程。依法行政的建设目标则预计于2035年前后基本完成。

3. 坚持法治国家、法治政府、法治社会一体建设。坚持法治国家、法治政府、法治社会一体建设的基本含义是,在全面落实依法治国基本方略,建设社会主义法治国家的过程中,既要坚持全面推进法治国家建设,又要坚定地同步推进法治政府和法治社会建设,三者之间从法治领域方面体现了法治国家建设从总体领域到具体领域的层层递进和具体落实的关系。

从内容上看,法治国家既包括了法治政府与法治社会,又要通过法治政府与法治社会建设得到具体落实。其中,"法治国家、法治政府、法治社会一体建设"中的"法治政府"是一个相对宽泛的概念,指包括党政部门在内的法治法理机构,"法治社会"是相对狭义的概念,是指相对于法治政府之外的社会领域。

从两者涉及的对象和基本要求看,法治政府建设基本属于"体制内"建设,主要涉及党政干部队伍,其基本要求是依法执政和依法行政。法治社会建设主要涉及包括"全体人民""基层组织""各类社会主体"等,多属于体制外的社会主体,基本要求是全民守法。

从两者的建设特点看,法治政府建设基本上是制度构建性的和队伍"硬约束"的,而法治社会建设往往存在"软约束"问题,主要指向"全社会"和"全体人民",指向"体制外"的十几亿民众和各类社会团体。对他们而言,如何形成"增强全社会厉行法治的积极性和主动性,形成守法光荣、违法可耻的社会氛围",往往不是强迫命令能够做到的,需要有一个法治意识的内在生长过程。

法治社会建设是法治中国建设的重要组成部分,是人民安居乐业、社会安定有序的重要保障,也是法治国家建设的最终落脚点。法治社会的基本标志,一是党和政府依法治理社会,健全依法维权和化解纠纷机制,建立健全社会矛盾预警机制、利益表达机制、协商沟通机制、救济救助机制,畅通群众利益协调、权益保障法律渠道,完善立体化社会治安防控体系,保障人民生命、人身、财产安全。二是社会依法自治,基层组织和部门、行业依法治理,各类社会主体自我约束、自我管理,市民公约、乡规民约、行业规章、团体章程等社会规范在社会治理中有效发挥作用。三是全体人民自觉守法,法治精神和法治文化蔚然成风,全社会厉行法治的积极性和主动性普遍增强,形成守法光荣、违法可耻的社会氛围,广大公民争当社会主义法治的忠实崇尚者、自觉遵守者、坚定捍卫者。此外,建设法治社会,还必须正确处理政府与社会、自治与他治、维权与维稳、活力与秩序、法律规范与其他社会规范的关系。

4. 坚持依法治国和以德治国相结合。国家和社会治理需要法律和道德共同发挥作用。必须坚持一手抓法治、一手抓德治,大力弘扬社会主义核心价值观,弘扬中华传统美德,培育社会公德、职业道德、家庭美德、个人品德,既重视发挥法律的规范作用,又重视发挥道德的教化作用,以法治体现道德理念、强化法律对道德建设的促进作用,以道德滋养法治精神、强化道德对法治文化的支撑作用,实现法律和道德相辅相成、法治和德治相得益彰。

5. 坚持依法治国和依规治党有机统一。坚持依法治国和依规治党有机统一,是新时代坚持和发展中国特色社会主义的基本方略之一。

依法治国、依规治党的内在含义就是国家治理法治化和执政党建设法治化。其中,依规治党,实现执政党建设法治化是国家治理法治化的逻辑前提和根本保障。依法治国是党领导人民治理国家的基本方式,依规治党是法治理念在党内政治生活中的体现,二者共同支撑和保障着党和国家的法治建设。

坚持依法治国与依规治党有机统一,一是要全面推进中国特色社会主义法治体系建设,形成完备的法律规范体系、高效的法治实施体系、严密的法治监督体系、有力的法治保障体系,形成完善的党内法规体系。二是要注重宪法法律与党内法规的衔接和协调。在坚持党规严于国法的基础上,党章党规可以对各级党组织和全体党员提出更高要求;一些在党内法规中先行规定但更适合由宪法法律来规定的内容,要在完善和成熟后及时转化为宪法法律。要明晰各自规制界限。明确党规与国法各自调整范围,党的领导与党的建设的具体事项原则上应由党章党规予以调整,但党章党规原则上不规定立法保留事项。三是要统筹党规国法建设。当前的重点是要继续深入推进党的建设制度改革,加快形成覆盖党的领导和党的建设各方面的党内法规制度体系,协调推进党规国法的规划、制定、修改、解释、审批、发布、备案、评估、普及等,确保二者在制定、实施、监督上相互协同,在党和国家政治生活中同向发力、同时发力、形成合力。

本章要点

1. 静态意义上的法制,即将法制理解为法律制度的简称。动态意义上的法制,是由立法、执法、司法、守法、对法律实施的监督等各个环节构成的一个系统。

2. 在中国,法制的基本要求是"有法可依,有法必依,执法必严,违法必究"。

3. 在西方,最早提出法治定义的是古希腊思想家亚里士多德。

4. 近代意义上的法治,是资产阶级思想家在反对封建专制的过程中提出来的。

5. 英国政治思想家戴雪明确提出法治应当包含排除专断,法律至上,各个阶级、阶层在法律面前一律平等等基本原则。

6. 法制与法治之间既相联系又相区别。

7. 法治国家的形式要素与制度要素。

8. 中国特色社会主义法治的目标、根本价值与推进方式。